MODERNITÉ DU CABINET DE CURIOSITÉS

Histoires et Idées des Arts

Collection dirigée par Giovanni Joppolo

Cette collection accueille des essais chronologiques, des monographies et des traités d'historiens, critiques et artistes d'hier et d'aujourd'hui. À la croisée de l'histoire et de l'esthétique, elle se les multiples courants, tendances, mouvements, groupes, sensibilités et personnalités qui construisent le grand récit de l'histoire de l'art, là où les moyens et les choix expressifs adoptés se conjuguent avec les concepts et les options philosophiques qui depuis toujours nourrissent l'art en profondeur.

Déjà parus

Sylvie COËLLIER, *Lygia Clark : le fin de la modernité et le désir du contact*, 2003

Pascale WEBER, *Le corps à l'épreuve de l'installation-projection*, 2003.

Andrea URLBERGER, *Parcours artistiques et virtualités urbaines*, 2003.

Christine DAVENNE

MODERNITÉ DU CABINET DE CURIOSITÉS

L'Harmattan
5-7, rue de l'École-Polytechnique
75005 Paris
FRANCE

L'Harmattan Hongrie
Hargita u. 3
1026 Budapest
HONGRIE

L'Harmattan Italia
Via Bava, 37
10214 Torino
ITALIE

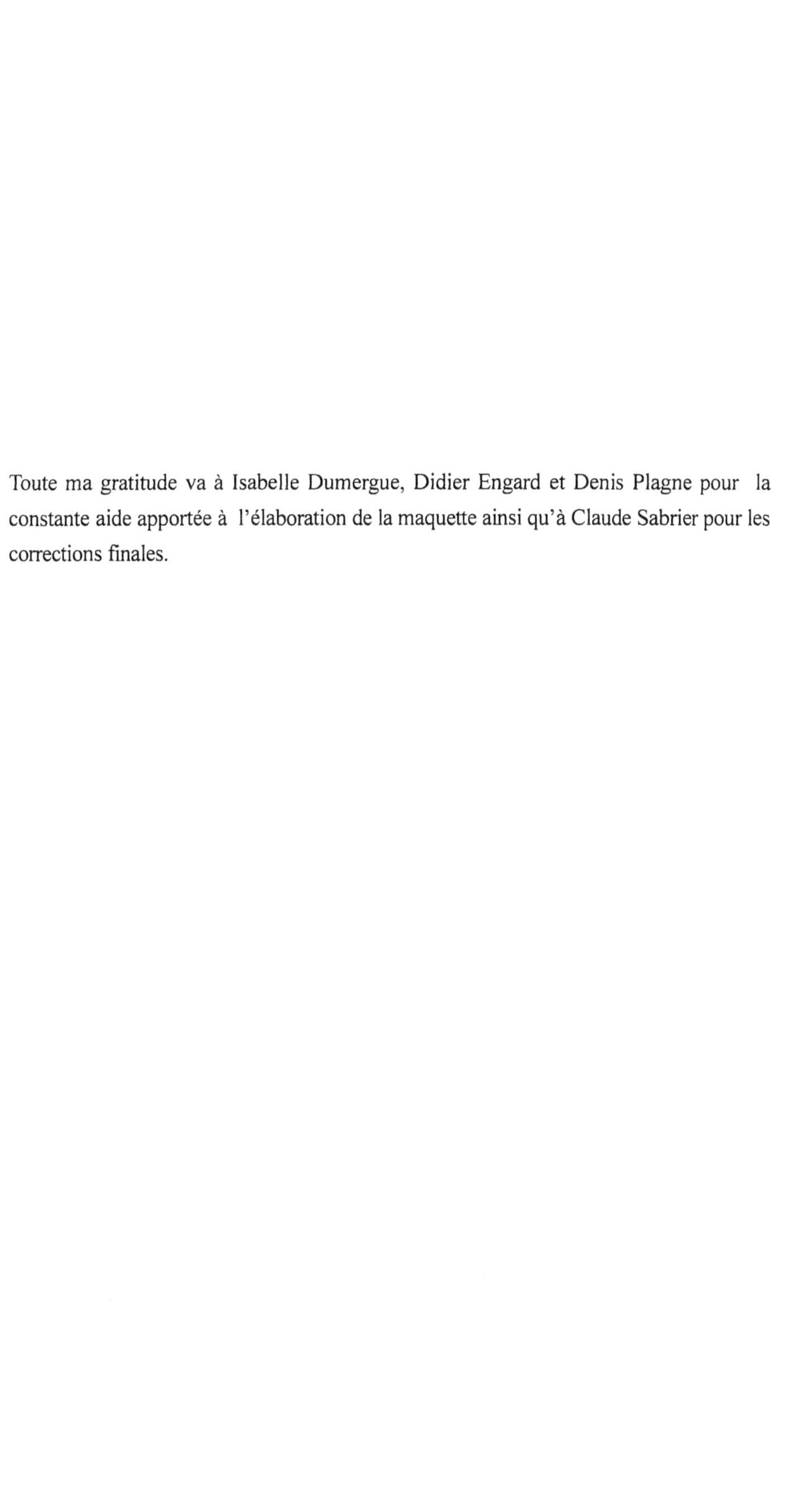

Toute ma gratitude va à Isabelle Dumergue, Didier Engard et Denis Plagne pour la constante aide apportée à l'élaboration de la maquette ainsi qu'à Claude Sabrier pour les corrections finales.

ISBN : 2-7475-5860-6
EAN 9782747558600

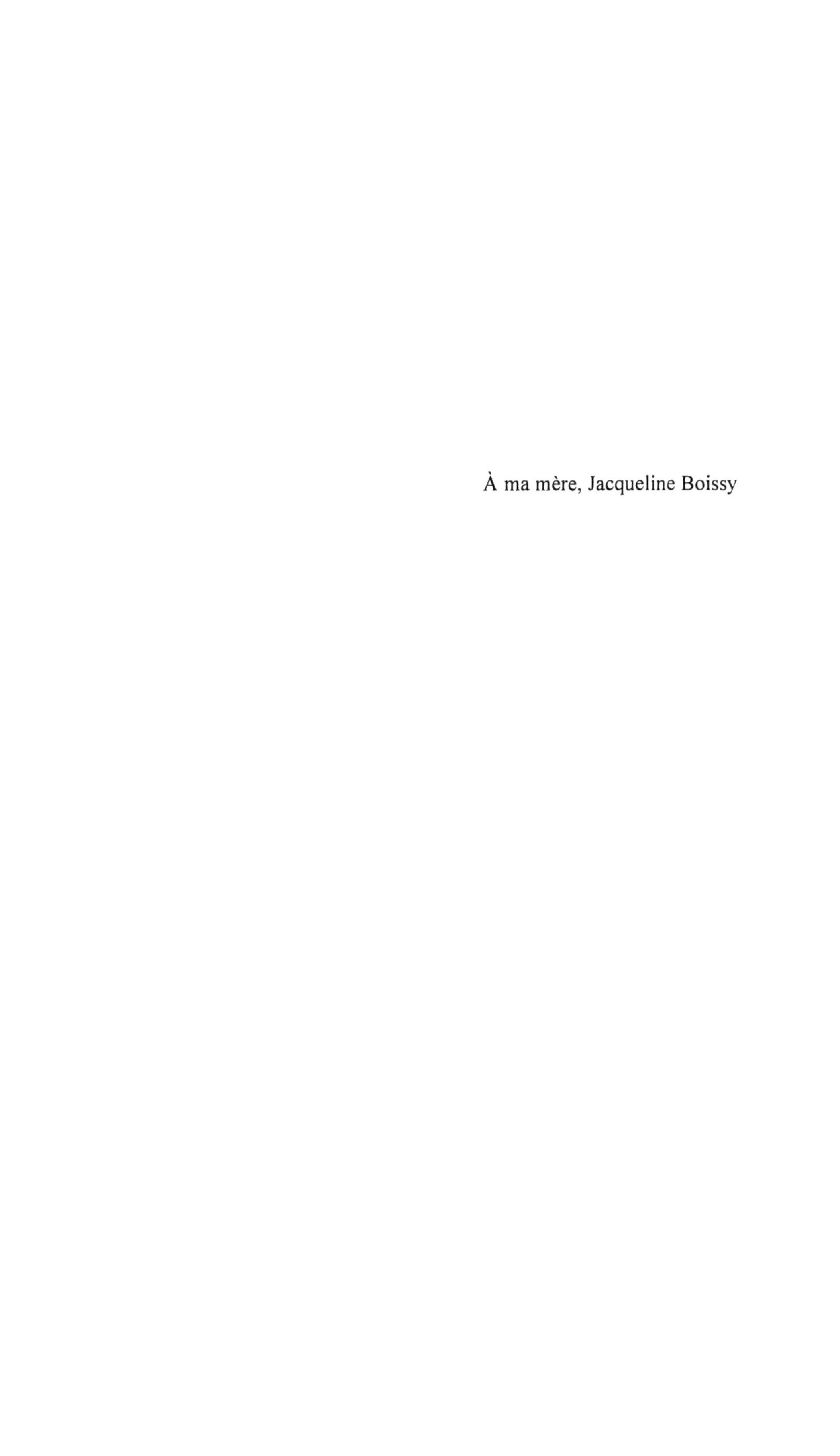

À ma mère, Jacqueline Boissy

SOMMAIRE

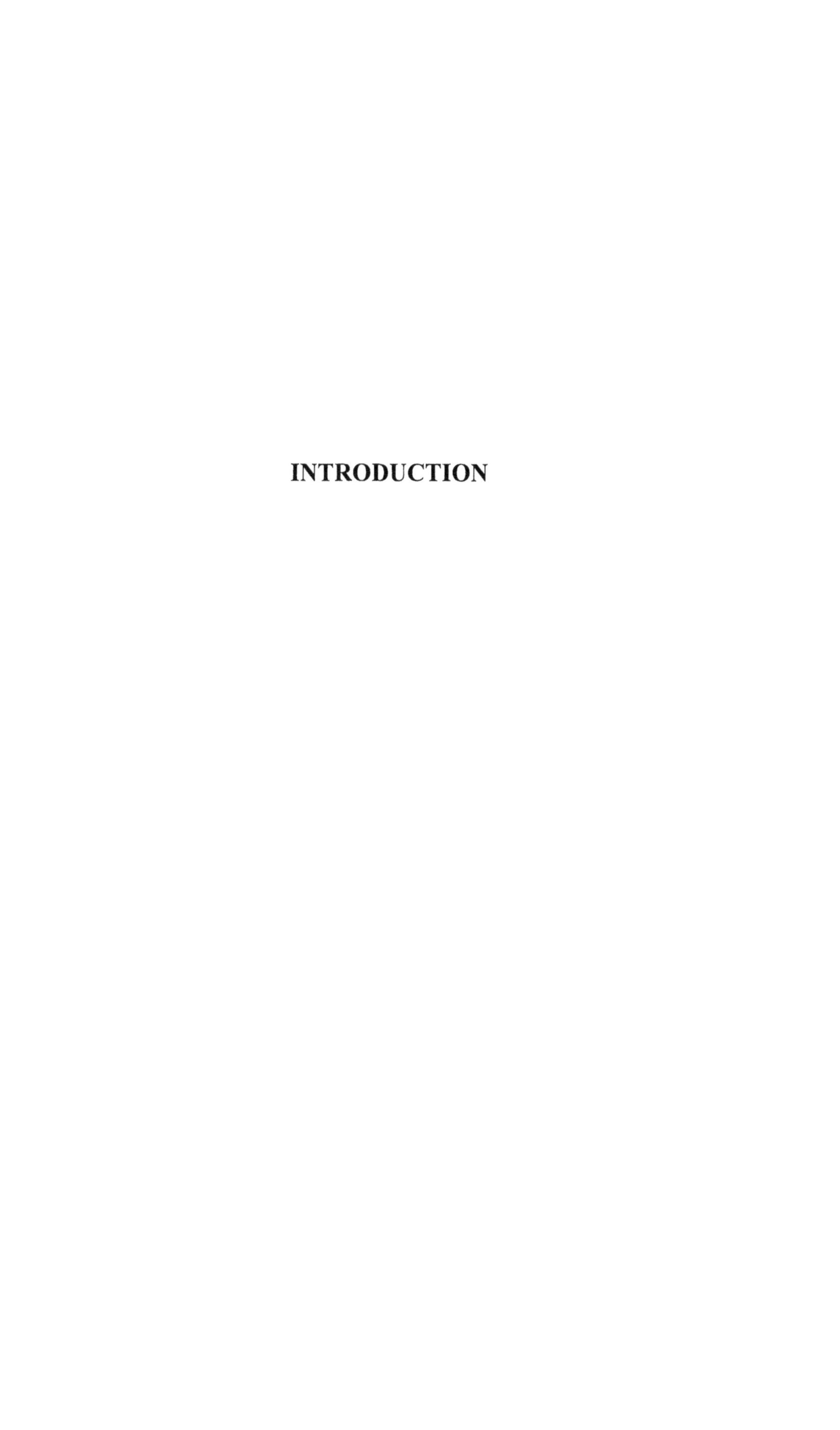

INTRODUCTION

Il n'est pas une journée où un article de presse n'évoque le cabinet de curiosités. Le cabinet de curiosités est à la mode, on le voit renaître dans les expositions, des magasins en utilisent le principe. C'est, dit-on, un symptôme. Il est apparu en muséographie avec plusieurs expositions des années 1990 : « L'âme au corps », et « Curiosités et merveilles » du château d'Oiron et n'a pas cessé depuis d'être cité.

Depuis la Renaissance jusqu'à la Révolution, le cabinet de curiosités présentait des objets de nature hétérogène dans un lieu unique. Aujourd'hui, l'art contemporain rassemble des pluralités dans un lieu singulier. On sent confusément que l'emploi réitéré de la locution « cabinet de curiosités » apparaît de façon paradoxale dans les lieux sigillés de l'art contemporain. L'hommage appuyé à ces cabinets semble valider les fonctions économiques de conservateur et plus encore attribuer à l'art contemporain une définition essentiellement muséologique. Le classement de l'art dans la catégorie de la curiosité permet, également, de dissoudre les frontières entre arts décoratifs et arts plastiques, entre arts européens et extra-européens, entre amateurs et artistes. D'une certaine façon, chaque renouvellement des catégories de l'histoire de l'art s'est fait par l'annexion de territoires jusque-là ignorés et il semble que cette esthétique de la curiosité nous fasse glisser vers de nouvelles définitions de l'art. Partant de cette hypothèse, ce livre fut d'abord l'étude de l'origine des cabinets pendant a première Renaissance. Les hommes qui élaborent les cabinets encyclopédiques de la Renaissance s'ils apportent une dynamique émancipatrice en composant avec le corset dogmatique du christianisme, vont aussi s'arroger l'engendrement du monde, reléguant la femme dans la figure allégorique de la muse. Un monde d'hommes est né, disputant l'hégémonie à la mère mythique et la crainte de l'homme s'apaisera dans l'élaboration substitutive de ces cabinets. Le cabinet renaissant par sa vocation universelle de genèse domestiquée, soigne, classe, et calme tous les désordres. Le collectionnisme, issu de l'enthousiasme des grandes découvertes et de l'appropriation d'une pensée déthéologisée, va engendrer un autre sentiment : celui du paradis perdu. L'idée de l'immortalité se déplace vers ce théâtre du monde, rempart et plateau de la mélancolie. Les savoirs s'ordonnent en une mise en scène mêlant miniaturisation et totalisation. L'homme se voue à l'infini par la voie du fragment. Un monde de savoirs est né dans ce lieu clos, dans l'angoisse de l'origine perdue et la fascination des espaces infinis. Si ce théâtre du monde offrit un territoire d'émancipation, il fut aussi celui des exclusions. Une culture d'élite se nicha dans le secret des *studioli* et des cabinets encyclopédiques, pratiquant la mise au ban des femmes et des sauvages et définissant les savoirs comme des trophées et des marchandises. L'homme lia ses anciennes attaches – un monde gouverné par un Dieu omnipotent – aux nouvelles – un monde mortel engendrant la mélancolie. Cette ordonnance apparaîtra dans le classement des cabinets selon une logique partant des œuvres de Dieu, la nature, pour aboutir aux œuvres humaines : l'artifice qui en constitue la continuité. Cette étude des cabinets renaissants avait guidé mes pas vers les collections antiques, référence de légitimité des premiers collectionneurs de la Renaissance, dont je pris le contrepied avec l'exemple de Verrès, authentique filou antique, dont la collection, fruit de toutes les maraudes fut dénoncée par Cicéron. Ce dernier propose une régulation rhétorique de ces déviations démesurées. J'ai poursuivi cette route avec saint Augustin, désignant Dieu comme propriétaire de la curiosité qui en exclut l'humanité et particulièrement les femmes mises à l'index car responsables d'une géhenne éternelle causée par cette coupable concupiscence. L'étude chronologique parvint aux peintures représentant des cabinets des amateurs du XVIIe siècle qui installent dans la substance de l'huile un monde de brillance, tel un banquet de savoirs où le petit monde des collectionneurs élaboraient des discours d'ordre dans l'opulence orale des nacres et des coquillages. Le cabinet fait briller la culture selon les frémissements du goût et dans la modalité du clair-obscur. La gloire des savoirs européens apparaît dans la pensée hégémonique et démonstrative de « l'honnête homme » occidental. La supériorité des mœurs policées s'y affirme, intégrant les valeurs du bon goût. Les cabinets, constitués comme théâtres et lieux de mémoire, concentraient les savoirs dans un embrassement visuel. Ils vont s'agrandir et affecter une pièce à chaque discipline. Le cabinet de Joseph Bonnier de La Mosson, au XVIIIe siècle, est le signe de cette transformation. Le musée est en germe dans ces cabinets gigantesques. L'ère des classements de famille va devenir, après les transferts des collections patriciennes vers les musées nationaux, celle des familles de classements. Dès la naissance du musée s'élèveront des voix contre la désaffection dont auront à souffrir les œuvres dans ces lieux inhospitaliers. Mais, si le musée devient un orphelinat d'état, il permet, en arrachant les monuments et les œuvres à leurs origines, de constituer une théorie de l'art déliée de toute adhérence. Le XIXe siècle se souviendra que les amateurs de l'Ancien Régime ont inventé le marché de l'art. La nouvelle classe au pouvoir embourgeoise le passé et recouvre de nostalgie son acte régicide. Dans les périodes de disette artistique qui ponctuent le siècle, les collectionneurs occuperont le devant de la scène. Deux figures littéraires les incarnent : le cousin Pons et le capitaine Nemo. L'un conserve avec passion un passé ignoré par une bourgeoisie aussi inculte qu'avide d'affaires financières, l'autre, à bord de son cabinet Nautilus, va au-devant des curiosités du monde. La curiosité est un préalable à l'action, elle est bourgeoise dans le sens où elle ne connaît pas l'inutile. Un espace de spéculation livré à l'avidité des

marchands s'ouvre métaphoriquement pour une promenade dont les merveilles restent en place. La modernité n'est plus d'apporter le monde à soi mais d'en faire une savante énumération. Au début du XXe siècle, l'intérêt que Julius Von Schlosser porte aux collections redécouvertes du château d'Ambras permet le renouvellement des formes critiques et une réorientation des principes de l'histoire de l'art. Von Schlosser va permettre de comprendre une époque en connectant à ses œuvres les produits manufacturés. Ainsi, certaines collections retrouvées permirent-elles de fourbir de nouvelles armes critiques. Ce renouvellement a engendré l'école de Vienne et Panofsky confrontera ses analyses d'œuvres d'art, aux sources des courants de pensées ; veine que les spécialistes de dispositifs exploiteront en plaçant l'art contemporain à proximité du merveilleux, des sciences et des mythes.
Il m'a semblé nécessaire d'intégrer Marcel Duchamp à la famille des curieux en qualité de suspenseur d'énigmes et de transporteur de ready-made. Marcel Duchamp a placé son œuvre dans le registre de la collection et s'est « posé » comme encyclopédiste des intelligences et des bêtises, curieux de tous les croisements « scientifiques », ironiste des pratiques muséales, dandy des transmutations. Avec lui, les arts plastiques avaient moins à verser à la création d'œuvres qu'à leur circulation. J'ai tenté de montrer que le grand tout de l'Œuvre transportable de Duchamp oscillait entre passé et futur et que ce trait d'union pouvait aujourd'hui inscrire la pratique des arts plastiques dans une mémoire d'amateur plus occupé de « trans-faire » que de faire et plus ouvert aux oscillations du marché qu'au versant transcendental des œuvres. Aussi, le cabinet de curiosités est-il cité comme symptôme des redéfinitions en cours et des renouvellements des formes critiques qui semblent s'engager depuis que l'abandon des cadres héroïques de mouvements artistiques d'avant-garde est devenu effectif. Ainsi retrouve-t-on, dans le cabinet de curiosités cité aujourd'hui, ce théâtre de mémoire qui relie le visible au lisible selon une arborescence encyclopédique et les modalités d'un jeu qui inclut les pastiches et les faux, comme autant de boutades.

Aujourd'hui, la citation récurrente du cabinet de curiosités permet sans doute de renouer les fils de l'histoire. Quelle place a-t-elle après l'arrogance guerrière d'une modernité fondée sur l'idée d'avant-garde artistique ? La référence actuelle au goût, mise en valeur par les travaux de l'historien d'art Francis Haskell, nous rappelle comment l'histoire de l'art que nous connaissons se constitua de l'effacement de l'insignifiance et des hasards des collections privées. Les opérations de déni et de détournement visant à réhabiliter la fonction bourgeoise du musée ont provoqué, au début du XXe siècle, l'élan furieux des modernes s'insurgeant contre ces poussiéreuses institutions destinées aux poubelles de l'histoire. Malgré les diatribes des futuristes, le musée attaqué, libéré ou cité sera le monument artistique du XXe siècle comme en témoigne la réhabilitation actuelle du cabinet de curiosités. La définition de l'art par la muséologie met l'accent sur la valeur du déplacement ; le magritéen "ceci est au musée, ceci est de l'art" donne un statut aux pièces d'art à mi-chemin entre fétichisation et insignifiance circonscrivant les pôles majeurs d'une visibilité dont les écarts forment la plaque sensible du monde et du marché de l'art.

Aujourd'hui, le centre d'art a éclipsé les œuvres qu'il contient ; celles-ci sont subsumées par le fil censé les conduire. Les commissaires d'expositions définissent le cadre théorique de leurs choix, avec plus ou moins de bonheur et de pertinence, à l'instar des amateurs qui donnaient à leurs cabinets des particularités thématiques. Ainsi le revival du cabinet de curiosités permet d'opérer un glissement significatif des contenus au contenant et par voie de conséquence un raccourci entre conservateurs et plasticiens d'aujourd'hui avec les amateurs d'hier. Jusqu'au XXe siècle, le musée, grandiose par sa fonction élitiste, couronnait l'œuvre d'un artiste en l'introduisant pour l'éternité dans son enceinte. Le centre d'art montre, aujourd'hui, sa passion pour le banal, le dérisoire et l'éphémère tant pour les problématiques attachées à ces thèmes (citons entre autres, les travaux de Christian Boltanski et d'Annette Messager) que pour la fulgurance avec laquelle les artistes pénètrent ces lieux et les quittent. Auparavant, l'admission d'une œuvre au musée constituait le triomphe d'une carrière artistique. Les impressionnistes en rêvaient et ils obtiendront la faveur d'un large public, à la fin du vingtième siècle grâce aux couleurs claires et la facilité des thèmes qui furent les motifs de leur mise au ban, un siècle auparavant. Ce n'est certes pas la consécration qu'attendait Cézanne, certain d'instruire pour l'histoire un art stable comme celui des musées dans la lignée des grandes innovations picturales des Poussin ou des Vélasquez. Aujourd'hui le centre d'art a plusieurs fonctions outre la consécration d'artistes, il reçoit les tendances diverses des pratiques contemporaines. Cela tient, sans doute en partie, à la récurrence de l'aveuglement des institutions d'État, guidées par leur conservatisme farouche, à l'endroit des grands artistes de la première moitié du XXe. En effet, l'État ne prit pas le train de la modernité, ne fit aucun achat lors des ventes aux enchères des œuvres séquestrées de « l'Allemand » Kahnweiler, malgré son droit de préemption. Des myriades de Picasso, Braque, Léger furent dispersées en vente publique au titre du butin de guerre en 1921. Après la phase de récession de l'entre-deux guerres, les circulations de capitaux des trente glorieuses donnèrent une vitalité exceptionnelle au marché et les institutions d'état ne voulurent pas, cette fois, rester sur le quai. Les centres d'art se multiplièrent alors pour accueillir l'art vivant. Il aura fallu cinquante années et une importante expansion économique pour réaliser le rêve des marchands du début du siècle qui redoutaient la vindicte publique en exposant leurs contemporains. Ces marchands, Durand-Ruel le premier puis Ambroise Vollard et Daniel-Henry Kahnweiler avaient ouvert la voie donnant à l'art de leur époque des valeurs de spéculation esthétiques et marchandes pour un marché étranger. Ceux-ci purent vendre aux Américains les œuvres impressionnistes fauves et cubistes dont la France se gaussait. Selon Kahnweiler : « L'Europe avait les artistes et l'Amérique l'argent. » En effet une nouvelle race de collectionneurs était née en Amérique, des magnats du rail, industriels et financiers dont les fortunes colossales correspondaient à un développement du gigantisme des entreprises ; ils achetèrent l'art à Paris. Le marché de l'art obéit aux lois d'un marché international, brassant des capitaux importants. L'art, bâti autour des valeurs morales d'une bourgeoisie enrichie sans avoir eu le temps de se doter d'un goût, était ébranlé par l'intérêt que portèrent quelques marchands aux pratiques novatrices de la peinture. Les buts de certains marchands ne se réduisaient pas à la spéculation financière ; quelques-uns uns étaient porteurs d'analyses critiques exigeantes comme en témoignent les écrits de Kahnweiler à propos de l'ouvrage d'Apollinaire, *Les Peintres cubistes* [1] ; selon le marchand, l'imprécision du poète desservait la cause du cubisme. Il écrivit dans, *Mes galeries et mes peintres* :

> « [...] il (Apollinaire) a essayé d'avancer des idées qui devaient d'ailleurs plus je crois, aux grands peintres mineurs qu'aux vrais grands peintres » [2].

Le marché allait peu à peu prendre le pas sur le musée vieil édifice incapable d'ouvrir le patrimoine à la modernité. Les centres d'art contemporain, monuments de l'après-guerre, comme la gare l'était du XIXe siècle, allaient devenir progressivement des cabinets de curiosités par l'hétérogénéité des productions rassemblées. L'abandon de l'académisme fut la pierre de touche de cette mutation devenue effective après la seconde guerre mondiale. Le marché avait pu imposer, grâce au travail des marchands promoteurs de nouvelles formes, des options originales d'artistes connus du seul milieu artistique. Ces formes, nées au tout début du siècle, étaient curieuses dans le sens de la curiosité des amateurs de la Renaissance, époque de référence, où les arts étaient interrogés au nom des sciences. On retrouvera cette source vive dans la quête de la quatrième dimension de Duchamp. La curiosité renaissante, hybride par nature, se faufile dans le métissage des genres prisé par les artistes modernes : les assemblages de Picasso défaisant les catégories de la peinture et de la sculpture, les collages de la période cubiste où toile cirée et miroir viennent bousculer les cadres de la représentation, les ponts entre arts primitifs et européens introduits par Picasso avec les *Demoiselles d'Avignon*, sont autant de croisements monstrueux pour leur époque.

Ces ponts offriront de nouvelles définitions à l'art désormais plus orienté vers l'intelligence que vers la catégorie du beau encore lisible dans l'appellation « Beaux-arts ». Cette vision de biais, selon la définition de l'intelligence de Montaigne, a privilégié le prélèvement d'objets empruntés au réel pour défier l'académisme des genres. Cette opération de fragmentation du réel indique l'intérêt pour une structure substitutive conjuguant banalité, fétichisme et critique. Ces mutations, pratiquant un métissage du statut des objets, vont conduire une transformation du statut de l'artiste. Ce phénomène, poule ou œuf, trouve son prolongement ou son origine dans le marché de l'art où l'on peut constater l'interchangeabilité des rôles des méga collectionneurs qui sont à la fois marchands, commissaires d'exposition et mécènes.

Le transfert d'objets quotidiens vers les institutions d'art, s'il fut un défi matérialisé par le ready-made, est devenu le principe même de toute exposition magnifiant les valeurs de transfert de la marchandise. L'objet d'art, sorti du projet idéaliste, a réintégré un statut d'objet de cabinets de curiosités entre fétichisation et banalisation, selon le principe d'un exotisme du quotidien accroissant la valeur d'échange. Les entreprises multi-nationales utilisent aujourd'hui les œuvres d'art contemporaines comme autant d'indices de leur modernité. Les magasins pittoresques, les foires marchandes étaient les versions industrielles d'une fascination pour la marchandise. Les arts plastiques vivants ne se montraient pas dans ces foires. L'ère post-industrielle a vu les frontières se troubler quand s'est délitée l'idée d'avant-garde. L'art a subsumé la marchandise dans un mouvement post-moderne dont la définition élargie aux frontières de l'anthropologie, combine ses éléments selon la modalité horizontale de l'étal où « tout se vaut ». Les métissages des genres, des fonctions et des statuts entretiennent une confusion certaine tout en esquissant de nouvelles définitions : c'est ce que nous montre l'histoire des cabinets d'amateurs et de curiosités où se sont fourbis des instruments de classement.

NOTES

1 Guillaume Apollinaire, *Œuvres complètes*, Paris, Balland et Lecat, 1965.

2 Daniel-Henry Kahnweiler, *Mes galeries et mes peintres*, Entretiens avec Francis Crémieux, Gallimard, 1961.

LIVRE I.1

Où l'on voit les collections antiques provoquer des dérèglements et se plier à des dispositifs rhétoriques.

Sur les ruines de l'Empire d'Alexandre s'élève un empire de savoir. Alexandrie en sera la capitale et Démétrios de Phalère, disciple d'Aristote effectuera le premier recensement de la population d'Athènes et proposera la construction de la bibliothèque et du musée, sanctuaire des Muses. Alexandrie voit dans la traque systématique de manuscrits, copiés ou achetés aux navigateurs accostant au port, un moyen d'enrichir ses institutions ; le catalogue, sera également une initiative alexandrine, comme la traduction en grec de la Bible, dite « les Septante », apparue en 270 avant Jésus Christ. Ainsi, le musée est-il l'héritier d'un naufrage et contemporain d'un recensement. Les Grecs ne semblent pas avoir conçu de collections privées, les sculptures étaient données aux temples, aux portiques et aux autres lieux publics. L'Altis, parc situé près d'Olympie et consacré à Zeus, était peuplé de statues d'athlètes et de quadriges de marbre, offerts par les vainqueurs des jeux. La gloire de l'artiste avait une valeur dans le patrimoine du citoyen et l'on n'eût pas aimé que ses œuvres soient enfouies dans des collections particulières. Pline nous apprend qu'Alcibiade fit exécuter, par Aglaophon, deux portraits, dont il était le sujet pour les placer dans des endroits publics.

Les Romains collectionnaient également, à grands frais, les statues grecques et l'étrangeté des pierres rares, celle des malachites, des essences, des parfums et des épices les séduisait. Lucien produira une série de visions romanesques faite de rêveries, de jardins merveilleux, de zéphyrs, de musiques sucrées et construira une image solide de paradis perdu que les découvreurs de l'époque moderne chercheront désespérément à retrouver. Ces voyages mythologiques, accomplis dans l'imaginaire des anciens, vont susciter des répétitions fascinées. L'opulence impériale et patricienne appellent sur l'Empire le déversement de produits exotiques : parfums et encens d'Arabie, soies et porcelaines de Chine, perles du Golfe Persique, épices et pierreries de l'Inde dont le succès ne fait que commencer. Les Latins vont faire de « l'ailleurs » un gisement de nouvelles façons de penser :

> « [...] Alors que les vieux cultes grecs s'effacent ou se dessèchent, les âmes en quête de renouveau accueillent d'innombrables succédanés religieux venus de contrées périphériques : sectes à mystères, déités levantines, Isis, Adonis, la grande Mère et Jéhovah lui-même, sauveurs et rédempteurs qui annoncent de loin, la venue d'un Dieu unique et universel » [3].

L'Orient va devenir, et pour longtemps, le réservoir privilégié de l'imaginaire occidental. Les formes de gouvernement absolu, synonymes de corruptions et de mollesses orientales, d'abord objets de profond dégoût, ne vont pas tarder à attirer le refoulé des convoitises latines :

« Malgré l'orgueil chatouilleux des vieux romains, comme Caton le censeur, nostalgiques de la morale austère d'autrefois, les riches et les parvenus du temps présent ne vont plus se refuser aucun des luxes exotiques que le commerce déverse en quantité accrue. [...] Depuis longtemps les classes opulentes cultivaient avec ardeur les séductions de ces valeurs étrangères importées ou propagées, malgré les imprécations des attardés contre le luxe ou la mollesse. Immanquablement voyageurs et fonctionnaires devaient rapporter de leur séjour outre-Méditerranée, en plus des revenus de leurs concussions et de leur pillage, des raretés et des curiosités orientales de prix » [4].

Le collectionnisme, en se penchant vers un orientalisme de pacotille, se fabrique un chemin quittant les ornières de la mesure. Il fréquentera la démesure du sexe, de la gloire et de la folie.

LE SEXE

La convoitise romaine se porte vers des objets sur lesquels le collectionneur va diriger à la fois son désir et son opprobre. De l'Orient viennent des corps nus aux postures érotiques, des Vénus et des bacchantes. Cicéron semble s'en plaindre quand il reçoit d'obscènes bacchanales parmi les muses qu'il a commandées. Dans une lettre à Faius Gallus, responsable de l'achat de ces cinq bacchantes, il écrit :

« Les muses vont à ma bibliothèque et conviennent à mes travaux, mais des Bacchantes où veux-tu que je les place ? Je n'achète de statues que pour orner à la manière des gymnases grecs, le lieu qui me sert de palestre » [5]

La légendaire permissivité sexuelle des contrées lointaines autorise les postures osées. L'étrangeté permet les écarts. Des objets de nature érotique pénètrent dans les lieux appropriés des villas : les thermes. L'exotisme est bien souvent la manière d'introduire des formes érotiques variées et avec elles toutes les formes de l'excès sont mises à l'honneur. La statuaire représentant des femmes sera très prisée. Le collectionnisme latin ne fait, en cela, que reprendre l'exotisme en vogue chez les Grecs. En effet, depuis l'époque archaïque, les royaumes d'Orient ont fasciné les Grecs par leurs fabuleuses richesses. Les offrandes somptueuses de Crésus à Delphes avaient frappé les imaginations. Hérodote, en sa qualité de voyageur, remplit ses histoires d'événements légendaires. Le pactole, roulant ses paillettes d'or et ensorcelant le Roi Midas, n'est pas la moindre des fables de l'historien. Si, après les guerres médiques, les Perses, associés au despotisme, sont connus pour leur goût du luxe et leur raffinement, ce n'est qu'au Ve siècle avant Jésus-Christ, que les valeurs d'ascétisme, de frugalité et de chasteté seront emblématiques de la démocratie.

LA GLOIRE

Certains objets entrent dans les riches villas patriciennes en vertu d'un pedigree très prisé par les romains. En effet, à quel prix ne s'arrache-t-on pas la statue d'Hérakles Epitrapézios qui avait appartenu aux collections d'Alexandre, mais aussi à Hannibal puis encore à Sylla ? La liste des propriétaires successifs donne aux objets une aura légendaire. L'objet qualifie le propriétaire qui qualifie l'objet. Celui-ci peut être identifié par ses transferts successifs. Pétrone, dans le Satiricon, ironise en traçant la généalogie de ces objets n'ayant d'autre qualité que l'appartenance. Un corps de légendes dont la caractéristique est d'être collective chez les Grecs et individuelle chez les romains, garantit leurs identités respectives :

> « La Grèce Antique a été hantée par l'idée qu'au-delà de son monde familier existaient d'autres mondes imaginaires, séjours effrayants et paradisiaques, asiles de monstres et de bienheureux, où se sont aventurés les héros [...] La mythologie grecque toute entière ne manque pas de voyages initiatiques où les héros sont prêts à affronter des épreuves redoutables. Les Odyssées mythologiques avec leur cortège d'abandon et de conquête font écho à d'autres récits de voyages imaginaires écrits pour nourrir l'amertume d'un monde régi par les Olympiens » [6].

Mais cette quête peut quelquefois apporter la folie.

LA FOLIE

Verrès fut le plus célèbre et le plus fou des collectionneurs antiques. Cicéron, dans les *Verrines*, laisse un portrait détaillé de la passion maniaque qui engagea sur la voie d'une folie *(furor, cupiditas, incredibilis)* cet authentique véreux. Verrès avait, selon Cicéron, la fâcheuse habitude de solliciter des objets à fin d'examen et d'en prolonger la garde à vie ou de les alléger de certaines parties précieuses. Cette forme de vol lui valut un procès qu'évoque Cicéron dans DE SIGNIS, XIII, 30. La longue description fournie par Cicéron permet de dresser un catalogue assez précis de l'étendue des vols de Verrès. Ce dernier était proconsul de Sicile (de -73 à -71). La justice, l'administration, la finance et l'armée étaient donc concentrées dans ses mains :

> « Dans toute la Sicile, cette province si riche, si ancienne parmi tant de cités et de familles opulentes, pas un seul vase d'argent, un seul bronze de Corinthe ou de Délos, une seule pierre précieuse, une seule perle, un seul ouvrage en or ou en ivoire, une seule statue de bronze, de marbre ou d'ivoire, je nie qu'il y ait une seule peinture, une seule tapisserie qu'il n'ait recherchée, examinée et, si elle lui a plu, dérobée » [7].

Les diatribes de Cicéron, engagé par les Siciliens spoliés par Verrès, permettent de connaître l'organisation des collections du proconsul. À l'entrée du palais, les vantaux des portes du temple de Syracuse dédié à Minerve, des bas-reliefs en ivoire incrustés d'or d'un admirable travail, représentaient des sujets de l'histoire de la Sicile, surmontés d'une tête de Gorgone également en ivoire. Les mêmes portes étaient garnies de clous d'or. À l'intérieur, de magnifiques tapisseries à personnages brodés d'or, dépouilles des plus riches palais de Malte, de Messine, d'Halese et de Syracuse. Le mobilier, dont une partie avait été léguée à Verrès par la courtisane Chellion, était d'une richesse extraordinaire et recouvert d'étoffes et de coussins de pourpre brodés à la main. Pendant trois ans, les meilleurs ateliers de broderie, les plus nobles dames de la Sicile n'avaient travaillé que pour leur proconsul. Dans le vestibule, autour de l'atrium et du péristyle, dans chaque salle du palais et jusque dans le parc dont les terrasses terminaient cette enfilade majestueuse qui caractérise les maisons romaines, partout un peuple de statues. Elles étaient disposées avec un goût parfait, tantôt dans les entrecolonnements, tantôt devant les colonnes elles-mêmes ou encore dans des niches construites exprès.

C'était, en première ligne, le fameux Cupidon de Praxitèle, frère de celui qui faisait tant de pèlerinages à Thespies. Cette pièce du cabinet de Verrès est parvenue jusqu'à nous à travers vingt siècles de révolutions, s'il est vrai que le torse de l'amour qui se trouve à Rome soit la réplique faite par Praxitèle lui-même de son chef-d'œuvre de Thespies. À côté figurait un Hercule en bronze de Myron, contemporain et disciple de Phidias et aussi le premier sculpteur animalier de son temps. Ces deux pièces capitales avaient orné jadis le *sacrarium* du palais d'Heius, riche Mamertin. De la même collection venaient deux canéphores en airain de Polyclète dont on croit reconnaître la copie dans un bas-relief de la villa Alban [8]. Cicéron vante la grâce de la Sapho de Silanion, statue d'Aristée. Verrès convoitait l'objet de culte des Tyndaritains, un Mercure en bronze. Le premier magistrat de la ville ayant refusé de lui livrer l'objet, Verrès le fit attacher nu, sous la pluie et en plein hiver, à une statue équestre. Le Sénat réclama la grâce de Sopater que Verrès accorda en échange du Mercure [9]. Ensuite il réclama des statues d'Apollon venant de Syracuse, de Lylibée, d'Agrigente et un bronze de Myron très côté car la signature était incrustée en caractères d'argent sur la cuisse même du Dieu. Verrès parvint, par des moyens tout aussi spécieux, à se faire offrir les statues des temples, chose à peine imaginable, celles d'Hercule d'Agrigente, de Proserpine de Syracuse, de Junon de Samos et de Malte, de Diane de Pergame, de Chios de Tenedos, d'Assore et d'Halicarnasse. Cicéron dans les *Lettres à Attique* s'élève contre le rapt de la Diane de Tenedos :

« Quand cet ennemi et ce pilleur de tous les objets sacrés et de tous les cultes l'eût aperçu, comme si cette torche l'eût atteint, sa convoitise et sa folie s'enflammèrent. Il commande aux magistrats de la lui donner ; il expose que rien ne lui sera plus agréable. Ceux-ci d'alléguer que c'est pour eux un sacrilège, qu'ils sont retenus par le plus grand scrupule religieux et surtout une crainte de la justice (...) Verrès tantôt les prie, tantôt les menace » [10]

La pinacothèque de Verrès était très fournie en bronzes et candélabres, en collections de pierres précieuses et pierres gravées. Toute galerie se devait d'avoir sa table de citre. Celle de Verrès était placée dans un de ses *triclinia*, entourée de lits, de consoles chargées d'une vaisselle unique au monde. L'orfèvrerie et l'argenterie ciselées étaient les plus grandes passions du proconsul. Connaisseur et dilettante, il passait son temps à surveiller sans toge et en manteau grec, dit Cicéron, le travail des ouvriers orfèvres qu'il engageait. Cette passion démesurée que stigmatisa Cicéron allait jusqu'à dépouiller de leurs ornements précieux, le mobilier qui appartenait aux riches siciliens l'invitant encore à dîner. Cicéron n'hésite pas à employer le terme de chasseur, pour définir cette manie :

« Deux connaisseurs, l'un peintre et l'autre modeleur en cire font le rabattage [...] on dirait deux limiers flairant partout toujours sur la piste, de menaces en promesses, enfants esclaves dont la taille rend aisés les vols audacieux, tout est bon pour arriver à dénicher quelque chose, ils furètent partout ; s'ils découvrent quelques pièces de valeur ils la rapportent pleins de joie. Quand la chasse est moins heureuse, ils ne laisseront pas de revenir avec quelques menues pièces de gibier telle que plats, patères et brûle-parfums » [11]

Les charges contre Verrès furent si accablantes qu'il quitta Rome en 70 avant J-C et n'y revint que 27 ans après l'assassinat de Cicéron. Quand Antoine, *triumvir*, lui demanda les bronzes de Corinthe, Verrès fut incapable de s'en séparer et le paya de sa vie. À partir de l'exemple de Verrès, archétype de la démesure, toute collection sera désormais entachée d'escroquerie. Mais cette démesure va également autoriser toutes les malversations, comme en témoigne le luxe déployé dans les riches villas patriciennes, écart vis-à-vis de l'austérité latine. L'Orient fournit aux familles proconsulaires la somptuosité démesurée des satrapes, les décors colossaux, les joyaux monstrueux comme les perles que Cléopâtre ou Caligula font dissoudre dans leurs boissons. Le goût des objets luxueux devient pour eux une véritable passion et même Cicéron paie des sommes importantes pour une table en bois de thuya d'Afrique et pour des sculptures grecques comme en témoignent ses *lettres au Chevalier Atticus* :

« Continue à m'envoyer tout ce que tu trouveras d'objets d'art, je n'ai pas encore vu les statues de ton dernier envoi. Elles sont à Formies où je compte aller sous peu. Je les ferai transporter à Tusculum. Garde toujours tes livres. Ils seront miens » [12].

Puis :

« Ne manque pas je t'en prie la première occasion commode. Je te demande des moulures pour le plafond de l'atrium et deux couvercles de puits sculptés. Ne traite plus avec personne de ta bibliothèque, quelque ardent amateur que tu trouves. Je réserve la totalité de ma petite épargne pour cette acquisition qui sera la ressource de ma vieillesse » [13].

Nombreuses sont les lettres au Chevalier qui mentionnent le goût certain que porte Cicéron à l'ornement de sa villa ou de son gymnase, comme celle du 23 novembre 68 :

« Je t'en prie, si tu peux trouver quelques objets d'art propres à orner un gymnase pour l'endroit que tu sais, ne les laisse pas échapper. J'aime ma villa de Tusculum au point de n'éprouver de contentement intime qu'une fois que j'y suis arrivé » [14].

L'intérêt porté à ces objets qualifiés de *curios* et acquis à grands frais est aussi spéculatif. Les transports et les restaurations sont très onéreux. De plus, les fréquents naufrages et pillages qui émaillent le voyage rendent non seulement plus précieuses les cargaisons mais permettent aussi à d'habiles contrefacteurs d'exercer leurs talents, d'où la prolifération de faux dont l'existence est attestée par Horace et Pline l'Ancien. Ainsi apprend-on que :

« 36 - À Rome, on falsifie le paetanum en le faisant bouillir jusqu'à épaississement avec de la craie cimolienne.

37 - La céruse est fabriquée à partir du plomb et de vinaigre (...)

39 - On fabrique de la fausse sandaraque avec la céruse que l'on fait bouillir au four.

46 - Les falsificateurs teignent avec de l'indigo véritable de la fiente de pigeon ou colorent avec du pastel de la craie de Selinonte ou de la craie annulaire » [15].

Cet annulaire, est-il expliqué plus loin, est fabriqué à partir d'une craie mélangée à la verroterie qui sert d'ornement aux anneaux du bas peuple. Ainsi, grâce à ces procédés, peut-on attribuer des œuvres à des artistes anciens et prestigieux et considérablement augmenter les bénéfices réalisés sur l'engouement qu'elles suscitent. La falsification entre dans un idéal d'authenticité et de vérité qu'elle conforte par défaut. Elle est partie prenante de la rationalité grecque puis latine qu'elle couronne et elle nourrit le goût immodéré des patriciens pour la collection. Le collectionnisme penche du côté de la démesure, de la folie, du fétichisme et du vol, condiments propres à la fabrication d'individus menaçants pour la société, livrés qu'ils sont à leurs plaisirs. L'Orient va fournir le modèle de cette jouissance et Rome imite ses modes de vie, copie ses jardins et ses vêtements. Ceux-ci seront luxueux pour les uns, pittoresques pour les autres et, pour les annalistes comme Polybe, une source de dérèglement, qu'elle soit de nature privée ou publique.

Les palais tels la Domus Aurea et la Domus Augustina seront décorés d'œuvres rapportées des provinces ou, le plus souvent, de copies : les *putti* de l'époque antonine seront établis d'après un prototype grec, l'Ephèbe, du Ier siècle et la tête d'Aphrodite antonine, copiés d'après les originaux hellénistiques du IVe siècle av. J.-C. Les Empereurs rivaliseront dans l'étalage du luxe de leurs villas que ce soit celle d'Hadrien près de Rome ou celle de Tibère, à Capri. Plus que tous, Néron va évoquer avec la Maison Dorée la tentation d'un Orient où éclate une fascination pour les rites solaires du mazdéisme. L'empereur statufié en Roi soleil, *colosseum*, donne son nom au Colisée. Cette fascination correspond à l'ampleur des nouvelles attaches économiques qui relient l'Orient à l'Occident. La richesse permet aux parvenus de se procurer des objets superflus, vanité dont ils font étalage : pierres précieuses, argenterie, marbre, ivoire, statuettes tyrrhéniennes, tableaux, étoffes teintes. La décoration est à la mesure de la parade savante du propriétaire :

> « Les riches décorent leurs palestres et leurs salles d'exercice de portraits d'athlètes, ils exposent dans leurs chambres à coucher et transportent avec eux l'effigie d'Epicure » [16].

Même l'Académie de Cicéron contient, à Tusculum (68-67 avant J.-C.), un jardin péristyle qui évoque le gymnase grec. Ce gymnase ou palestre comporte une promenade haute nommée lycée et une promenade basse nommée Académie. Le maître a reproduit un ensemble public grec destiné à l'éducation des jeunes gens. *Exedrai* ou *oikoi* sont des endroits ornés des images de protecteurs de l'endroit. L'emprunt est le maître mot de ces endroits de parade dont se moque Sénèque :

> « À quoi bon d'innombrables livres et bibliothèques dont le propriétaire trouve à peine moyen dans sa vie de lire les étiquettes. Vous verrez chez les plus insignes paresseux toute la collection des orateurs et des historiens et des rayons échafaudés jusqu'au plafond : car aujourd'hui à côté des bains et des thermes, la bibliothèque est devenue l'ornement obligé de toute maison qui se respecte. J'excuserai parfaitement cette manie, si elle venait d'un amour pour le travail, mais ces œuvres sacrées des plus rares génies de l'humanité, avec les statues de leurs auteurs qui en marquent le classement, on les acquiert pour les faire voir et pour en décorer les murs » [17]

Le goût romain pour la gloire de la fonction politique et pour la morale englobe les formes artistiques, ce sont des catégories morales qui définissent l'idéal de l'art classique, c'est pourquoi Cicéron défendra les vertus de la collection publique :

> « Je vois que les peintres et ceux qui façonnent les statues et aussi en vérité les poètes veulent chacun que le public examine leur œuvre afin d'y corriger ce que la majorité des gens a pu y critiquer de même que ces auteurs, à part soi et avec d'autres recherchent la faute que comporte leur œuvre, de même est-ce d'après le jugement d'autres que nous devons faire, ne pas faire, changer et réformer bien des choses. » [18].

Agrippa paya 30 000 deniers deux tableaux représentant Ajax et Vénus que lui cédèrent les habitants de Cyzique. Il orna ses thermes de tableaux encadrés dans le marbre mais il ne se réservait pas l'exclusivité de ses chefs-d'œuvre puisqu'il fit, selon Pline, un discours invitant les amateurs à exposer publiquement leurs tableaux et leurs statues. Certains empereurs exposeront leurs collections. Pompée léguera au peuple statues et tableaux. Titus, après l'incendie du Capitole et du Champ de Mars, destine aux monuments et aux temples tous les objets de ses propriétés. Devenant publiques, les collections gagnent en moralité. Leur fonction est d'instruire. Leur valeur est mesurée par les protections qu'elles reçoivent. Ces objets seront sous la haute garde d'esclaves ou de citoyens responsables sur caution financière et même sur leur vie. Pline l'Ancien mentionne plusieurs fois ce mode de garantie à propos de la chienne blessée de Lysipe, au Capitole :

> « On peut juger de son étonnante réussite, non seulement par le lieu où on l'a-vait dédiée, mais aussi par son cautionnement : aucune somme d'argent ne paraissant suffisante, un décret ordonna que les gardiens en répondraient sur leurs têtes » [19].

Ou encore :

> « On discute sur les auteurs de l'Olympus et de Pan de Chiron avec Achille qui ornent les saepta (enclos de vote) et dont la renommée veut même que l'on en réponde sur sa vie » [20]

Sous Galba, Tacite nous fait savoir qu'un inventaire très précis des présents déposés au temple est dressé, Agricola VI, 6. Sous Antonin le Pieux existe un procurateur aux monuments, portraits et statues de la domus impériale.

Aux IVe et Ve siècles est attestée l'existence d'un *curator statuarum*. Le *curator* est un gestionnaire des biens légués à la cité. Sa fonction naît de l'opulence. Il est de rang sénatorial ou appartient à l'ordre équestre. Les objets qui suscitent l'engouement des praticiens et des Empereurs sont divers : on trouve des tableaux, surtout anciens, des esquisses, signalées par Pline dans son *Histoire Naturelle*, XXXV-145. Les objets précieux, même cassés, sont conservés en fonction de leur ancienneté et de leur prix : vaisselles de luxe, coupes ciselées, pierres gravées, dactyliothèques, perles, monnaies et médailles. Les monnaies étaient souvent des cadeaux prodigués par l'Empereur, au gré de ses caprices. Il distribuait ces présents au titre de récompenses honorifiques dans le cadre de Saturnales ou autres divertissements. Ceux-ci, une fois montés en bijoux, devenaient des talismans. L'enjeu moral de la collection publique n'excluait pas l'exposition de *curios* et *mirabilia* – du latin *mirabilis*. Ceux-ci étaient ajoutés aux collections prestigieuses de statuaires. Pline, dans *Histoire naturelle* (VIII-37), évoque l'envoi, par le proconsul de Rome en Afrique, de mâchoires d'un serpent gigantesque. Ainsi la variété des collections désigne-t-elle l'étendue des savoirs possédés. Elles peuvent le faire par défaut :

> « Les guides ordinaires des voyageurs vers les objets à visiter, qui font les honneurs de chaque curiosité et que l'on appelle mystagogues, ont désormais (après les pillages de Verrès) retourné leurs méthodes de présentation : auparavant ils montraient partout les belles œuvres en place, maintenant ils font voir de tout côté la place où elles étaient » [21].

La collection d'art est, on ne peut plus clairement, destinée à la civilité. Elle est une forme harmonieuse de l'ordre social mettant en scène une ornementation engendrée pour la gloire. Enfin, ses buts, comme ceux de la rhétorique, sont d'émouvoir et de persuader. Cicéron en témoigne dans le Brutus (46 av. J.-C.) :

> « Lorsqu'à cette élégante latinité, nécessaire à tout romain bien né, s'ajoute l'éclat des beautés oratoires, ses pensées sont comme des tableaux correctement peints, qu'il place en belle lumière » [22]

La beauté rhétorique des expositions de tableaux n'empêche pas Cicéron de qualifier de niaiserie l'extase qu'éprouve un homme pour l'art. Une admiration démesurée devant des objets rend esclave et aliéné. Cette démesure couvre les procédés frauduleux d'acquisition des pièces :

> « La déraison se manifeste chez ceux qui éprouvent un goût excessif pour les statues, les tableaux, l'argenterie ciselée, les ouvrages de Corinthe, les demeures somptueuses... Tu restes en extase devant une statue de Polyclète. Je ne veux pas savoir où tu les as pris et comment tu les possèdes. Mais quand je te vois en train de contempler, de les admirer, de pousser des cris, je pense que tu es l'esclave de toutes ces niaiseries. Ne sont-ce point des choses pleines d'agrément ? Qu'elles passent pour charmantes mais à condition de servir non pas de chaînes pour un homme mais de distraction pour enfant » [23].

Chez Cicéron la collection artistique se réduit à une stricte illustration d'une rhétorique dont elle fournit les preuves. Le principe de disposition, cher aux latins, travaille cette correspondance. Dans la collection, les objets sont distribués pour l'élaboration de discours. Elle est soumise aux principes de la rhétorique comme les arts plastiques le sont à l'éloquence destinée à convaincre et émouvoir au moyen de la parole. La rhétorique est l'ensemble des règles d'harmonie, de symétrie et de bon goût régissant une composition dans laquelle les œuvres vont apparaître pour qualifier un discours supposé être une cohérence supérieure. Les objets perdent leur identité devant la nécessité principale de rendre la collection parlante et persuasive pour la gloire du propriétaire et pour les vertus de la civilité latine.

La disposition rhétorique donne son principe à la collection d'art dont elle régule les effets dangereux et passionnels. Le discours est le garde fou, il donne le sens et préserve des passions démesurées. La présentation obéit à des choix esthétiques de symétrie d'harmonies, de perspectives qui correspondent aux pratiques de réminiscence des orateurs. Des rapports entre l'architecture et la composition d'œuvres littéraires sont d'ailleurs mis en évidence par P. Gros qui analyse les rapports des métamorphoses d'Ovide avec le décor intérieur de temples romains. L'ouvrage d'Ovide, construit de récits adventices projetés dans le passé, interférant avec le déroulement des épisodes centraux est comparable à un édifice orné de ses statues. La Renaissance va réhabiliter la disposition des objets selon les lois de la rhétorique. Les monstres, les prodiges et autres *mirabilia* y seront l'illustration de la démesure. Les collections antiques appartenaient aux musées, ces sanctuaires des muses formant des lieux privilégiés pour la méditation et la retraite. Logiquement, elles trouveront asile dans les grottes de rocailles constituant les ornements artificiels des jardins romains. Lieu de repos, la collection obéit également à une logique du cheminement. En effet, la collection associée pour Pline à des objets de culte est une démarche vers la statue tutélaire du lieu. Certains objets légendaires avaient une charge mythique si grande qu'ils étaient destinés à une fonction sacrée. Pline l'Ancien, dans le livre IX de l'*Histoire Naturelle* (119-121), raconte l'histoire des perles de Cléopâtre, dont l'une fut dissoute dans le vinaigre et l'autre sciée pour servir de pendants d'oreilles à la Vénus du Panthéon. Ainsi ces *mirabilia,* ayant pedigree, sont destinés au culte et deviennent des ex-voto adressés aux divinités. Dans *Histoire Naturelle*, Pline décrit le serpent africain de cent vingt pieds pris d'assaut pendant les guerres puniques, dont la peau et les mâchoires sont conservées au temple et qui constitue la preuve de voyages légendaires.

La civilité latine a enfermé les objets de ses collections dans des frontières strictes qu'elles soient rhétoriques ou cultuelles, mais l'amour de l'exotisme va emporter une partie de la société romaine vers des formes religieuses venues de rituels orientaux composés d'une forte dose de mysticisme et transportant son cortège d'objets. Les extases, les musiques de cymbale, les cris et les accoutrements clament la symphonie de « l'ailleurs » que les plus défavorisés vont entendre. Les femmes encourageront les premières manifestations orientales, qu'elles soient religieuses ou vestimentaires : l'élégance vaporeuse va en effet définir une nouvelle féminité. Le caractère radical de la femme fatale va se transmettre à l'Occident au moyen de certains archétypes de femmes puissantes, parmi lesquelles figurent Cléopâtre, Bérénice et Zénobie. Leur permanence n'a d'égale que la fascination et la répulsion qu'elles engagent. Notons que cet encouragement à suivre les voies orientales, prendre au sérieux l'exotisme et en mimer les manifestations fut le fait des femmes. De plus, ces objets permettront un éloignement de la rhétorique. Quant aux rituels de pèlerinages, de défilés et de processions, ils seront repris par le christianisme qui pratiquera l'acheminement symbolique vers une pièce majeure, qu'elle soit Dieu tutélaire ou trésor reliquaire. Ainsi donc, l'amour des *curios* apporte au monde occidental des solutions aux crises religieuses qu'il traverse. Les hommes collectionnent les objets et les femmes le fond mythique qui s'y attache. Ainsi le christianisme, religion d'Orient, s'est imposé en Occident en instaurant un luxe d'humiliation et de renoncement, souverains antidotes à l'abondance orientale dont s'entouraient les empereurs pétris de féminité. Aurélien ne se faisait-il pas appeler *Dominus et Deus* en portant des vêtements couverts d'or et de pierres précieuses ? En somme le judéo-christianisme, venu d'Orient grâce aux multiples échanges ouverts depuis l'Antiquité, est une des multiples curiosités latines et montre la marque d'un exotisme protéiforme. L'hermétisme des cultes d'Isis, de Mithra et ceux de la *Magna Mater* prédominants au IIe siècle, semble balayé par un christianisme triomphant au IIIe siècle. Avec la Renaissance, les formes occultes vont réapparaître en force dans les cabinets des amateurs Le rapprochement en un même lieu de figures magiciennes et rationnelles appartiennent à la Renaissance comme elles ont appartenu à l'Antiquité. Les collections renaissantes seront l'empreinte des deux collectionnismes : le collectionnisme antique en trois dimensions : sexe, folie, fraude et le collectionnisme reliquaire du christianisme. La femme, soleil noir de la collection est invisible d'être plus attachée au fond mythique qu'aux objets palpables que les hommes possèdent.

NOTES

3 Bourde André, *Histoire de l'exotisme*, ouvrage à paraître.

4 Ibidem.

5 Cicéron, *Correspondance*, tome VIII, Fam VII-24, traduit et annoté par Jean Beaujeu, Paris, Les Belles Lettres, 1983, p.229.

6 Bourde André, opus cité, non paginé.

7 Cicéron, *Discours*, I.1, Seconde action contre Verrès, texte établi par Bornecque et G. Rabaud, Paris, Les Belles Lettres, 1991, p.6.

8 La villa Albani appartient à une famille italienne venant d'Albanie et qui rassembla, à partir du XVe siècle, une importante collection.

9 Cicéron, *Discours*, XL, 87, Seconde action contre Verrès, texte établi par Bornecque et traduit par Gaston Rabaud, Paris, Les Belles Lettres, 1991, p.58.

10 Cicéron, *Discours*, XXXIV, 75, Seconde action contre Verrès, texte établi par Bornecque et traduit par Gaston Rabaud, Paris, Les Belles Lettres, 1991, p.50.

11 Cicéron, *Correspondance ATT*, I, 6, Paris, Les Belles Lettres, 1934, p.24.

12 Cicéron, *Correspondance*, tome I, ATT I, 10 texte établi par L.-A. Constans, Paris, Les Belles Lettres, 1934, p.71.

13 Ibidem, p.74

14 Ibidem, p.64.

15 Pline, *Histoire Naturelle*, livre XXXV, texte établi et traduit par Jean-Michel Crobille, Les Belles Lettres, 1985, p.51-56.

16 Pline, *Histoire Naturelle*, XXXV-5, Paris, Les Belles Lettres, 1985, p.38.

17 Sénèque, *De la tranquillité de l'âme*, IX, 4.9, Trad. R. Waltz, Paris, Les Belles Lettres, 1927, p.89.

18 Cicéron, *Les devoirs*, I, 147, Texte établi par Maurice Testard, Paris, Les Belles Lettres, 1965, p.182.

19 Pline, *Histoire Naturelle*, XXXIV, 38 trad. H. Le Bonniec, Paris, Les Belles Lettres, 1953.

20 Cicéron, *Discours*, II 4, Seconde action contre Verrès, opus cité, p.76.

21 Cicéron, *Discours*, 132, Seconde action contre Verrès, texte établi par Bornecque et traduit par Gaston Rabaud, Paris, Les Belles Lettres, 1991, p.82.

22 Cicéron, *Correspondance*, tome VI, texte et trad. Jean Beaujeu, Paris, Les Belles Lettres, 1993, p.232.

23 Cicéron, *De oratore*, 96

LIVRE I.2

Où l'on considère la curiosité comme
un vilain défaut.

La curiosité antique s'était portée, essentiellement, vers l'Orient. Avançant avec la conquête romaine, elle se nourrissait de l'étendue des territoires conquis. Parmi les *curios*, les romains rapportaient le christianisme qui stigmatisera la curiosité. La curiosité possède une parenté ontologique avec le féminin et le démoniaque, et dans la Genèse, la curieuse Ève valut à la condition humaine une déchéance définitive. La curiosité désigne une arrogante revendication de savoir dont l'acquisition est mortelle. Cette menace entoure particulièrement les instances du visible dont Dieu est seul propriétaire. *Les Confessions*, de saint Augustin, la condamne comme idolâtre puisqu'elle détourne l'homme du Créateur, le dotant d'une insolence vis à vis de l'au-delà en lui permettant une acquisition frauduleuse du territoire de Dieu. En somme, le christianisme manifeste une certaine ingratitude envers la curiosité qui l'a promu en terres latines. Saint Augustin place la curiosité au rang des concupiscences, juste après celle de la chair. Ce type particulier de convoitise n'est pas étranger à la délectation voluptueuse des sens, il appartient au registre des passions en triade : *voluptas, superbia, curiositas* à quoi il associe une interprétation allégorique de la Genèse. Le règne animal que Dieu a soumis aux hommes comprend les oiseaux, symbole de *superbia,* les quadrupèdes de *curiositas* et les serpents issus de *voluptas.* C'est une vanité sensuelle faite connaissance et science : l'appétit de savoir est un avatar du plaisir des sens. En attribuant à la curiosité une valeur essentiellement sensuelle et sexuelle, saint Augustin la place à l'endroit même où la mettra plusieurs siècles plus tard Sigmund Freud. La curiosité, de péché véniel deviendra libidinale et passera de passion à pulsion. Sa lascive nature l'engage dans la voie peccable, dit Augustin. Freud la définira, au regard du désir dont elle est le symptôme, comme un transfert vers divers objets sublimés. En effet, il n'y a pas de différence entre le désir de connaissance et l'investigation sexuelle. Pour Freud, la curiosité intellectuelle est l'objet de dérivation d'un intérêt précoce que l'enfant manifeste pour la sexualité. Le sexe comme la connaissance sont les deux mamelles de la même pulsion. Ainsi sont-ils sujets et objets d'une semblable économie. Saint Augustin rend la curiosité condamnable d'être liée à la passion de voir. Il prend un exemple innocent pour nous en convaincre, s'insurgeant contre son plaisir d'aller au cirque voir un chien courir après un lièvre. Malgré la fermeté de sa décision, il est contrit, littéralement broyé, de se laisser accaparer, détourner, par un spectacle similaire, dans un champ, au hasard :

> « (...) et si cette démonstration de mon infirmité ne m'avertit pas au plus vite de me détacher de ce spectacle pour m'élever à quelque pensée jusqu'à Vous ou bien de mépriser pareil incident et de passer outre, j'ai l'absurdité de rester là, bouche bée » [24]

Bouche bée est également la figure de la curiosité de l'Iconologie que le Chevalier Ripa fait paraître en 1513 : une femme aux yeux exorbités, à la bouche ouverte, au regard dément perdu pour Dieu. Pour l'église catholique, nos sens servent simplement à recueillir des signes divins, sans divertissement. Par nature, le spectacle est mauvais. Ce mépris, déjà exprimé par Platon dans *La République* et dont la démonstration augustinienne est héritière, s'applique au spectacle et à la *mimesis* de façon générale. Avec Augustin, le danger s'étend à la vie spirituelle : on ne doit pas forcer les mystérieux secrets de la nature pour posséder la connaissance. Le visible aménage un chemin vers la dépravation et la magie, constituant un grand danger pour la vie éternelle. Poursuivant cette diatribe, Jean Calvin proposera l'enfer pour les curieux :

> « Parquoy un bon jadis répondit fort bien à un de ces moqueurs, lequel par risée et plaisanterie demandait à quel ouvrage s'appliquait Dieu devant qu'il créât le monde ; il bâtissait dit-il l'enfer pour les curieux » [25].

La curiosité réclame des signes et des prodiges, non pour le salut d'autrui mais pour le seul plaisir de voir. Le plaidoyer de saint Augustin mesure la curiosité à l'aune d'une pensée théocratique, d'une doctrine révélée qui ne peut résoudre son propre mystère. La curiosité de voir entraîne celle de savoir, la délectation sensuelle appelle les signes, les convoque, les construit. Le curieux cherche dans le réel un contact rugueux avec l'inexplicable dont saint Augustin produit une longue énumération dans *La Cité de Dieu* :

> « [...] Si je voulais rassembler les merveilles et les mentionner, quand cet ouvrage prendrait-il fin ? Car c'est une forêt, que la foule des miracles qui nous sont donnés à contempler » [26].

L'Antiquité avait déjà largement répandu ces grands principes d'une contemplation propre et d'un regard sale. Dieu est propriétaire : en montrant, il démontre. Augustin reprend l'étymologie du monstre qui tire son nom de *demonstrare* : il montre en signifiant. Le monstre de la tératologie augustinienne ne peut être tenu pour une erreur de nature car il est issu de la volonté divine. Le monstre concourt, par sa particularité, à la beauté du monde. Dieu, créant les monstres, obéit à une exigence de son art. Henri-Irénée Marrou s'est livré à une analyse de la notion de curiosité dans la pensée de saint Augustin [27] d'où il ressort qu'il existe une différence notable entre une joie qui naît de la connaissance des choses et la curiosité : la première est la faculté d'être étonné, l'art de rester disponible à la diversité déconcertante du monde, le soin de ne pas laisser émousser en soi l'émerveillement par le fait de l'habitude ou par l'influence de sciences capables d'enfermer la création divine dans les limites de ses définitions et de ses explications ; la seconde est méprisable et le christianisme va appuyer son dégoût fasciné pour l'ordre visible qui anticipe l'accès à l'étreinte sensuelle du corps humain et constitue un danger au regard des interdits chrétiens : tu ne céderas pas aux frivoles tentations de la chair qui doit chrétiennement s'épuiser dans le labeur où s'émousse la revendication des sens. La religion chrétienne va employer ses institutions à contenir les désirs humains. Des frontières rigoureuses entre légitimité et illégitimité des savoirs se dessinent, la studiosité étant le versant légitime d'une curiosité suspecte. Le christianisme place la curiosité du côté des péchés car elle est une recherche de l'inexpliqué et, en cela, constitue une menace pour sa doctrine. En outre la curiosité appartient au visible, donc à l'obscène. Son envers, la studiosité stimule traduction et commentaire de la Bible et sera l'exercice privilégié de la machine à comprendre de la scolastique où l'écrit opère l'écrit. Ce bon savoir s'oppose à la curiosité appuyée sur une vacuité de l'objet sans archétype à commenter. La curiosité est saltimbanque et gourmande. L'étude est toujours menacée par cette fantaisie qui cherche en dehors de la Bible, l'objet de l'occupation de son esprit. Les pères de l'Église chrétienne donnaient au commentaire et à la traduction biblique la fonction de piliers de l'étude. Grâce aux techniques mises au service des humanistes, la studiosité va prendre une forme nouvelle : livres, récits de voyage, catalogues qui n'appartiennent plus au cadre fixe de la scolastique. L'écrit se détache de son territoire sacré. Les livres prennent en charge de nouvelles interrogations surgies des récits de voyages. Les hommes impriment les traces de réflexions individuelles concernant des territoires jusque-là inexplorés. La curiosité devient valeur positive et prolégomène à l'étude, apanage de l'homme renaissant qui transforme le *scriptorium* en cabinet. Ce transfert de la catégorie morale au substantif accompagne ces transformations. La curiosité substantivée est désormais un objet, une marchandise prenant place dans l'économie. La terre promise ne sera plus la Terre Sainte dont il faudra extraire le Saint Sépulcre, mais celle où l'or coule à flot.

NOTES

24 Saint Augustin, *Confessions*, X, 35,57, Tome II, Traduction de Labriolle, Paris, Les Belles Lettres, 1941, p.252.

25 Calvin Jean, *Institution de la religion chrétienne*, I-XIV-1, Les Belles Lettres, 1961.

26 Saint Augustin, *La Cité de Dieu*, XXI-8 – Cité par Jean Céard, La Nature et les prodiges, l'insolite au XVIe siècle en France, Genève, Droz, 1977, p.22.

27 Marrou Henri-Irenée, *saint Augustin et la fin de la culture antique*, Paris, De Boccard, 1958, 2e édition, p.155.

« Le sentiment esthétique qui pousse vers le mystère des formes bizarres, coquilles, pierres, dents ou défenses, empreintes de fossiles appartient certainement à une strate très profonde du comportement humain : non seulement c'est le premier attesté dans l'ordre chronologique, mais c'est aussi une forme d'adolescence des sciences naturelles car dans toutes les civilisations l'aurore scientifique débute dans le bric à brac de *curios*, il est facile d'établir les liens de cette quête avec la magie. (…) l'art figuratif, proprement dit, est précédé de quelque chose de plus obscur ou de plus général qui correspond à la vision réfléchie des formes. »
LEROI-GOURHAN André, Le geste et la parole II, in
La mémoire et les rythmes

« Ceux qui sont désireux de voir les choses étranges s'exposent à de grands périls à fin de contenter leur esprit et donner plaisir à ceux qui convoitent la même chose ainsi qui m'est advenu quelquefois. »
THEVET André, Cosmographie

« Un regard peut contaminer ou tuer. »
VIRGILE, Les Bucoliques, III, 103

LIVRE II.1

Où l'on voit comment l'homme de la Renaissance accède au visible en empruntant les voies naturelles et en mettant la femme au respect dans la figure de la muse.

L'histoire du terme « curieux » est primitivement marquée par la morale. Le curieux, en effet, ne s'échappe pas de la qualification morale de son substantif puisqu'un acharnement sémantique l'y contraint jusqu'aux encyclopédistes. Le mot curiosité est formé du bas latin *curiosus*, dérivé de *curius* venant de *cura* et signifiant soin, souci. La première signification de la curiosité est de prendre soin, de s'inquiéter ; se développe ensuite une acception péjorative où le désir de savoir appartient à l'ordre d'une indiscrétion. En latin impérial, ce terme désigne aussi l'espion. La curiosité est un soin et un vol. Les curieux des mythes, qui furent plutôt des curieuses, entraînent des transformations radicales du cours de l'histoire, il n'est donc pas étonnant qu'elles aient été tenues en grande méfiance, comme le regard qui est leur instrument. À l'article « nature » du Littré, on apprend que le curieux est celui qui voit et vole un savoir qui ne lui appartient pas. Le christianisme fait peser la déchéance de l'humanité sur la curiosité d'Ève qui s'empare de l'objet de connaissance, viole, voit et vole l'interdit prononcé par Dieu. La convoitise d'une femme fabrique une humanité serrée derrière un acte sacrilège qui entraînera son train de punitions.
La curiosité éprouve l'autorité en tentant de repousser les frontières de son empire. Tirésias, lui aussi curieux, en est puni, aveuglé par un éclair parce qu'il a vu le corps nu d'Athéna. Impossible, écrit Nicole Loraux [28] puisque la déesse ne se déparait jamais de sa cuirasse ! Si Tirésias est aveuglé c'est d'avoir vu l'œil de l'autre et non pas d'avoir vu, puisque, à proprement parler, il n'y a rien à voir. L'intention de voir a été saisie, sa vue, vue. J'ai vu ton regard. La réciprocité du regard constitue la faute. La curiosité est la faille essentielle des humains et les dieux et déesses l'utilisent pour les maintenir au respect. Les pères de l'Église ont entretenu le principe d'une visibilité corruptible : Saint Paul a dit : « Voir est péché », car Dieu ne se montre pas. Le savoir doit être révélé dans la grâce de son invisibilité. La pureté est dans le non-voir, comme celle de l'enfant – du latin *infans*, celui qui ne parle pas – est dans le non-parler. Par conséquent, celui qui se tait et qui ne regarde pas accède à la pureté qui devient le seuil des handicapés. Saint Bernard ne préconisait-il pas à ses moines une obstruction des sens pour accéder au divin ?

> « Mais nous qui n'appartenons plus au monde, nous avons abandonné pour le Christ la beauté même du monde ; tout ce qui plaît aux sens, la joie de la lumière, la douceur de l'harmonie, l'odeur même de l'encens et la suavité de ce qu'on goûte, de ce qu'on touche, tout cela n'a pas plus de valeur pour nous que du fumier… » [29].

L'association de la pureté au divin s'est longtemps faite par l'essence, l'éther, l'air. La seule forme non gazeuse que l'humain prête au divin est le cercle. Le cercle incarnait dans la pensée médiévale la matrice universelle du ventre de Marie qui se déclinait jusque dans la tonsure des moines. Le cercle était le signe excellent du « qui ne finit, ni ne commence » et symbolisait la figure parfaite, sans angle dont l'intersection préfigurait l'ordure pour saint Bernard. Le cercle, seule forme étant obtenue avec une ligne non brisée, est réutilisé par l'encyclopédisme renaissant qui va l'installer dans sa ronde des muses. Les naturalistes renaissants seront au premier plan de la conquête de cette nouvelle visibilité empruntée à un corpus antique et à l'observation directe : seule l'étude de la nature permet d'échapper à une inquisition soucieuse d'exégèse et prête à enfermer ou brûler les contrevenants à ses dogmes. L'exemple d'Ulysse Aldrovandi est probant : apprenti philosophe, il eut affaire à l'inquisition et préféra à ses chères études soumises à la doctrine chrétienne, la prudente énumération des monuments antiques de Rome. Il s'en suivra la plus fameuse énumération botanique de la Renaissance. Cette nouvelle visibilité s'ordonnera en un semi-secret, principe d'une culture d'élite née d'une idée propriétaire. Le savant y refait le monde et s'approprie le pouvoir procréateur de la mère nature. Ses prodiges le conduiront à la conquête d'une procréation sans femme. La nature s'offrira comme un territoire vierge des commentaires des pères de l'Église et permettra à la Renaissance d'échafauder une culture d'élite dont les savants garderont l'exclusivité : celle d'un engendrement sans organe.

LES NATURALISTES ET LE VISIBLE.

Les naturalistes de la Renaissance ouvrent les yeux des hommes sur les richesses du monde. La nature est l'objet d'une perception neuve. Elle n'est plus sacrée et peut être séparée de son corpus mythique sans encourir la colère divine. L'animisme, porté par le christianisme primitif, se délite. La nature quitte peu à peu le territoire chrétien et encourage les recherches chez les artistes, les médecins. Pour la première fois depuis l'Antiquité se constituent des collections naturalistes. On prélève du monde des minéraux, des végétaux, qui trouvent place dans une chaîne d'explications venues de l'Antiquité et d'observations.

L'observation de la nature fait l'objet d'éditions et de rééditions d'anciens ouvrages d'histoire naturelle. La zoologie, connue dès le XIIIe siècle, est divulguée. En 1483, Théodore Gaza fait paraître : *De historia et de causis plantarum* de Théophraste et réimprime son *Histoire des animaux*. Jean de Ruelle traduit en français Dioscoride et Antonia musa Brassavola qui traduit également Pline et publie *Examen omnium simplicium medicamentorum,* à Rome, en 1536. Toute l'œuvre d'Aristote est imprimée à Lyon entre 1529 et 1539. Un immense intérêt pour une nature désacralisée agite les esprits du temps. Carus affirme dans son *Histoire de la zoologie* que :

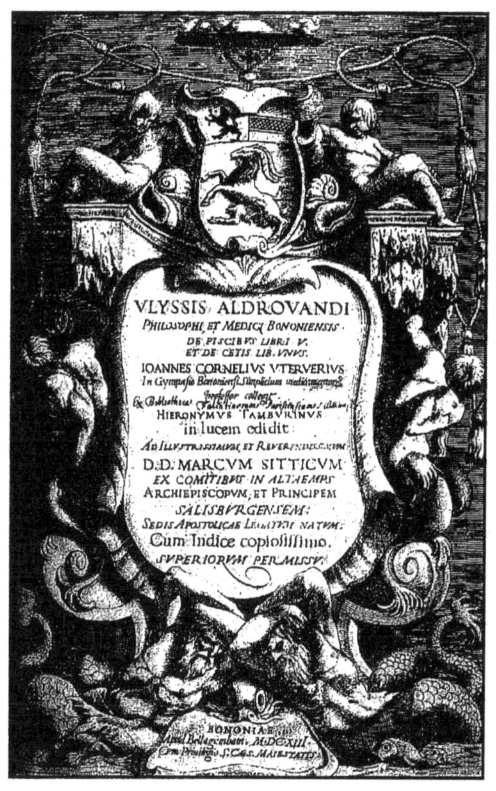
VLYSSIS ALDROVANDI
PHILOSOPHI, ET MEDICI BONONIENSIS
DE PISCIBVS LIBRI V.
ET DE CETIS LIB. VNVS.
IOANNES CORNELIVS VTERVERIVS
In Gymnasio Bononiensi Simplicium medicamentorum
Professor collegit.
Ex Bibliotheca [illegible]
HIERONYMVS TAMBVRINVS
in lucem edidit
AD ILLVSTRISSIMVM, ET REVERENDISSIMVM
D.D. MARCVM SITTICVM
EX COMITIBVS IN ALTAEMPS
ARCHIEPISCOPVM, ET PRINCIPEM
SALISBVRGENSEM:
SEDIS APOSTOLICAE LEGATVM NATVM:
Cum Indice copiosissimo.
SVPERIORVM PERMISSV.
BONONIAE
Apud Bellagambam, MDCXIII.
Cum Privilegio S. Caes. MAIESTATIS.

ALDROVANDI ULISSE *De piscibus libri V*
Bibliothèque interuniversitaire de médecine, Paris

> « L'humanisme réveilla la civilisation et rendit à l'enseignement scientifique un intérêt nouveau avec une forme meilleure »[30].

Les commentaires de l'œuvre d'Aristote ouvrent un espace de réflexion où l'autorité du maître est acquise. Les lettrés et savants de la Renaissance lui empruntent le tableau complet du monde naturel passant outre les trois encyclopédies de la nature écrites pendant le Moyen Âge par Vincent de Beauvais, Thomas de Cantimpré et Albert le Grand. Au XVIe siècle, les naturalistes entreprennent de réunir la somme des connaissances constituées sur chaque objet de nature depuis l'Antiquité. Conrad Gessner et Ulysse Aldrovandi montrent une érudition fourmillante. Une plante fait l'objet de définitions passant par des applications thérapeutiques, des synonymies, des allusions littéraires, des citations d'auteurs anciens. Le nombre d'impressions des compilations érudites des naturalistes de la Renaissance laisse à penser qu'elles constituaient les monuments de la science de l'époque. Les considérations d'Aristote sont suivies à la lettre pour l'organisation, l'ordre, la finalité et les explications verbales des phénomènes biologiques.

La dialectique est utilisée pour conduire les réflexions. Les faits doivent se plier à la doctrine aristotélicienne. Les naturalistes, premiers organisateurs de cabinets, mêleront les divers classements antiques d'Aristote et de Pline. Puis les naturalistes vont peu à peu réhabiliter, contre cette tradition et cette autorité, la valeur de la connaissance acquise par les sens. Pierre Belon partira des faits observés, même s'il ne peut complètement se départir des commentaires des écrits des Anciens. Les observateurs s'appellent Rondelet, L'Écluse, Gessner et Aldrovandi. Ils commenceront à séparer l'observation de la fable qui, comme l'affirme Michel Foucault, étaient mélangées :

> « Le partage pour nous évident, entre ce que nous voyons, ce que les autres ont observé et transmis, ce que d'autres enfin imaginent ou croient naïvement, la grande tripartition, si simple en apparence et tellement immédiate de l'observation du document et de la fable n'existait pas ; et ce n'est pas parce que la science hésitait entre une vocation rationnelle et tout un poids de tradition naïve, mais pour une raison bien plus précise, et bien plus contraignante : c'est que les signes faisaient partie des choses, tandis qu'au XVIIe siècle ils deviennent des modes de représentation »[31].

Le mélange des classements offre un bric-à-brac qui va rendre possibles des comparaisons et favoriser par là même une démarche scientifique. L'observation permet de pénétrer les voies de la connaissance selon les principes indiqués par la nature elle-même. Désignée comme cachée, secrète et non praticable par tous, elle va ordonner une vision du monde. Le génie humain, producteur d'artifices, aura soin d'imiter la nature en ses pratiques secrètes. Le goût de la seconde Renaissance pour les sens cachés, pour les jeux de mots, les rébus, les jeux perspectifs de l'anamorphose, n'y est pas étranger. La perception approfondie est réservée aux quelques humains capables de la traversée des apparences. Le principe du secret de la nature impose sa supériorité sur l'œuvre d'artifice façonnée de main humaine. Comme l'affirme André Thevet :

> « La nature mère de toutes choses a été et est toujours telle. Elle a remis au-dedans les choses les plus précieuses et caché l'excellence de son œuvre. L'homme fait le contraire avec les choses artificielles. Le plus scavant ouvrier, fussent, Apelles ou Phidias tout ainsi qu'il demeure par dehors, seulement pour portraire, graver, enrichir le vaisseau ou statue, ainsi n'y a que le superficiel qui reçoivent ornement et polissure : quant au dedans il reste rude et mal poli. Mais de Nature, nous n'en voyons tout que le contraire » [32].

Le principe du secret de la nature place Dieu, qui lui est associé, en artiste et l'homme, continuateur de son œuvre, en Dieu. L'humain sera le magasinier des jouets divins, une sorte d'intendant du monde créé par un Dieu qui joue et qu'il tentera d'imiter. Le cabinet naturaliste instaure même la preuve de l'existence de Dieu par les *Lubridia natura* mis en vitrine. Ainsi, la première édition de 1573 du livre d'Ambroise Paré, *Des monstres et des prodiges*, pose le goût pour les choses inouïes comme une attention déférente à la richesse du monde et à l'œuvre de Dieu qui ne cesse de varier et parfaire sa création. Dieu devient un artiste marquant ses créatures de sa gloire ou de sa colère. Les monstres peuvent être des signes de la foudre divine, ils peuvent aussi provenir d'une ingénieuse nature qui se joue à fabriquer des espèces monstrueuses pour faire admirer ses œuvres. Ambroise Paré ne signale-t-il pas une comète, passée dans le ciel en 1528, qui dessine un tableau artistement peint ? [33]La nature, chambrière de Dieu, se divertit de façon artistique en donnant variété et gigantisme au schéma initial divin. L'homme, petit portrait du grand monde raccourci, en multiplie les reflets. Les créatures divines établissent des liens entre elles et l'univers par des correspondances de signes. Pour qui porte son regard sur l'immensité, il ne peut y avoir que le sentiment de l'harmonie multiple du monde et, si le monstre est une note dissonante dans une mélodie universellement réglée, la nature passe pour jouer la grandeur de ses œuvres. Dieu s'occupe en divertissements fameux : créer des êtres énormes, des crocodiles, des baleines et des éléphants. Il crée des œuvres admirables en jouant selon des analogies, des renversements, des hypertrophies générales ou partielles. Son œuvre est un monde complexe, conçu selon un ordre hiérarchisé. C'est la Genèse qui définit l'institution des trois ordres : minéral, végétal et humain. Dans les discours de la Renaissance, la nature et Dieu jouent à fabriquer des phénomènes appelés monstres, convoqués presque spécialement pour orner les cabinets. On justifie les monstres par le rôle qu'en obtient l'homme : il conservera le monde. L'excentricité lui donne cette fonction. Pourquoi, à ce moment précis, Dieu s'inquiète-t-il de s'assurer de la conservation du monde ? Son exercice n'est-il pas d'éternité ? Les raretés seraient-elles les signes plus particuliers d'intentions temporelles définies ? Si Dieu crée des phénomènes, l'homme se réserve d'en produire des discours. Si les raretés et irrégularités l'obligent à observer la nature et à s'émerveiller de la puissance et de l'imagination divine, elles lui donnent une importance grandissante. Les merveilles de Dieu renvoient à l'émerveillement, en acte, de l'homme :

> « On voit que ce grand Dieu de nature a lié toute chose par moyens qui s'accordent aux extrémités et composé l'harmonie du monde intelligible, céleste et élémentaire par moyens et liaisons indissolubles. Et tout ainsi que l'harmonie périrait si les voix contraires n'étaient liées par les voix moyennes. Ainsi en est-il du monde et de ses parties. Au ciel les signes contraires sont alliés, d'un signe qui accorde l'un à l'autre » [34].

Les hybrides vont intéresser les naturalistes car ils sont placés à l'interstice de deux ordres et questionnent les classements :

> « [...] entre la pierre et la terre il y a l'argile et balme, entre la terre et les métaux il y a les marcassites et autres minéraux entre pierres et plantes, les coraux qui sont plantes lapidifiées produisant racines, rameaux et fruits. Entre les plantes et les animaux sont les zoophytes ou plantes bestes qui ont le sentiment et mouvement et tirent leur vie par les racines attachées aux pierres. Entre les animaux terrestres et aquatiques sont les amphibies comme les loutres tortues, entre les aquatiles et les oiseaux sont les poissons volants, entre les autres bêtes et les hommes sont les singes et les cercopithèques et entre toutes les bêtes brutes et la nature intelligible (qui sont anges et démons) Dieu a posé l'homme partie duquel est mortel par le corps et partie immortelle comme l'intellect » [35]

Par ces êtres intermédiaires la création s'installe dans une temporalité qui n'est plus éternelle. On sait par Jean Delumeau et Lucien Febvre que l'immortalité est largement remise en question au XVIe siècle. Puisque Dieu est un artiste, l'artiste sera un Dieu : ils produisent tous deux un langage des signes. L'homme, cet intermédiaire entre substances mortelles et immortelles, a une mission double : faire l'inven-

taire des fantaisies divines qu'il va sauvegarder de l'oubli et poursuivre « Sa » création. L'homme est entre la mort et l'immortalité. En lui, peuvent se rejoindre toutes les catégories de l'animal, du minéral et du divin. Il est le concentré historique de toutes les créatures qu'il a charge de comprendre. Paracelse va affirmer ces correspondances entre le monde et l'organisme humain permettant d'établir des réseaux de signification censés apporter la guérison.
Le cabinet encyclopédique s'appuiera sur l'observation, principe d'une révolte anti-intellectualiste issue d'une servitude dogmatique aux sources littéraires de l'Antiquité. L'action immédiate de tous les ingénieurs praticiens va être privilégiée au détriment des spéculations. L'intendant est un homme d'action, un alchimiste désirant reproduire dans son laboratoire les mystérieuses opérations de la nature au moment même où il affirme qu'elles sont inaccessibles à la raison. Il va utiliser les hybrides, les composites propres à métaphoriser les compromis qui tendent l'époque entre le dogme chrétien et la volonté humaniste de poursuivre l'œuvre divine. Une nouvelle rationalité est en germe dans l'exploitation de ces objets nourris de la fascination qu'ils engagent. Ces monstres vont engendrer de nouveaux systèmes de pensée, autour de l'idée de naissance.

LA NATURE-NAISSANCE

À la mesure de ces déesses-femmes qui comme Demeter, incarne la fécondité chez les Romains, la Re-naissance, seul mouvement à s'être nommé lui-même, est un engendrement. On lui doit également le terme de Moyen Âge, qualifié selon une occurrence péjorative. L'engendrement, grand principe de la Renaissance se détache de la nature, espace symbolique de la mère, pour nourrir celui du père : la culture. Le mot nature vient de *natura,* dérivé de *natus* : né. *Natura* signifie proprement : « fait de naître, action de faire naître » [36]. Une des occurrences du mot nature désigne les organes génitaux : au XVIe siècle, la nature est associée à la copulation et à l'engendrement. La nature, à travers le terme « naturance » désigne les parties sexuelles, dans le *Dictionnaire de l'ancienne langue française* de Godefroy :

> « Je deviens beste, j'ai déjà un petit minon qui m'est venu entre les jambes. Que je voye ! Elle le monstra, exhibant physiquement sa petite naturete. Alors l'abbesse pour repartir par pièces similaires et réciproque démonstration, se découvrit et lui fit paraître sa naturance » [37]

Le verbe naturer signifie former, façonner, travailler et aussi se façonner, se plier :

> « Je vous donne et laisse cet anneau d'or empalé d'un très fin carboucle flamboyant et lumineux en ténèbres, lequel est naturé, et composé, et jecté en

œuvre soubz telle sydération que, si j'y suis prisonnier ou en aucun detroit enserré, il viendra en pâle clarté comme la lumière d'un soleil pluvieux »[38].

L'homme s'arroge la création, il donne à la femme la créature et, si l'homme est intendant des merveilles divines, il les trouve souvent dans un substitut du ventre des femmes, dans des théâtres obscurs et des grottes humides le symbolisant. A cette époque, l'engendrement est une aventure féminine confite en mystère. La Renaissance fait du ventre des femmes un lieu légendaire où le malin réalise des prodiges : telle femme accouche :

« [...] d'un amas de choses étranges, incrédibles et mortes »[39].

Le ventre, lieu absolu de fantasmes, peut contenir et expulser des vers, des monstres, des animaux, être engrossé par les succubes ou les incubes.

« Le monde occulte devient le lieu secret où le diable et la nature s'adonnent à une étrange collaboration qui en rend l'obscurité plus dense encore. [...] profitant de cette obscurité, le diable va s'attacher à singer les opérations naturelles, à se dissimuler derrière les forces de la nature et les utilisant leur faire produire des effets odieux ou ridicules »[40]

Alors que le miracle chrétien opère au grand jour pour la gloire de Dieu, le ventre obscur des femmes permet l'éclosion de prodiges. On sait par Fernel :

« [...] qu'il y a des gens qui prétendent que, chez les vieilles, la purgation menstruelle tant interrompue, ce sang vicié se répand à travers tout le corps et avec le temps, les empoisonne, souille leur esprit et surtout ceux qui sortent par les yeux ; que ceux-ci corrompent l'air atteignent et fascinent les petites et les jeunes enfants. Ces explications n'ont pas grande valeur »[41].

Il existe un fort courant à la Renaissance qui prête à l'imagination humaine et particulièrement à celle des femmes une importance redoutable. Elles peuvent transformer un embryon par leur « secrète imagination »[42]. Les monstres viennent des femmes, elles les accouchent :

« Une femme grosse fut prise de l'envie subite de manger l'épaule d'un homme refait et en bon poinst l'homme de peur que son fruit n'en fust intéressé, volontairement lui octroya et permit de ce faire. Par quoi à belles dents elle en prit un morceau et l'asyant un peu masché tout creu, elle l'avala incontinent. Mais n'étant pas encore contente, elle y voulut retourner, l'homme la repoussa ne voulant pas souffrir une nouvelle morsure dont incontinent la pauvre femme merveilleusement triste et faschée, vint à enfanter et comme elle portait deux geumeaux, elle fit celui mort qui n'avait goûté de chair humaine »[43]

Citons encore le récit de Lemnius qui raconte l'histoire de la femme d'un marin qui

140 TRAITE DES MONSTRES,

A *Plaun* Ville du *Voitland* nâquit au rapport de
1547. Ruel un Enfant auquel on ne voyoit ni dos, ni ventre; son corps s'ouvroit vers la poitrine, & les entrailles en pendoient en bas.; sa tête étoit courbée vers ses pieds, son nombril étoit au jarret de la jambe droite, & sa teste finissoit en pointe, comme une Mitre d'Evesque; En voici la figure.

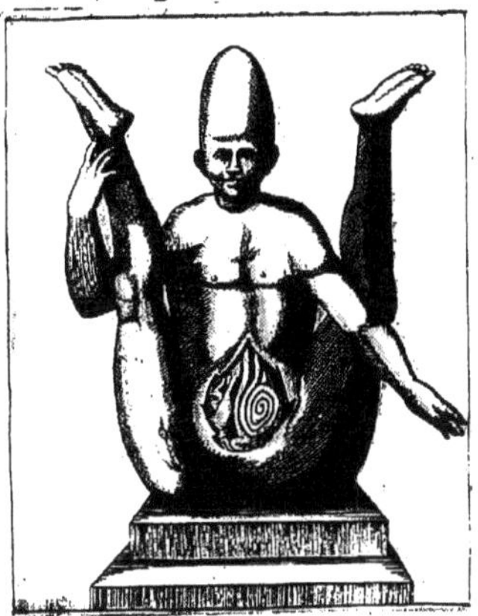

1550. A *Lunebourg* une femme accoucha d'un Enfant, qui avoit la bouche toute contrefaite, & de laquelle sortoit
1553. une langue, comme s'il en ust û deux. On y vid naistre
1554. trois ans apres un semblable monstre. Fincelius rapporte qu'en un Faux-bourg de *Stetin* un Enfant vint au monde ayant au lieu de tête une masse de chair sans forme, en laquelle on remarquoit une espece de mouvement

PALFYN *Traité des monstres 1708*
Bibliothèque interuniversitaire de médecine, Paris

mit au monde une masse de chair informe puis un monstre ayant un bec crochu, le col long et rond, les yeux fort mouvants, la queue longue et pointue, et fort agile des pieds : lesquels sitôt qu'il eut vu la lumière, commença à démener un grand bruit par toute la chambre courant ça et là pour se vouloir cacher quelque part : mais à la fin les femmes l'attrapèrent avec de coussins et l'étouffèrent :

> « [...] celle femme fit un enfant mâle tellement meurtri et deschiré par ce monstre qu'il survequit bien peu après avoir été baptisé » [44].

Ces histoires prodigieuses alimentent le goût de l'insolite et les siècles suivants en auront leur part. Andry écrira un traité sur les vers qui sortent des femmes. En prodige, les femmes en connaissent un rayon :

> « La femme d'un Maréchal, à Hanovre, s'était trouvée mal dans une couche [...] La malade voulait se faire ouvrir le côté pour en tirer un animal qu'elle sentait qui cherchait à sortir. Peu de jours après elle s'aperçut que quelque chose lui sortait par le nez, elle appela son mari et la garde qui virent l'animal représenté sur cette planche » [45]

La femme partage avec la nature de contenir les vertus occultes de toutes choses :

> « Qui gisent ensevelies en son obscurité, en une majesté cachée » [46].

Elles sont, en leur corps, un cabinet de curiosités. Elles recèlent le mystère qui prend la forme des monstres. Sigmund Freud analysera l'évocation de la monstruosité comme l'indicateur des angoisses humaines concernant la sexualité féminine. Le cabinet de curiosités apparaît comme un substitut d'engendrement : les hommes y apaisent leurs angoisses de mort en donnant naissance, par la vertu du classement, à une lisibilité nouvelle de la mère nature. Mircea Éliade décrit dans *Aspects du mythe* un rite initiatique où le garçon pour exister doit simuler un passage dans un ventre de monstre :

> « L'assimilation des tortures initiatiques aux souffrances du novice englouti et digéré par le monstre est confirmée par le symbolisme de la cabane où sont isolés les garçons ; Maintes fois celle-ci représente le corps ou la gueule ouverte d'un monstre marin, crocodile par exemple ou d'un serpent. [...] Dans tous ces cas le *regressus ad uterum* est opéré dans le but de faire naître le récipiendaire à un nouveau mode d'être, ou de le régénérer. Au point de vue de la structure, le retour à la matrice correspond à la régression de l'univers à l'état « chaotique » ou embryonnaire. Les ténèbres prénatales correspondent à la nuit d'avant la création et aux ténèbres de la case médiatique » [47]

À la Renaissance, une nouvelle définition de l'homme va surgir de l'intérieur même des cabinets, rassemblant les savoirs mêlés du temps. Les monstres en sont les résidus mythiques. On les retiendra pour leur hybridité : moine-poisson, ou encore pour leur dentition déployée ou imaginée, pouvant désigner une crainte de castration. Les exposer permet d'entretenir et d'annihiler cette crainte. Dans l'*Histoire Naturelle* des étranges poissons marins, ouvrage édité en 1551, Pierre Belon fait état d'un serpent ailé dont la notice explique :

> « Dangereuse est le serpent la nature qu'on voit voler près le mont Sinaï Qui ne seroit de le voir esbahy, si on a peur voyant sa portraiture » [48]

Mais pour un grand nombre de scientifiques, les monstres seront plus liés à la fantaisie et à l'imagination des hommes qu'à la mère nature, elle-même. Quand celle-ci produit certaines imperfections, explique Thevet, ce n'est pas d'intention. Elle peut tout, mais ne veut pas n'importe quoi et ne fait rien en vain explique Jean Céard. La grande variété est réglée pour la santé de l'homme et se régule elle-même puisqu'il n'est pas une bête, si farouche et puissante, qui n'en ait une autre qui l'accable, et qu'elle craint.

MONSTRE-FEMME

On prête aux femmes le pouvoir de « l'impouvoir ». Elles seront sorcières et magiciennes, deux représentations très prisées de la femme au XVIe siècle. La nature, dans sa richesse, sa beauté et ses métamorphoses – attribuées à l'exercice de la magie et par conséquent au pouvoir occulte des femmes – fascinent les hommes de la Renaissance. Nombreux seront les thèmes de peintures abordant l'obscur travail d'une nature féminisée, tels qu'ils seront traités par Giovanni Stradano : Circé transformant en bêtes les compagnons d'Ulysse et Alexandro Allori : Cléopâtre qui détache une perle de son oreille pour la dissoudre dans une coupe de vinaigre. Les frères Carrache peignent une frise du palais Fava de Bologne dont le thème est Jason et Médée. Ce thème se retrouvera également sous les burins de René Boyvin. La magicienne Circé est chantée par Agrippa d'Aubigné et dessinée par Le Parmesan. Circé donnant un breuvage au compagnon d'Ulysse, figure dans le *studiolo* de François Ier de Médicis au Palazzo Vecchio de Florence, dont Giorgio Vasari met en scène le programme entre 1569 et 1574. Lemnius écrit :

> « Le basilic tue l'homme par la veue. Qui est celuy tant soit peu exité es œuvres de nature, qui ne sache cela procéder de nuisibles expirations qui sortent de luy, lesquelles peu à peu secrètement, il exhale à la ruine de l'homme. Mais non seulement, le basilic, ains quasi toute espèce de bête sauvage s'efforce de nuire à l'homme, et par son haleinement et sifflement se tâche à lui livrer la mort. Ainsi rencontre du loup, pourvue qu'il soit assez près de

l'homme, par l'ouverture de sa gueule et son haleine venimeuse le rend tout enroué, voyre lui oste la parolle. Ainsi le sexe féminin, ayant ses fleurs, par son haleine offusque la lueur d'un ivoire et d'un miroüer, ébouche le tranchant d'un fer, empesche de croistre le bled, sèche herbes d'un jardin, et gaste le tain de tous ceux qui se rencontrent, mais aussi enlaidissent elle-même de tâches et vilaines marques. Par même raison aussi les yeux chassieux et malades en offensent d'autres »[49].

La puissance accordée aux figures monstrueuses met en scène les angoisses partagées concernant la sexualité féminine. Gilbert Lascault relève :

> « Plus que d'autres civilisations sans doute, la nôtre a du mal à reconnaître et admettre la féminité. Freud parle de l'horreur *abschau* que ressent le garçon devant le sexe féminin »[50].

Pour Freud, le garçon redoute la castration, incarnée par une menace paternelle et constituant une réponse à ses activités sexuelles. Cette menace sera déclinée en divers objets partiels. Les objets tranchants ou contondants comme la corne de licorne des premiers cabinets, les mâchoires de crocodile fournissent assez d'exemples de cette voluptueuse crainte. Les animaux venimeux, par leurs défenses naturelles ou par leur taille imposante – tels les serpents, les dragons – ne peuvent qu'évoquer le danger. Le cabinet de curiosités va exposer cette frayeur initiale selon un mouvement comparable et la nature mystérieuse des femmes, objet de débats acharnés, évolue vers la figure rassurante d'une ronde de muses. Le théâtre du monde va déplacer les femmes dans cette allégorie : elles seront les servantes de la ronde encyclopédique. La danse des muses est la sublimation de la mise au respect de la femme dans un univers d'images, derrière un écran qui est aussi un écrin dont le cabinet est une fabrique. En témoignent la gravure du portillon de Dürer ou encore les frontispices des deux éditions de l'atlas anatomique de Vésale, *De Humani corporis fabrica libri septem*, où l'on voit la beauté et la nudité féminine pesées à l'aune d'un monde qui lui ôte toute autre fonction que d'être objet de regard ou disséquée. Dans la gravure de Dürer, l'homme du portillon maintient la femme en respect par une distance mesurable. Dans l'atlas de Vésale, le cercle anatomique des frontispices de l'ouvrage entoure de ses édiles une seule femme. Encore fallait-il qu'elle soit cadavre.

RONDE DES MUSES

Les encycliques étaient la base de la culture apprise dans les écoles de l'Empire. Le cercle incarnait dans la culture grecque un idéal de perfection. Il figure dans l'optique néoplatonicienne le cheminement de l'humain vers le divin. La seule forme que le

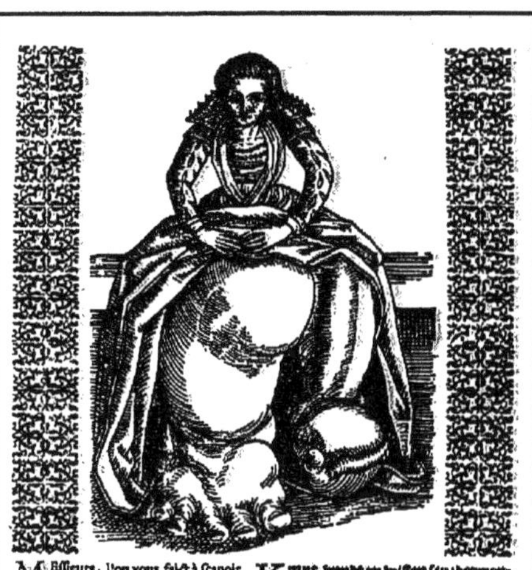

Messieurs, l'on vous faict à sçauoir qu'en ceste ville est arriué tout recentemét vne ieune Damoiselle aagée de 16. ans, laquelle at apporté au monde, si tost qu'elle at esté sortie du ventre de sa mere, deux iambes, l'vne pesant 52. liures, auec six doigts; & l'autre pesant 22. liures, auec trois doigts; ce que ne luy faict non plus de mal qu'à vne autre personne.

Oultre elle il a encor vn veau sorty d'vne vache, auec deux testes, six iambes, & deux queus, auec vn ventre tres rare à regarder.

Au surplus vn loup marin fort beau & admirable, accompagné d'vn lieure, lequel oubliant son naturel peureux bat tres-bien le tamboure.

On les monstres à toutes heures.

Kunt vnnde zu wissen sey iedermenniklich das alhie inn dieser stadt ist kommen eine lebendige Jungfraw/ ihres alters 16. Jahr/ vnd hat so einen sehr grossen fuss/ welcher am gewicht 52. pfundt wigt/ vnnde die grosse des Knies ist im bezirck zwo Elen/ die dicke des wadens ist im bezirk anderthalb Ele dick/ vnde die grosse zehe die ist im bezirk acht zool dick/ die weite ihres schuhes ist im bezirk dreyelen/ am rechten fus sechs zehen/ der linke fus wigt zwey vnnde zwanzig pfundt/ vndt hat drey zehen: Mehr hat sie auch bey sich ein kalb/ welches zween Kopff/ vnnde mit sechs fussen vndt zween schwentzen/ auch ein mehr wolff auch einen hasen der auff der trummel schlegt es ist zu sehen den gantzen tag.

PALFYN *Traité des monstres 1708*
Bibliothèque interuniversitaire de médecine, Paris

divin puisse emprunter pour se faire comprendre de l'homme est le cercle. La pensée scolastique lui associe la pureté et Dieu, créateur du monde, utilise un compas. En 1522, Guillaume Budé emploie le mot « encyclopédie » dans sa version manuscrite de *L'institution du Prince*. L'esprit encyclopédique de la Renaissance donne naturellement à ce mouvement circulaire la figure féminine d'une ronde de muses. Guillaume Budé écrit, dans L'*Étude des lettres* [51], en 1532, que la ronde des muses, reliées par une corde, métaphorise celle des sciences. La danse des Muses devient l'allégorie de l'encyclopédisme. Il vient du mot *enkyklion paiadeia* et désigne la dimension circulaire des connaissances. L'*enkyklia* est représentée en ronde de servantes dansant dans le tableau des Thérapénides. L'homme cultivé de la Renaissance mettra les savoirs en danse, suivant en cela l'exemple des anciens. Le *studiolo* Bellefiore de la villa des Este, à Ferrare, est dédié aux muses comme le palais d'Urbino du duc de Montefeltre et le Parnasse de Raphaël dans la chambre des signatures réalisé pour Jules II. Ce parcours du cycle des disciplines est une initiation en spirale, le cercle s'élevant sur l'axe vertical des révélations sacrées. Les voies encycliques permettent à l'âme de monter en cercles concentriques ; elles sont, par ce mouvement, apparentées aux cercles d'un enfer en pente, selon Dante.

La philosophie et ses servantes préparent l'homme à la vie spirituelle, dessinant des cercles pour permettre à l'âme d'exercer un lent travail sur elle-même, pour devenir lumière dans sa remontée vers le beau. La ronde en est la figure symbolique elle dessine une frontière ente ceux qui voient et ceux qui sont vus. L'homme soumet à sa vue l'ordre du monde comme l'affirme Nicolas Chevalier, dans la préface du *Grand cabinet romain :*

> « Ne voyons-nous pas, par ce qui regarde les productions de la nature que l'on ne peut nier que toutes les descriptions que l'on fait tant fidèles qu'elles soient, ne nous en donne jamais une si parfaite connaissance que la vue qu'on en fait soi-même, un objet qui frappe les sens fait une bien plus forte impression sur les esprits que la simple lecture, on ne voit dans cet objet, presque d'un coup d'œil tout ce qui ne peut être enfermé que dans des volumes entiers » [52]

Le collectionneur se dote d'un ventre de savoirs : la femme y sera magnifiée, disséquée, représentée et absente. Parue en 1538, dans sa troisième édition, la gravure sur bois de Dürer, *Méthode pour dessiner un nu*, montre un homme à l'œil fixé derrière un œilleton qui dessine derrière une grille une femme allongée dont il ne peut voir, d'ailleurs, qu'une cuisse en raccourci:

« Lorsqu'Apelles peignit Vénus, il se fit choisir trente très belles jeunes filles qu'il observa attentivement. C'est ainsi qu'agit également Dürer, peintre à Nuremberg et homme d'honneur, pour lequel de très honorables jeunes filles se tinrent à sa disposition »[53].

La Renaissance, époque perspective, voir à travers, accommode le tout par les morceaux et c'est ainsi qu'elle pratiqua au nom de la beauté féminine, la mise en pièces des femmes. La beauté féminine de l'époque est pensée comme une nomenclature de détails reliés, de singularités charmantes. Mais si le corps de la beauté est dépecé, c'est pour mieux le soumettre à la sacralisation d'une totalité. La Renaissance exalte la métonymie. C'est par le fragment qu'on accède à l'infini, mais l'infini n'est pas de même nature que le fragment. Il y a fausseté, trompe-l'œil dans ce passage de l'œil unique, à la perspective. Le mode d'accès à l'étendue s'opère par une mise en pièces. La réalité est duplicité dont il convient de se méfier comme la beauté féminine qui est exaltée pour mieux s'en défier. Les images de femmes nues sont des vanités peccamineuses. Les hommes confisquent à la beauté sa charge érotique par une légende déviante. Ainsi, l'image se livre dans son obscénité et glisse dans un ancrage moralisateur. Ce double discours fabrique une femme-leurre : le poli extérieur cache le rugueux intérieur. La beauté n'est que superficielle. La Renaissance trouve ses fondements dans l'idée grecque de la beauté appartenant aux femmes. Montaigne en témoigne :

« [...] les petits hommes, dict Aristote, sont bien jolis mais non pas beaux ; et se connoist en la grandeur, la grand'ame, comme la beautez en un grand corps et haut [...] les autres beautez sont pour les femmes ; la beautez de la taille est la seule beautez des hommes »[54].

Montaigne ne parle que de celle qu'il n'a pas en suffisance. La beauté des femmes est petitesse, largeur de front, blancheur de peau, douceur des yeux, forme du nez, petitesse de l'oreille et de la bouche, ordre et blancheur des dents, fraîcheur du teint, corps sans senteur, proportion des membres. La blanche courbure des formes, la grâce et la fragilité sont les valeurs prônées pour la nouvelle féminité renaissante. Les valeurs néo-platoniciennes ne sont pas étrangères à cette vogue du diaphane. La beauté, signe d'une bonté intérieure en accord avec la position sociale, est une norme et une morale. L'enveloppe corporelle est soumise aux normes des traités de civilité, de recettes de fard dont aujourd'hui nos magazines féminins perpétuent la tradition. Une féminité normative se définit et ses règles resteront immuables jusqu'au XVIIIe siècle : peau blanche, cheveux blonds, lèvres et joues rouges, sourcils noirs, cou et mains minces, petits pieds, taille souple, seins fermes, ronds et blancs, aréoles roses, yeux bleus ou verts. Dans, *Costume de la femme*, en 1536, Morpugo donne un tableau d'une femme idéale en trente-trois perfections :

« Trois longues : les cheveux, les mains et les jambes ;trois menues : les dents, les oreilles et les seins ; trois larges : le front, le torse et les hanches ; trois étroites : la taille, les genoux et l'endroit où la nature a placé tout ce qui est doux... » [55].

Le traité de Dürer montre à la fois sa fascination pour un système idéal et scientifique, ordonnant en canon la beauté et, à la fois, sa déception de ne pouvoir la trouver en un seul objet. Seule une combinaison de détails empruntés à différents modèles permettra d'approcher cet idéal constitué en fragments. André Chastel, dans "Diane de Poitiers l'éros de la beauté froide" in *Fables, formes, figures* [56], montre combien une révolution esthétique, un nouveau type féminin et un mécénat, ont permis l'émergence, le développement d'une culture dont un des emblème est le château d'Anet construit par Philibert de Lorme et décoré par Jean Goujon, destiné à Diane de Poitiers. La femme est beauté. L'écrin qui l'abrite et les soins qu'elle donne à son corps doivent la conserver, ainsi la Duchesse de Valentinois se baigne quotidiennement dans le lac du parc de son château et aménage une salle de gymnastique :

« J'ai vu la duchesse de Valentinois, aussi fraîche et aussi aimable comme en l'âge de trente ans : aussi fut-elle aimée et servie d'un des plus grands Rois et valeureux du monde. Je vis cette dame six mois avant qu'elle mourust, si belle encore que je ne sache cœur de rocher qui ne s'en ému. Sa beauté, sa grâce, sa majesté, sa belle apparence estoient toutes pareilles qu'elle avoit toujours eu, et surtout elle avoit une très grande blancheur sans se farder aucunement. Mais on dit bien que tous les matins, elle usoit de quelques bouillons composés d'or potable et autres drogues » [57].

La beauté et le féminin sont inévitablement associés à la ruse ; celle qui permet à la femme d'offrir une nudité ambivalente de nymphe à la fois chaste et chasseresse. Diane inaugure le cycle des femmes à la toilette qui vont offrir à l'iconographie un thème fécond. Un culte est voué à l'érotisme par l'intermédiaire de la nymphe dénudée et tueuse.

La Renaissance aime les images doubles ; celles de la femme nue et armée, armée d'être nue comme celles de la fiancée et de l'extatique. Les peintres maniéristes ont également fabriqué la figure de la mystique-martyre. Une fascination se fait jour pour l'intériorité des saintes. Dès lors, on cherche sur leurs visages l'impression des chemins passant du délire à l'agitation, de la béatitude à la vision, de la transe à l'indifférence. Les arts montrent la nudité féminine métaphore d'une représentation gonflée d'érotisme. Le théâtre de Pompée à Rome était surmonté d'une Vénus montrant les contorsions excessives d'un corps, emblème de la lascivité de toute représentation.

La Renaissance fait de la nudité de la femme le motif privilégié du culte néoplatonicien, mais la nudité évoque également le sauvage et l'esclave.

NUDITÉ, FEMME ET SAUVAGE

Au XVIe siècle, les indigènes fascinent et leur nudité n'est pas la moindre des attractions dont ils sont l'objet. On les montre pour servir de réjouissances aux princes. Henri II et Catherine de Médicis font leur entrée à Rouen le 2 octobre 1550 et assistent au spectacle somptueux offert par la ville ; on peut y voir :

> « [...] des licornes traînant le char de la religion, des chevaux travestis en éléphants portant tours et trophées et cinquante indiens. Tous nus, halés et hérissonnés évoquent les activités de leur village reconstruits avec des maisons de longs d'arbres entiers »[59].

Cette nudité évoque à la fois l'état de nature du jardin d'Éden et le péché de concupiscence qui s'ensuivit. L'indigène sera l'ange puis le diable, l'avant et l'après péché originel. Sa nudité est rescapée de l'Éden ou tirée des turpitudes démoniaques pour appuyer le dogme d'un christianisme guerrier. L'Europe est fascinée par les scènes de cannibalismes, d'enchantements, d'excès sexuels, mis en scène dans les gravures de Théodore de Bry.

Elle développe une curiosité dévorante pour le corps humain, idéal d'une philosophie néo-platonicienne qui pratique l'équivalence esthétique de l'âme et du corps. L'intérêt pour l'étranger, c'est à Rabelais que l'on doit le mot exotisme, n'empêche pas que celui-ci ne soit qu'un figurant dans l'iconographie chrétienne. L'étranger est une figure permettant de canaliser les débordements imaginaires des fantasmes sexuels d'une Europe bridée par une religion contraignant les corps. Les découvreurs de la Renaissance verront dans les populations indigènes des anges ou des bêtes. En témoigne le journal de Christophe Colomb, enthousiaste lors du premier voyage :

> « Ils sont gens d'amour et sans cupidité, si habiles en toutes choses que j'assure à Vos Altesses que je ne crois pas qu'au monde, il y ait meilleurs hommes pas plus qu'il n'y a meilleures terres. Ils aiment le prochain comme eux-mêmes, ont le langage le plus doux et le plus affable du monde et toujours le sourire. Ils vont nus hommes et femmes comme Dieu les enfanta. Mais Vos Altesses peuvent croire qu'ils ont entre eux de très bonnes mœurs... »[60].

Il se teinte d'amertume lors du second voyage :

> « [...] d'être entouré d'un million de sauvages pleins de cruauté et qui nous sont ennemis »[61].

Cette « cruauté », dit Montaigne, n'est que le pâle reflet de celle des porteurs de haut-de-chausses :

> « Nous les pouvons donc bien appeler barbares eu esgard aux règles de la raison, mais non pas eu esgard a nous qui les surpassons en toute sorte de barbarie. [...] ils ne sont pas en conqueste de nouvelles terres car ils jouyssent de cette uberté naturelle qui les fournit sans travail et sans peine de toute chose necessaires en telle abondance qu'ils n'ont que faire d'agrandir leurs limites »[62].

La nudité relie l'esclave, le barbare, le démon et la femme, quatre types que doit soumettre l'ordre habillé des hommes européens. Comme le sauvage ne sait rien être hors la tératologie chrétienne, la femme dévoilée de la Renaissance sera à face de Janus ange ou diablesse. Ange, elle sera sacrifiée. Le sacrifice féminin est un thème à l'honneur dans la peinture maniériste, largement exalté grâce aux cycles de Didon et de Cléopâtre, toutes deux reines abandonnées mettant fin à leur jour. Catherine de Médicis commande à Antoine Caron des dessins pour une tapisserie représentant l'histoire de la reine Artémise se suicidant, elle aussi, à Leucade. En 1510, Raimondi réalise une estampe empruntée à un dessin de Raphaël traitant du suicide de Didon. Jean Mignon grave une Cléopâtre que ses servantes découvrent piquée par un aspic. La mort héroïque de ces femmes fait écho à leur brûlante passion amoureuse ; Judith, Esther, Rébécca, et Jahel – qui enfonce un clou dans la tempe de Sisare. Ces héroïnes bibliques sont des exemples de vertu, assassines par devoir. N'oublions pas dans cette liste, Lucrèce qui constitue un des antétypes de Marie. Violée, Lucrèce affirme les vertus patriarcales de chasteté et de fidélité, supérieures à la vie qu'elle leur subordonne. La femme fidèle sera sublimée par Jules II qui fait placer dans le jardin de sa villa du Belvédère au Vatican, une statue antique d'Ariane abandonnée à Naxos. Dans l'ordre du sacrifice, est gravé sur le frontispice de l'édition de 1555 de l'atlas anatomique de Vésale, *De Humani corporis fabrica – libri septem* – un corps de femme disséqué par les regards et scalpels des hommes. Vésale exprime très librement, dans la première édition de 1543, qu'ayant eu besoin d'un cadavre de femme à disséquer, il était allé avec ses élèves déterrer le corps de la maîtresse d'un moine français. Il était presque impossible à cette époque de disséquer un corps de femme puisque les cadavres dont se servaient les anatomistes provenaient des lieux d'exécution, alors que le nombre de femmes condamnées au gibet était infime. Vésale tient donc à redoubler l'exception de son acte en l'accomplissant sur un cadavre féminin. La femme est sacrifiée comme semble l'attester sa proximité avec le bouc, apparaissant sur le frontispice de l'édition de 1555, attribué à Calcar. Le bouc est en effet le signe du sacrifice dans la tradition biblique. Sa présence atteste du refus de Vésale de pratiquer des dissections animales pour fonder une anatomie humaine. La leçon publique donnée par Vésale, qui se déroule dans un amphithéâtre de style palladien, s'exerce sur un cadavre féminin nu. L'anatomiste est entouré de patriciens, d'universitaires de Padoue et de Venise :

> « [...] à cette époque l'anatomie est inséparable de l'anatomie scientifique, les leçons de dissections sont à la fois prétexte à des œuvres d'art, à une réflexion chargée d'émotion sur la mort et la vanité du destin humain » [63]

L'utilisation du corps nu de la femme est une caractéristique du genre « vanité ». Les grandes figures féminines de l'iconographie du XVIe siècle sont consacrées par des valeurs masculines. La femme est exposée dans le mouvement héroïque du sacrifice de sa vie où elle rejoint le Panthéon des héros masculins. Mais les valeurs qui président sa destinée sont domestiques plutôt que citoyennes, apanages masculins. La fidélité conjugale figure, pour les femmes, parmi les plus estimables. Ces thèmes glorieux ou allégoriques semblent mal se passer de la nudité féminine et certains thèmes chrétiens déshabillent à qui mieux mieux. Suzanne remportera, avec ses vieillards, la première place au hit-parade du nu chrétien. L'esprit néoplatonicien, grand fournisseur de pratiques contemplatives, est certes très prisé dans le cercle restreint des cours maniéristes où le culte de la beauté de l'âme anime l'esprit des travaux de savants artistes comme Léonard de Vinci, mais le corps est encore le plus souvent et pour le plus grand nombre le fatal instrument du péché. Il évoque la faute originelle et demeure le signe suprême de la tentation. Les femmes détournent les hommes de la loi divine et l'on voit se répandre des images troublantes de femmes détenant des pouvoirs occultes dignes de la philosophie hermétique. Pour Michèle Perrot[64], la Renaissance signe la ruine des femmes. Les traités de famille, les livres de civilité, les ouvrages médicaux insistent sur leur fragilité et sur le devoir des hommes de protéger les femmes contre leur faiblesse, en les dirigeant d'une main douce mais ferme. Le modèle courtois, qui favorisait l'obéissance du chevalier à sa maîtresse et suzeraine, est devenu désuet Il est remplacé par la mâle fureur créatrice et célibataire dont Michel-Ange est le modèle. La Renaissance soutient la beauté féminine, que le néoplatonisme humaniste porte au pinacle, en valeur immuable de distinction sociale. Cela ne saurait faire oublier la somme des interdits qui frappent les femmes durant cette période. Citons, parmi eux, l'interdiction de porter des accessoires masculins. Le cabinet encyclopédique sera par excellence le territoire où l'homme se débarrassera de la femme. Il la mettra au respect par l'image.

NOTES

28 Loraux Nicole, *Les Expériences de Tirésias*, Le féminin et l'homme grec, Paris, Gallimard, 1989, p.270.

29 Saint Bernard, *Lettre à Guillaume*, abbé de Saint Thierry, in Textes Politiques, Bibliothèque Médiévale, Union Générale d'Editions-10-18, 1986, p.108.

30 Callot Émile, *La Renaissance des sciences de la vie*, Paris, Puf, 1951, p.144.

31 Foucault Michel, *Les mots et les choses*, Paris, Gallimard, 1966, p.141.

32 Thevet André, *Singularitez de la France Antartique*, édition 1558

33 cité par Jean Céard, *La nature et les prodiges*, Droz, 1977, p.284

34 Bodin Jean, *La démonomanie des sorciers*, 1-2-7, Paris, J. Dupuys, 1580.

35 Ibidem

36 Rey Alain, *Dictionnaire historique de la langue française*, Le Robert, 1992, p.1308.

37 Godefroy, *Dictionnaire de l'ancienne langue française et de tous ses dialectes du IXe au XVe siècle*, Genève, Slatkine, 1982, p.475.

38 Aneau Barthélémy, *Alector, histoire fabuleuse traduite en françois*, Lyon, P. Fradin, éd. 1560.

39 Wier Jean, *Cinq lignes de l'imposture et tromperie des diables, des enchantements et sorcelleries*, Paris, Du Puys, 1567, p.95.

40 Céard Jean, *La nature et les prodiges*, Droz, Genève, 1977, p.356.

41 Fernel J., *De abditis rerum causis*, Paris, éd. 1560, A Weschel, II, 16, p.370.

42 Lemnius L., *Les Occultes merveilles et secrets de la nature*, trad. J. Gohory, Pierre du Pré, Paris, 1567, p.19.

43 Ibidem, p.21.

44 Ibidem, p.52.

45 Andry de Boisregard Nicolas, *De la génération des vers dans le corps d'hommes*, 3e édition augmentée, La Veuve Alix, 1741.

46 Della Porta Giambattista, *La Magie naturelle, mis en quatre livres*, Lyon, Jean Martin 1564, I-1, p.2-3.

47 Eliade Mircea, *Aspects du mythe*, Gallimard, 1963, réédition 1988, folio essais, p.104-105.

48 Belon Pierre, *Portraits d'oyseaux, animaux d'Arabie et d'Égypte*, 1557, Paris, Cauellat, p.109.

49 Lemnius L., *Les Occultes merveilles et secrets de la nature*, traduction J. Gohory, Paris, Pierre du pré, 1567.

50 Lascault Gilbert, *Le monstre dans l'art occidental*, Paris, Kliensieck, 1973, p.380-381.

51 Budé Guillaume, *L'étude des lettres*, Traduction. M.M. de la Garanderie, Paris, les Belles Lettres, 1988, p.50.

52 Chevalier Nicolas, *Le Grand Cabinet Romain ou recueil d'antiquités romaines*, Amsterdam, François l'Honoré, 1706, non paginé.

53 Borer Alain, *L'œuvre graphique d'Albrecht Dürer*, Paris, Hubshmid et Bouret, 1980, p.39.

54 Montaigne Michel de, *Les Essais*, Livre II, Chapitre I, Ed. Pierre Villey, Paris, Puf Quadrige, 1988, p.640.

55 Matthews Grieco Sarah, *Corps, apparence et sexualité*, in Histoire des femmes, Plon, 1991, p.70.

56 Chastel André, *Fables, Formes, Figures*, Flammarion, 1978, p.264.

57 Brantôme, *Grands capitaines français*, Paris, Lalande, 1867, p.247.

58 Clark Kenneth, *Le Nu*, traduction Martine Laroche, Paris, Hachette, 1969.

59 Montfaucon Dom Bernard de, *Monuments de la monarchie française*, Tome V, Paris, 1733, cité par Paul Delaunay in *La Zoologie au XVIe siècle*, Herman, 1963, p.48.

60 Colomb Christophe, *La Découverte de l'Amérique*, Tome I, Journal de bord, 1492-1493, Lettre du 25 décembre 1492 - Édition La découverte, Maspero, 1991, p.168.

61 Colomb Christophe, *La Découverte de l'Amérique*, Tome II, Relations de voyages, 1493-1505, Lettre du 7 juillet 1503 au Roi d'Espagne - Édition La découverte, Maspero, 1991, p.207.

62 Montaigne Michel de, *Les Essais*, Édition Pierre Villey, Livre I, Chapitre 31, « Des Cannibales », Paris, Puf Quadrige, 1988, p.210.

63 Vésale André, *Iconographie anatomique*, Pierre Huard, M. José Imbault Huard, Paris, Édition Dacosta, 1980, p.48.

64 Duby Georges, Perrot Michèle, *Histoire des femmes*, Paris, Plon, 1991.

« J'ai d'ailleurs cela de commun avec les sages femmes que je suis stérile en matière de sagesse et le reproche qu'on m'a fait souvent d'interroger les autres sans jamais me déclarer sur aucune chose, parce que je n'ai en moi aucune sagesse, ne manque pas de vérités. Et la raison la voici : c'est que Dieu me contraint d'accoucher les autres, mais ne m'a pas permis d'engendrer [...] Il est clair comme le jour qu'ils n'ont rien appris de moi et qu'ils ont eux-mêmes en eux, enfanté beaucoup de belles choses. Mais s'ils en ont accouché c'est grâce à Dieu et à moi. »
PLATON, Théétète, 149a 151d.

LIVRE II. 2

Comment l'intendant du monde
s'approprie l'engendrement.

La femme est associée à la faute et la curiosité. Le geste d'Ève a plongé l'humanité dans la géhenne : pour l'éternité il lui faudra gagner sa nourriture par le travail et souffrir pendant les couches. L'engendrement sera associé à cet acte de curiosité rebelle. Saint Augustin a longuement décrit cette curiosité coupable de concupiscence. La Renaissance déplace le principe d'une curiosité associée à la faute originelle et à la femme en un acte positif et masculin. La curiosité est qualifiée de « naturelle » par Rabelais dans le Tiers livre, où est prononcé un éloge de celle-ci par la voix de Pantagruel :

> « [...] que nuist scavoir toujours et toujours apprendre, feust ce d'un sot, d'un pot d'une guedoufle, d'une moufle, d'une pantoufle ? » [65]

Mais prudence et mesure doivent limiter les connaissances. La curiosité, en effet, est mauvaise quand on cherche à la satisfaire dans le but de se démettre de son humaine volonté. Elle devient à ce moment-là une sorte de divination, une forme paresseuse de la science. Panurge applaudit le théologien et le médecin quand ceux-ci vont au-devant de son désir, il s'irrite s'ils ne peuvent lui dire s'il sera cocu. La curiosité employée pour le souci de soi-même est une qualité dévoyée. Ainsi, plaçant une curiosité «narcissique » du côté de la divination, la qualifie-t-on de paresseuse contrevenante à l'ordre divin. Le renversement de la notion s'opère par le substantif. La curiosité devient un objet échangeable. En Occident ces objets épars configurent un sujet oscillant entre jouissance et perte suivant un cortège de morbidité et de jouissance. La privatisation prive l'individu d'un continuum symbolique qui, jusque-là, le reliait au monde. Il en devient une parcelle clôturée. Le cabinet est le signe de cette appropriation du monde, l'homme pourra dire cela est à moi, cela est moi, en pratiquant un raccourci propriétaire. Les savoirs appartiennent à une caste qui les garde et qui fait de ces gardiens des gardés. Les collections ont un patronyme, une famille, un père. Elles appartiennent à un lieu et sont placées dans tous les sens du terme « placement » dans un monde qui vient aussi d'inventer le mot banque. L'homme « commaître » du monde avec Dieu, signe l'acte de propriété en miniaturisant l'image du grand monde. Tous les ordres y apparaîtront en une petite genèse domestiquée. Car le cabinet de singularités est aussi un acte de révérence vis-à-vis de l'œuvre du grand Dieu à qui le monde appartient encore. La grande entreprise de domestication entamée à la Renaissance se fait autour de la notion d'individu, concept que le christianisme avait et continue à mettre au pas grâce à ses dogmes. Les hommes de la Renaissance veillent à ce que les choses restent soumises à la volonté de Dieu, pour que :

> « L'homme pour l'usage duquel les plantes, tout ce qui est contenu au pourpris de ce monde visible, est, et a esté créé [...] néanmoins afin de le tenir en bride, et qu'il ne dressast ses cornes trop hault, le seigneur a voulu créer de petites plantes ou racines, qui ont pouvoir de rabattre et brider son audace, même de lui avancer sa mort » [66].

Et Pierre Boaistuau de citer la ciguë, l'if, la jusquiame et l'aconit, exemples des spécimens dangereux produits par la divine puissance. Dieu se manifeste par ce cadeau empoisonné que l'on trouve dans le terme anglais « gift » qui signifie à la fois don et poison. Le curieux craint de voler les affaires de Dieu le Père. La Renaissance offre, avec le cabinet de curiosités, une vitrine de compromis entre un dogme chrétien très actif et les aspirations de liberté de « l'humanisme » [67]. Robert Mandrou, dans l'ouvrage *Des Humanistes aux hommes de science*, explique qu'il existe au XVIe siècle une république de lettrés aussi solidaire que solide[68]. Ils apparaissent au XVIe siècle et sont les disciples d'un homme de lettre ou compagnons de recherche autour de manuscrits regroupés dans les monastères ou amateurs de la société civile échangeant des objets et recevant les voyageurs. Ainsi, certains écrivains, dont Érasme est un exemple, pourront vivre de la production imprimée. Cette communauté est décrite par Jean Mabillon (1632-1707) qui sera, au XVIIe siècle, fondateur de la « diplomatique » [69] où il explique que la république des lettrés, constituée à l'image des ordres monacaux selon un réseau de frères, ne saurait se mêler aux femmes. Comme le soulignera Jean Mabillon, la chambre d'étude qu'est le cabinet donne une image en réduction de la puissance du Père. Des processus archaïques peuvent être mis en scène dans ces territoires de pulsions où le secret et l'obscurité se cristallisent dans une atmosphère d'interdits de communautés d'intérêts et de curiosité. Il y a du sexe et de la convoitise en ce lieu qui pourrait abriter le meurtre civilisé du père. Rappelons que Freud dans *Totem et tabou* lie la puissance du père à la convoitise légitime des fils (ne voulait-il pas toutes les femmes ?) et au désir tout aussi justifié de le mettre à mort :

> « Personne ne pouvait ni ne devait plus jamais atteindre à la toute puissance du père qui était le but des convoitises de chacun. C'est ainsi que le ressentiment contre le père, qui avait poussé au meurtre de celui-ci a pu s'éteindre au cours d'un long développement, pour céder la place à l'amour et donner naissance à un idéal de soumission absolue à ce même père primitif qu'on avait combattu, mais qu'on se représentait maintenant comme ayant recouvré sa puissance illimitée de jadis » [70].

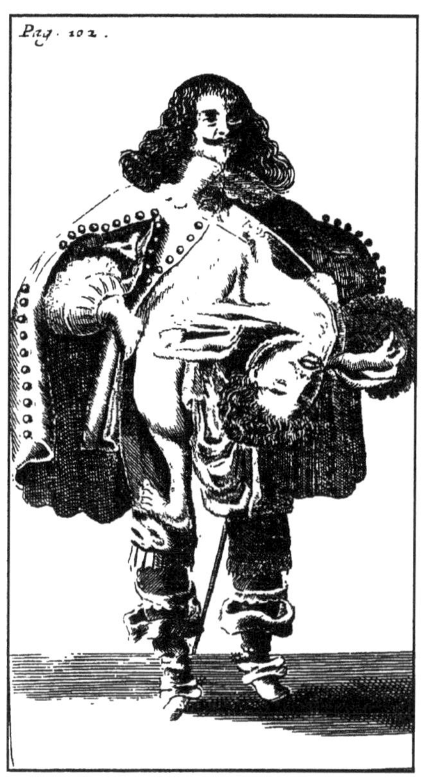

BARTHOLIN THOMAS *Historiaum anatomicum ravionum centria* I et II La Haye, 1654, Bibliothèque interuniversitaire de médecine, Paris

Jean-Luc Nancy explique, dans *Le mythe nazi*, que le nazisme installe, sous une forme paroxystique, cette société de frères et de sœurs née de la crainte du père et animée par l'horreur absolue du mélange, signifiant d'impureté. Ce sont précisément des impuretés dont se charge le cabinet comme un lieu où s'expose et se cache l'angoisse d'avoir porté atteinte à la puissance de Dieu le père. Ce monde d'étrangetés appelé cabinet réfléchit ce que l'homme renaissant vient de découvrir en lui : une passion propriétaire et la traîne mélancolique issue de la mise à mort du père divin. Le savant de la Renaissance possède le monde dans l'inquiétude des premiers pas qu'il mène dans un espace de pensée « déthéologisé ». Les objets sont les monuments de cette quête individuelle de curiosité pour l'autre, antique ou sauvage, dans ce *theatrum mundi* où l'on compare l'ici à l'ailleurs. Montaigne s'en fait l'écho dans *Les Essais :*

> « Nous admirons et poisons jugeons mieux les choses estrangeres que les ordinaires et sans cela, je ne me fusse pas amusé à ce long registre : car selon mon opinion qui controllera de pres ce que nous voyons ordinairement des animaux qui vivent parmy nous il y a dequoy trouver des effects aussi admirables que ceux qu'on va recueillant és pays et siecles estrangers » [71].

Ces comparaisons permettent d'imaginer d'autres ordres sociaux et en 1516, le mot « utopie » est inventé par Thomas More ; qui en fait le titre de son ouvrage majeur dont le sous-titre est « sur la meilleure constitution de la République ». Tommaso Campanella écrira, en 1623, *La Cité du soleil*, lors d'un séjour en prison et Francis Bacon, *La Nouvelle Atlantide*, en 1627, roman philosophique traçant un projet d'organisation de la cité gouvernée par les savants. Autant d'essais philosophiques qui, dans la forme fabuleuse de récits d'aventures, envisagent un autre ordre social. La fiction, la légende, protègent ces docteurs dont les idées pourraient inspirer quelques soulèvements ! Le « Fais ce que vousdras » de l'Abbaye de Thélème n'est pas la moindre de ces provocations à l'endroit du pouvoir. De la même façon, les objets du cabinet seront les indices d'un monde neuf à naître, un monde durable où l'immortalité de productions savantes rassure, quand la mortalité des corps humains angoisse. Le monde de pierres et d'animaux desséchés est un monde fiable, sans mort puisque sans vie. Le cabinet encyclopédique montre que sa volonté de savoir est désormais un acte d'appropriation. Ce nouveau monde d'hommes réduit, quantifie, mesure, classe et se regarde.

Les gravures des XVIe et XVIIe siècles représentent des hommes saisis en pleine discussion parmi une accumulation encyclopédique. Ils indiquent ce qui manquait avant qu'on en montrât le bout. La conquête humaine des savoirs s'opère sur le mode d'un embrassement, mode divin par excellence car seul Dieu voit en totalité. La visibilité humaine n'était jusque-là que partielle et synonyme de péché. En empruntant les voies divines, l'encyclopédiste s'approprie un monde en réduction. Il postule pour la place de Dieu qui voit tout et pour celle de la femme qui engendre. Les nouveaux tropismes seront vision et engendrement. L'époque s'inquiète, entre autres questions, de celle de la génération, tant cette dernière recèle de mystères. Elle pose des énigmes théologiques, en cette fin de XVIe siècle. Les sauvages appartiennent-ils à la lignée d'Adam et Ève ? Sont-ils des rescapés de l'âge d'or ou des peuplades sataniques, barbares et impudiques ? En 1600, sur le Campo de Fiori à Rome, Giordano Bruno meurt dans les flammes, la langue enfoncée, pour avoir affirmé l'aspect restreint de la filiation d'Adam et Ève à la stricte famille hébraïque. L'intégrité de la famille chrétienne se trouve menacée. D'où viennent donc les sauvages et les monstres et où vont les morts ? Pourquoi Dieu n'a-t-il pas fait savoir avant, l'existence d'êtres étrangers ? Montaigne évoque ce monde enfant dans *Les Essais*, au chapitre des coches, Livre III chapitre 6 :

> « Notre monde vient d'en trouver un autre (et qui nous respond si c'est le dernier de ses frères, puis que les Daemons, les Sybilles et nous avons ignoré ceuy-ci jusqu'asture ?) Non moins grand, plain et membru que luy toutesfois si nouveau et si enfant qu'on luy apprend encore son a, b, c : il n'y a pas 50 ans qu'ils ne sçavoit ny lettres ny poids ny mesure, ny vestements, ny bleds, ny vignes. Il estoit encore tout nud au giron et ne vivoit que des moyens de sa mere nourrice. Si nous concluons bien de nostre fin, et ce poëte de la jeunesse de son siecle (Lucrèce), cet autre monde ne faira qu'entrer en lumière quand le nostre en sortira. L'univers tombera en paralisie, l'un membre sera perclus l'autre en vigueur. Bien crains-je que nous aurons bien fort hasté sa déclinaison et sa ruyne par notre contagion et que nous lui aurons bien cher vendu nos opinions et nos arts. C'estoit un monde enfant ; si nous ne l'avons nous pas foité et soubmis à notre discipline par l'avantage de nostre valeur et forces naturelles, ny ne l'avons practiqué par notre justice et bonté ny subjugé par nostre magnanimité. La plupart de leurs responces et des negotiations faictes avec eux tesmoignent qu'ils ne nous devoyent rien en clarté d'esprit naturelle et en pertinence »[72].

Le monde enfant fait naître dans l'Europe conquérante des questions suspendues à un anathème : le père divin est suspecté d'un engendrement partiel du monde.

DU PÈRE ÉTERNEL AU PÈRE TEMPOREL

Alors que le XVe siècle, selon Jean Delumeau, marque l'aboutissement d'une évolution qui voit s'harmoniser les droits coutumiers et canoniques avec le droit romain, le père apparaît plus que jamais, vers 1500, comme le garant de la stabilité de la famille et du royaume. Le testament est institué. Pour faire pendant à la paternité divine, assez énigmatique en ces temps troublés, se renforce la paternité terrestre. Le père, créateur de tout, est entouré d'un halo de doutes et destitué de son omnipotence. L'âge d'or de la monarchie paternelle sera le XVIe siècle. Le catholicisme triomphant du concile de Trente affirme que :

> « Tous les pères sont une personnification du Dieu immortel nous contemplons en eux l'image de notre origine » [73].

La supériorité de l'homme de la Renaissance s'installe dans ses fonctions de père et d'intellectuel traînant une mélancolie dont la figure tutélaire est Saturne :

> « Le débat est *ad hominem* et l'on parvient finalement au point où le sentiment de la dangereuse instabilité de la condition individuelle, la double conscience en l'homme de sa faiblesse et de son pouvoir créateur et la sensation qu'il avait de marcher au bord d'un précipice confèrent aux doctrines aristotéliciennes et néoplatoniciennes que l'on avait accueillies jusqu'alors, tout au plus qu'à titre de propositions théoriques, un pathétique grâce auquel elles purent se fondre dans l'expérience poétique de la mélancolie » [74].

MELANCOLIA

La mélancolie vient de ne pouvoir embrasser le monde et pourtant ce n'est pas faute de le tenter. La mise en vitrine du monde est sa gloire et sa souffrance. La production anatomique, recueillie en d'artistiques planches, met le corps humain en gloire et en pièces dans une conjugaison esthétique et scientifique. Sa gloire sera de mettre le jour sur le mystère de la génération ; Vésale a montré l'utérus humain, le lieu de la vie, du mystère de la propagation de l'espèce et de la victoire de la vie sur la mort. L'homme s'approprie un utérus philosophique, la maïeutique. La pensée est le seul engendrement qui soit garanti d'immortalité. La science se place dans un engendrement sans génération. L'immortalité de productions savantes signe un monde d'objets, de fétiches. Freud décrira le fétichisme comme une pratique d'arrachement d'un territoire à des fins de reconstitution. Le fétiche est archéologique c'est un substitut du pénis maternel auquel a cru le petit enfant et auquel il ne veut pas renoncer. Nous avons déjà évoqué ce monde d'objets que le terme fétichiste englobe. Le fétichiste conserve et abandonne la croyance que la femme a un phallus. Le fétiche n'est jamais un substitut simple du pénis et de la crainte de le perdre. Le fétichiste pourra vénérer l'objet fétiche et le tenir en grande aversion. Comme en Chine ancienne, le pied des femmes est mutilé pour être ensuite vénéré, parce qu'elle s'est soumise aux craintes de castration de l'homme. Le fétiche étant un compromis indécidable, équivoque, il ne peut rendre heureux ; ambivalent par nature il entraîne dans une oscillation permanente entre reconnaissance ou déni de la castration. Le cabinet, vu par la théorie analytique, serait la suspension entre ces deux états, protégeant ses craintes dans un monde sans commerce sexuel et sans femme, témoignage d'une misogynie dont certains auteurs de la Renaissance se font les porte-parole. En effet, Rabelais fait dire à Rondibilis :

> « Quand je dis femme, je dis un sexe si fragile, si variable, si inconstant, si changeant et imparfait que la Nature me semble quand elle a bâti la femme (sauf le respect que je lui dois) s'être égarée de ce bon sens selon lequel elle avait crée et formé toutes choses. Et bien que j'y aie songé mille et mille fois, je ne sais que conclure à ce sujet, si ce n'est que forgeant la femme elle s'est davantage souciée de contenter le besoin social de l'homme et de perpétuer l'espèce humaine, que de réaliser la perfection de la féminité en chaque femme » [75].

La solitude masculine, figure de la mélancolie s'affirma dans Saturne au caractère menaçant, qui avait également la fonction d'un père plein de sollicitude pour les hommes d'esprit, parce que ceux-ci pouvaient honorer en lui deux faces : d'une part celle du démon inquiétant de la destinée et d'autre part celle d'un Dieu d'intelligence pure. Saturne, figure tutélaire des êtres d'élection, est une figure double comme le montre Panofsky dans sa lecture des textes de Marsile Ficin et de Pic de la Mirandole. La mélancolie telle qu'elle est décrite par Marsile Ficin correspond au portrait de l'encyclopédiste :

> « La bile noire semblable au centre du monde pousse l'âme à chercher le centre des choses singulières et elle l'élève, jusqu'à la compréhension des choses les plus hautes, d'autant qu'elle s'accorde avec Saturne, la plus haute des planètes » [76]

La mélancolie appartient à la Renaissance autant que la conquête du visible. L'homme perspectif promet l'expérience d'un monde cadré et signe la perte de l'immortalité promise par le christianisme. La situation intellectuelle de l'humanisme, c'est à dire la conscience d'une liberté éprouvée de façon tragique, donnera naissance à la notion d'un génie qui, avec toujours plus d'insistance, se prétendait affranchi dans la vie, comme dans les arts, des critères des normes morales et des règles communes. Une aristocratie intellectuelle composée de gens instruits, de lettrés se fabrique dans le réseau des cabinets de la Renaissance dans une atmosphère saturnienne. Cette élite posera son rapport à la matière de manière complexe, en s'appuyant sur l'exemple que lui offre la statuaire. En effet, le sculpteur se contente, en produisant un Praxitèle, un Phidias, de façonner la matière extérieure, celle que l'on peut toucher. La partie profonde de la pierre est laissée privée d'ornement, à l'état brut. Il montre par-là son impuissance à pénétrer l'intérieur, contrairement à la nature qui pénètre toute matière de façon globale – à l'altérer complètement, à la transformer, à la transmuter. La nature touche, finit et orne l'intérieur des corps. Ainsi les cabinets de nature encyclopédique seront-ils classés en deux grandes sections logiquement ordonnées : *naturalia* et *artificiala.* La nature définit une compréhension totale à laquelle seuls l'alchimiste et l'anatomiste, tous deux hommes d'intérieur, peuvent accéder. Alors que l'art de reproduire se résume à un assemblage des parties reconnaissables, identifiables et mesurables, l'aventure de l'intériorité ouvre les portes d'une autre modalité de connaissance. Cette aventure va être l'anatomie. Cette dernière jusque-là confiée aux chirurgiens barbiers, dont les fonctions étaient classées dans les arts mécaniques, va devenir science car elle va permettre de rencontrer le dessein de Dieu. Il faudra toutefois un certain temps pour accepter que la médecine ne soit pas fondée en rhétorique et consentir à la nécessite de passer par la matière dégoûtante pour accéder à l'intelligible. Léonard de Vinci exprime cette idée dans ses carnets :

> « Toi qui juges préférable de voir disséquer que de voir des dessins d'anatomie, tu aurais raison, s'il était possible de voir toutes ces choses qu'on peut voir sur les dits dessins en une seule figure ; dans celle ci avec tout ton talent tu ne verras ni ne connaîtras que quelques veines et moi pour en avoir une pleine et véritable connaissance, j'ai disséqué plus de dix corps humains, fouillant dans chacun des membres, écartant les plus infimes parties de chair [...] Si tu es passionné par ce sujet, tu peux être retenu par une répugnance naturelle ou, si elle ne te retient pas tu peux redouter de passer la nuit en compagnie de cadavres découpés, écorchés, horribles à voir. Si cela ne te rebute toujours pas, peut-être ne possèdes-tu pas le talent de dessinateur indispensable à cette science »[77]

Les médecins seront les principaux organisateurs des cabinets de curiosités, du XVIe au XVIIIe siècle, pour la raison qu'ils ont emprunté le passage de la matière à la science, donc les voies naturelles de la création divine. Ajoutons que depuis Pline l'Ancien, ils sont décrits comme d'avides collectionneurs. Le médecin Samuel

Quicchelberg constituera, le premier, un catalogue du cabinet du Duc de Bavière. La liste est longue de ces médecins qui, par leur savoir, vont entrer dans le cercle des puissants. C'est que certains d'entre eux ont permis la transsubstantiation de la matière en savoir et celle du cadavre en gloire scientifique. Les médecins et anatomistes renaissants relayés par l'instance d'exposition qu'offrent les collectionneurs, ont forgé une entreprise globale d'engendrement du monde.

NOTES

65 Rabelais, *Tiers livre*, in Œuvres complètes, Paris, Seuil, 1973, p. 487.

66 Boaistuau Pierre, *Histoires prodigieuses*, 1re éd., Vincent Sertenas Paris, 1560 - Paris, Fleuron, 1996, p..237.

67 Employé pour désigner le mouvement d'émancipation de la Renaissance. Le terme « humanisme » est un anachronisme : en effet, il est une invention du XIXe siècle.

68 Mandrou Robert, *Des Humanistes aux hommes de Science*, du XVIe au XVIIe siècle, Paris, Seuil, 1973, p.48.

69 Barret-Kriegel Blandine, *Brèves réflexions sur quelques règles de l'histoire*, POL, 1990.

70 Freud Sigmund, *Totem et tabou*, Petite Bibliothèque Payot, Paris, 1970, p.170.

71 Montaigne Michel de, *Les Essais*, Livre II, chapitre 12, Édition de Pierre Villey, Paris, Puf Quadrige, 1988, p.467.

72 Montaigne Michel de, *Les Essais*, livre III, Chapitre 6, Ed de Pierre Villey, Paris, Puf Quadrige, 1988, p.908.

73 Chastel André, *Le patrimoine* in Les Lieux de mémoire, Tome II, dirigé par Pierre Nora, Paris, Gallimard, p.410.

74 Panofsky Erwin, klibansky Raymond et Saxl Fritz, *Mélancolie poétique et melancholia dans le néoplatonisme florentin*, in Saturne et la mélancolie, Gallimard, 1989, p.400.

75 Rabelais, *Œuvres complètes*, Tiers livre, Seuil, 1973, p.487.

76 Panofsky Erwin, op. cit., p.400.

77 Vinci Léonard de, *Écrits*, Tome I, 5e édition, notes de Edward Mac Curdy, traduction de Louise Sevicien, Paris, Gallimard, 1942, p.155.

J'y vais parfois quand un chagrin m'éprouve, il suffit pour cela d'un peu d'imagination.
Charles Trenet « Le jardin extraordinaire »

LIVRE II. 3

Où l'on voit que le cabinet comme le jardin figurent des espaces clos, humides et syncrétiques à l'image de ceux de l'enfantement.

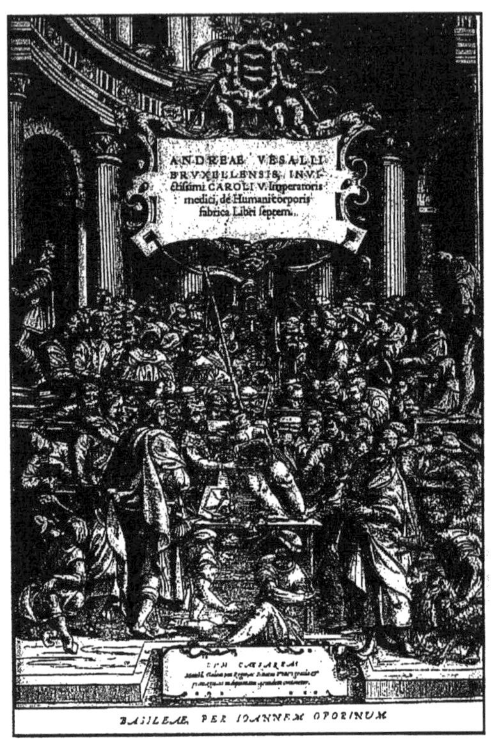

VESALE *De humani corporis fabrica libri septem* 1555
Bibliothèque interuniversitaire de médecine, Paris

Le jardin et le cabinet appartiennent à la même famille. Au XVIe siècle le mot anglais cabinet a le sens de maison d'été et il est utilisé ainsi jusqu'en 1737 dans le *Dictionnaire des jardiniers.* Le journal de John Evelyn rapporte une visite au cabinet de Sir Thomas Brown en octobre 1671 et emploie le mot cabinet pour désigner cette maison qui est aussi un paradis. Montaigne écrit dans le *Voyage en Italie* :

> « Il y a aussi un cabinet entre les branches d'un arbre toujours vert, mais bien plus riche que nul autre qu'ils eussent vu, car il est tout étoffé de plantes vives et vertes de l'arbre et tout partout ce cabinet (est) si fermé de cette verdure qu'il n'y a nulle vue qu'au travers de quelques ouvertures qu'il faut pratiquer, faisant écarter les branches ça et là ; et au milieu par un cours qu'on ne peut deviner, monte un surgeon d'eau jusque dans ce cabinet au travers et au milieu d'une petite table de marbre. Là se fait aussi la musique d'eau mais ils ne la purent ouïr » [78].

Le jardin partage avec le cabinet une structure close et une ordonnance géométrique. Le jardin de la Renaissance est dessiné au compas. Le cercle en est la figure majeure. Un des premiers jardins botaniques, celui de Padoue, fut conçu comme un théâtre de la nature. Son plan montrait la primauté du cercle engendrant toutes les autres figures dessinées. Ce jardin était composé de quatre espaces extérieurs, dont les angles étaient occupés d'un bosquet, d'un hippodrome, d'un labyrinthe et d'un jardin botanique en un ensemble articulé, calculé au plus juste selon les prescriptions des traités d'agriculture en vigueur. Guazzo, le descripteur du jardin padouan en admire l'ordonnance géométrique. Dans le cercle apparaît un carré, à son tour divisé en quatre carrés. Cette méthode d'engendrement de l'espace reprend les principes architecturaux de la cité vitruvienne :

> « Pour ériger le cabinet du milieu, à telle dexterité que le dessein de mon esprit l'a conceu, tu dois entendre que la source de l'eau de laquelle je me serviray és fontaines de mes cabinets, ou rochers d'iceux, sera prise un peu plus haut que le jardin, devers le costé du Nord et en prenant l'eau pour dilater à mes cabinets et fontaines, tout par un moyen. Je feray du résidu de la source, un ruisseau, lequel passera tout à travers du dit jardin, en tirant vers le costé du vent de Sus. Et quand il sera à l'endroit du milieu, je separeray le cours dudit ruisseau en deux parties, l'une à dextre et l'autre à senestre, en ensuivant le traict d'une rotondité que j'auray formé au compas [...] lors les deux parties du ruisseau se viendront rassembler à un mesme cours, comme dessus et en telle sorte se trouvera au milieu du jardin une petite isle, à

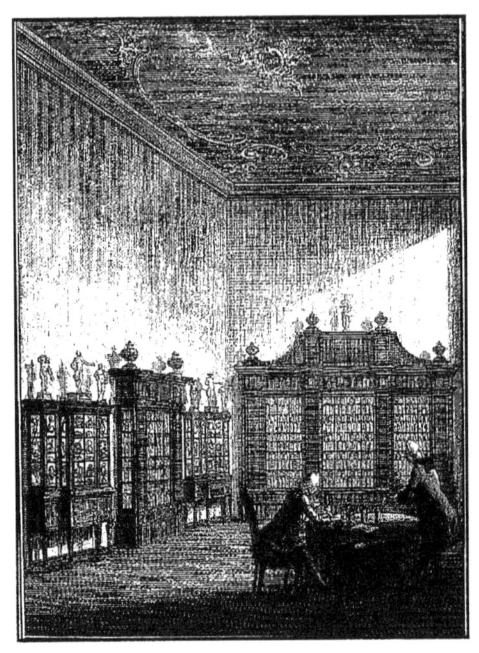

RAU *Cabinet,*
Bibliothèque interuniversitaire de médecine, Paris

l'entoure de laquelle je planteray certains populiers qui en peu de jours seront creus d'une belle hauteur, les jambes en manières de colomnes, [...] Ainsi au-dessus des têtes des colomnes il y aura architrave, frise et corniche, qui seront erigees de branches des mesmes arbres. [...] Le cabinet pyramidal sera bâti également depuis la racine des arbres jusque à la corniche ensuivant la règle de nos anciens architectes »[79]

C'est tout naturellement que le musée, sanctuaire des muses, doit naître du jardin, comme il en est fait mention dans le livre décrivant lui aussi le jardin de Padoue de G. Porro, *Le jardin des simples*, édité à Venise en 1591. Celui-ci ne saurait imaginer les muses en dehors du jardin. Déjà, en Grèce, la fonction du sanctuaire des muses n'était pas exclusivement liée à la conservation des collections, les pèlerins déposaient leurs offrandes aux divinités et méditaient les inscriptions des stèles :

« Ce qui définit le musée c'est d'être un lieu philosophique généralement sylvestre, situé à l'écart des villes que son retrait par rapport à la vie civile définit : c'est l'autel destiné aux célébrations du culte des muses ou au culte du défunt dont la mémoire est associée au lieu [...] »[80].

Le cabinet est l'essence du jardin et le jardin est l'image du monde. Ces deux monuments sont qualifiés pour leur prodigalité : les objets et les références qu'ils proposent produisent réflexions et commentaires, en ordonnant l'espace selon la géométrie de l'Académie platonicienne. L'étude et l'initiation seront guidées par l'organisation de figures géométriques simples. Léon Alberti, dans *De re aedificatoria*, décrit un jardin dessiné :

« [...] avec des buis et des plantes, avec une grotte en pierre ponce ornée de coquillages, garnie de mousse rafraîchie par des jeux d'eau, des scènes de chasse sont peintes sur les murs ainsi que des feuillages et des fleurs inspirés des textes de Théophraste et Pline le Jeun »[81].

Léon Alberti introduit la notion de rythme par l'alternance des formes rondes, semi-circulaires ou octogonales dans le programme du jardin de la villa Querachi exécutée par Rucellai. Le jardin du Belvédère, à Rome, est conçu comme une spéculation intellectuelle engendrée par des formes géométriques reposant sur l'idéal d'une harmonie néo-platonicienne où « nul n'entre, s'il n'est géomètre » Ces exemples seront suivis au XVIe siècle par Perrino de Vaga et Podenone et sont fondés sur un syncrétisme de sensations destiné à produire la sagesse. Bernard Palissy fera de branchages des écritures ou des pyramides, afin d'inscrire dans la nature domestiquée du jardin la sapience humaine :

« Il y aura aussi plusieurs lettres en la frise qui seront formées des même

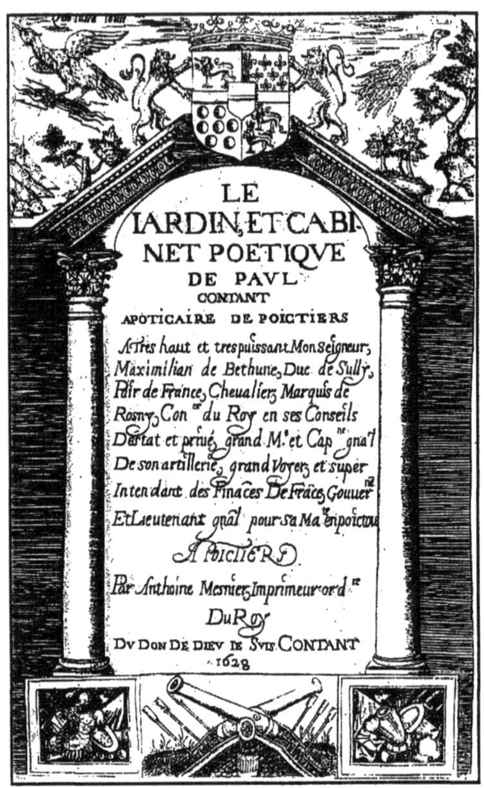

LE
IARDIN ET CABI-
NET POETIQVE
DE PAVL
CONTANT
APOTICAIRE DE POICTIERS

A Tres haut et trespuissant Monseigneur,
Maximilian de Bethune, Duc de Sully,
Pair de France, Cheualier, Marquis de
Rosny, Con.er du Roy en ses Conseils
D'Estat et priué, grand M.e et Cap.ne gnal
De son artillerie, grand Voyer, et super
Intendant des Finaces De Frace, Gouuer.ne
Et Lieutenant gnal pour sa Ma.te en poictou

A POICTIERS.

Par Anthoine Mesnier, Imprimeur ord.re
Du Roy

DV DON DE DIEV IE SVIS CONTANT
1628

PAUL CONTANT, *Le jardin et cabinet poétique de Paul Contant, apothicaire de Poitiers.*
Bibliothèque interuniversitaire de médecine, Paris

branches des arbres comme je t'ai dit des hommeaux et y aura, en escrit, en devise de la dite frise « Malediction à ceux qui rejettent sapience [...] Voilà comment lesdits populiers fermeront une pyramide excellement belle au milieu dudit jardin, laquele pyramide servira par le dessous d'un cabinet rond merveilleusement utile, auquel cabinet il y aura quatre portes correspondantes aux quatre allées de la croisée du jardin et par le dehors dudit cabinet, un peu au-delà du terrier, seront plantés plusieurs aubiers qui formeront une autre rotondité. [...] Il y aura un grand nombre d'oiseaux, grands et petits de diverses espèces, tant de ceux qui se plaisent en l'air, que de ceux qui se plaisent es arbres et en la terre. Et par tel moyen ceux qui banqueteront au-dessous et dedans la dite pyramide, ils auront le plaisir du chant des oiseaux du coax des grenouilles, qui seront au ruisseau, le murmurement de l'eau qui passera contre les pieds et jambes des colonnes qui soutiendront la dite pyramide, la fraîcheur du ruisseau et des arbres qui seront à l'entour, la fraîcheur du doux vent qui sera engendré par le mouvement des feuilles desdits pibles ou peupliers. On aura aussi le plaisir de la musique, qui sera sur la sommité et pointe de la pyramide, laquelle se fera au sifflement du vent comme je t'ai dit ci dessus »[82].

Pour Bernard Palissy, le jardin emblème du monde est un livre à découvrir chemin faisant. Pour entendre, au sens premier, les écrits bibliques, l'homme doit donner à la nature des formes et des sons. Palissy, en qualité de protestant, offre une promenade mystique du corps et de l'âme en orchestrant la nature : la Réforme n'est-elle pas une demande de parole ?

« J'amènerai tous les arbres à se rejoindre en une pointe, au bout de laquelle il y aura un engin attaché avec les pointes, lequel engin aura un entonnoir pour recevoir le vent et au bout de l'entonnoir plusieurs flaiols, se rendant dans un même trou en telle sorte que le vent enfermé dans le dit entonnoir fera les mesures de musique, en quelque part ou endroit que le vent vire l'entonnoir aussi le virera »[83].

La terre promise d'une science à venir se fait dans un discours rapporté à ce que l'on voit et ce qu'on entend. L'homme subtil était celui qui avait le nez fin chez les Romains. « *Homo naris emunctae, homo obesae naris* », dit Horace. Au XVIe siècle, est fin celui qui entend l'herbe pousser. La Réforme préconise la lecture à haute voix. Vous ne pourriez croire écrit Herminjard à Farel :

« [...] Comment depuis le jour où le Nouveau Testament a paru en françois de quelle ardeur Dieu anime les esprits les plus simples, en divers lieux pour

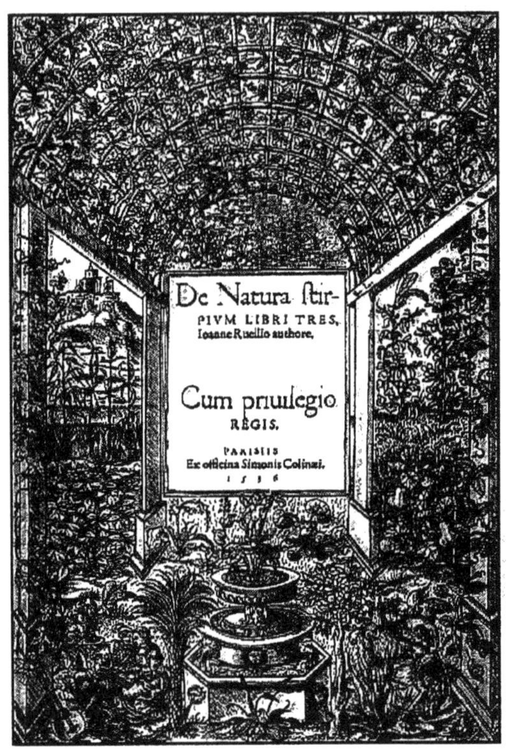
De Natura ſtir-
PIVM LIBRI TRES,
Ioanne Ruellio authore.

Cum priuilegio
REGIS.

PARISIIS
Ex officina Simonis Colinæi.
1536

RUEL JEAN, *De natura*, Paris *1536*
Bibliothèque interuniversitaire de médecine, Paris

recevoir la parole. Tous les dimanches l'épître et l'évangile sont lus au peuple en langue vulgaire »[84].

La sonorité est le vecteur de compréhension des textes, Dieu parle dorénavant les langues vernaculaires et ses saints évangélisent (du grec *euaggelion* : la bonne nouvelle), comme Paul en soufflant dans la trompette du christ, *tuba christi* :

« Les poètes de la Pléiade captent des sons et célèbrent les délices sonores et déclarent leur amour de la musique avec des textes suggérant les claquements des voiles, des imprécations et des injures »[85]

La musique est classée dans le *quatrivium*, mais l'écoute ne se soumet plus à la langue latine, comme la plupart des sciences de l'époque. Bernard Palissy, fier d'une connaissance acquise en dehors des lois étouffantes de la scolastique, n'est :

« Ne Grec, ne Hébrieu, ne Poëte, ne Rhétoricien, ains un simple artisan bien pauvrement instruit aux lettres »[86].

Quittant la tutelle dogmatique de l'église, Palissy sera un des premiers à éprouver l'authenticité de l'intérêt de ses auditeurs en faisant payer l'entrée de ses conférences et dans le même esprit, il n'utilisera aucun matériau précieux pour la réalisation de son jardin : les marbres et jaspes seront, en effet, proscrits par humilité et reconnaissance envers la nature, simple et généreuse comme l'est le texte fondateur.

Le jardin de la Renaissance symbolise le seul âge d'or dont l'humanité puisse être comptable, celui de l'ici et du maintenant. L'immense ferveur mimétique des humanistes, va aussi ressusciter les jardins de l'Académie millénaire de Platon par nostalgie et bâtir l'âge d'or d'une pensée « déthéologisée » fortement teintée de références aux académies antiques. Celle de Florence est installée, *via larga*, dans le palais Médicis de Cosme l'Ancien. Les salles et galeries du palais se remplissent de marbres antiques exhumés par les fouilles, les vestiges cherchés avidement sont objets d'études comparatives. Le jardin les reçoit quand le palais déborde d'antiquités. Elles sont alors déposées dans un verger et les textes et sujets allégoriques qui y figurent sont étudiés scrupuleusement, *in situ*.

L'Académie du jardin Saint-Marc verra Léonard de Vinci pratiquer le dessin sous la prunelle vigilante de Verrochio, Alberti professer le sens cosmique des nombres pour illustrer les théories de Vitruve. Christofro Landino y commentera Dante et Laurent le magnifique y écrira des poèmes en entendant Marsile Ficin expliquer Platon. Dans le souci de la réplique parfaite, l'Académie néo-platonicienne utilise les attributs traditionnels des jardins antiques : labyrinthe, berceaux et fontaines. Les trois règnes de la nature : le verger botanique, les espèces exotiques et les collections de pierres sont présentés pour permettre au promeneur de s'instruire. Une ménagerie permet l'étude du règne animal. Le jardin réédite les délices péripatéticiens de l'Académie platonicienne en y ajoutant des emprunts aux jardins orientaux. Le jardin de la Renaissance est palimpseste des jardins du monde. Il les condense tous : le jardin antique, le jardin des simples, le jardin persan et les jardins à jamais perdus de l'Éden et du paradis, la variété permettant d'offrir une alternative à l'idée d'âge d'or. Les jardins de la Renaissance supplantent l'idée de paradis en réutilisant, malgré tout, ses structures closes et syncrétiques. Les débuts de la modernité européenne seraient, pour Jean Delumeau, liés à l'abandon de l'idée de l'âge d'or. Il défend cette thèse au chapitre « Nostalgie » de son ouvrage *Histoire du paradis* [87].

JARDIN MÉTAPHORE D'AMOUR

Le texte de Francesco Colonna, *Songe de Poliphile*, écrit en 1473 et publié en 1499 [88] consiste également en une énumération de tous les jardins, contrepoint de cette nostalgie d'âge d'or. Il contient une longue description du jardin de Vénus, à la fois verger, jardin botanique et Éden. Francesco Colonna y décrit le labyrinthe gardé par un dragon comme celui du jardin des Hespérides, décrit dans le onzième des travaux d'Hercule, les jeux d'eau arrosant le visiteur, les arbres artificiels fabriqués en verre et en soie comme en Chine, les verreries vénitiennes comme celle du jardin byzantin de Lebistos et Rhodamme. On y rencontre aussi des animaux comme dans les jardins persans.

L'auteur exalte la science botanique chère aux puissants, tels Alphonse d'Aragon, Nicolas V, Laurent de Médicis et donne au jardin de Poliphile, selon la mystique renaissante des nombres, la forme circulaire de l'Atlantide de Platon : des circonférences de plus en plus petites sont divisées en secteur par vingt rayons et chacun contient une espèce de plante et propose un symbole différent. Ce jardin est aussi métaphore de l'initiation et du désespoir amoureux. Le songe de Poliphile conte en effet l'histoire d'une perte assumée de l'objet d'amour. De l'âge d'or à l'âge doré, le jardin permet de passer de l'espace symbolique à l'espace économique. Dans son ouvrage, *Les jardins du songe, Poliphile et la mystique de la Renaissance* [89], Elisabeth Kretzulesco Quaranta constate que l'organisation du jardin obéit à un fil logique : celui d'un itinéraire reliant les allégories les unes aux autres pour aboutir à l'antre des nymphes. Le parcours de la connaissance est fondé par le dépit amoureux et retourne à l'amour au terme de son deuil. Le jardin, avec ses tracés, métaphorise l'itinéraire allégorique de l'amant vers la maîtresse et celui du philosophe vers la connaissance. Il fait agir une mémoire mythique et un tissu de légendes. Le jardin se parcourt afin d'atteindre l'extase de la contemplation, tenue pour un aboutissement :

> « Celui qu'on aura guidé jusqu'ici sur le chemin de l'amour après avoir contemplé de belles choses dans une gradation régulière, arrivant au terme suprême, verra une beauté d'une nature merveilleuse, qui existe en elle-même et par elle-même, simple et éternelle. Quand on commence à l'apercevoir, on est bien près de toucher le but car la vraie voie de l'amour c'est de partir des beautés sensibles et de monter sans cesse vers cette beauté surnaturelle pour aboutir, des sciences à cette science qui n'est autre chose que la science de la beauté absolue et pour connaître enfin le beau tel qu'il est en soi » [90].

Aussi assiste-t-on, dans la première partie du songe, à l'idylle de Lucrezia et Poliphile. Après avoir aperçu la femme, le rêveur tombe amoureux. Lucrezia ne répond pas aux avances de Poliphile et le père de Lucrezia la fiance à un autre. Le fiancé part au Levant faire fortune et Lucrezia est atteinte de la peste. Rescapée, elle entre au couvent en accomplissement de la promesse faite à Dieu. Elle prononce ses vœux et repousse Poliphile. Il tombe en syncope dans le couvent, elle le ranime par un baiser. Un mariage secret s'ensuivra. Poliphile, resté seul, fait un rêve dans le jardin et reçoit un bouquet de violettes, la fleur de Vénus de Lucrezia. Les retrouvailles des amants est scellée par un baiser au chant du rossignol :

> « Ainsi donc abandonné de toutes mes félicités supernaturelles, excepté du souvenir, je ne sus de qui me devais plaindre, si ce n'était du soleil qui pour être envieux de mon bien, abrégea cette nuit bienheureuse, [...] j'ouys la douce Philomèle ou rossignol se lamenter du déloyal Terée disant en son ramage, *Tereus Tereus eme ebiasato*, c'est à dire « Tereus Terée m'a violée ». Et ainsi laisser en le songe et le sommeil parce que je m'en eveillay comme en sursaut et disant or : adieu ma mieux aimée Polia » [91]

Une illustration du songe, de l'édition de 1499, montre Poliphile au bas d'une pyramide, parmi des ruines et des fragments divers jonchant le sol. Des colonnes brisées, des bustes et un autel sont figurés dans une palmeraie. Poliphile montre son genou droit, les adeptes de Pythagore montraient en général en signe de reconnaissance leur genou gauche. Poliphile, à qui l'on a enlevé sa belle, s'adonne au désespoir. La fièvre donne à l'amant de Polia des visions. Il se trouve dans une plaine silencieuse aux prairies en fleurs et pénètre ensuite dans une forêt. Cette histoire serait l'écho des amours impossibles de Laurent le Magnifique avec Lucrèce. Une période d'amertume suit le mariage de sa belle. Le jeune Laurent en mal d'amour se fait expliquer Rome et les mystères de religion de l'Antiquité, des allégories apparaissent dans les ruines du temple. Grâce à la connaissance, Laurent sortira du naufrage. Dans ce cycle initiatique l'amour de la sagesse figure et transcende l'amour charnel voué à la destruction. La littérature du XVIe est marquée par la récurrence du désespoir : amour contrarié, mais aussi perte de l'idée d'une possible vie éternelle. Ainsi l'entreprise culturelle de l'humanisme se construit-elle dans un cortège de deuils à accomplir. Jean Delumeau voit dans la prolifération des thèmes du pays de cocagne, de la fontaine de jouvence, l'inversion du deuil de l'âge d'or. C'est le deuil des légendes, l'élite renaissante s'enfermant volontiers dans un souverain mépris des mythes, hérité de Platon. Ce n'est pas sans douleur qu'une civilisation se défait de l'âge d'or. Les grands récits légendaires s'effondrent. Certains lieux symboliques auront la charge implicite de régler ce testament : le jardin et le cabinet, en permettant une symbolique de passage d'un ordre à un autre, de la mort à la renaissance, donnent un sens au deuil. Ce passage sera un saut dans les savoirs, une démarche chaotique dans l'universel. Ces circonvolutions seront les premiers pas d'une conscience « déthéologisée », de la rêverie à l'étude, de la contemplation à l'initiation. Cette cohabitation du rationnel et de l'irrationnel est lisible dans le jardin à la fois par son organisation géométrico-initiatique indice d'une profonde réflexion sur l'espace. Les musées, prolongements des jardins seront conçus pour appeler le génie du lieu et convoquer d'autres endroits imaginaires, comme le faisaient l'*amaltheion* de Cicéron, la *diaeta* de Pline.

Cette superposition des fonctions est récurrente dans les jardins renaissants, qui accueillent des plantes médicinales selon les vertus conjuguées de l'astrologie et de la botanique, selon les principes de Paracelse. Reprenant les thèses de Pline et de Dioscoride, ce dernier affirme que la guérison des corps est soumise à l'application des végétaux qui présentent l'aspect de la partie du corps concernée. Un système logique de signification entre le corps malade et la plante guérisseuse y est lisible. Dans l'arsenal du jardin figure un monument emblématique : la grotte. L'intérêt porté par le XVIe siècle aux antres de toutes sortes pourrait bien être le fruit d'une méditation sur un lieu évoquant le ventre d'une mère universelle. On a souvent dit que les grottes, tant appréciées pendant la période maniériste, mettaient en scène l'idée même de génération. Pour Palissy, la terre est un corps vivant, avec ses poils représentés par les plantes et les arbres, sa voix qui résonne dans les souterrains, les gouffres et les cavernes : il lui arrive même d'éternuer, engendrant ainsi les fossiles et les gemmes. La grotte est un lieu mythique et les figurines de Palissy, faites de concrétions de coquillages ou encore les grotesques ornant les parois des demeures, tentent d'en répéter le mystère. Ces motifs sont des fusions hybrides d'éléments hétérogènes, lieux de toutes les genèses. La grotte est le lieu de germination qui désigne l'étrangeté du théâtre des formes et des figures. L'angoissant vide de cet antre est déjà noté par Plotin décrivant la grotte d'Ithaque. Montaigne est pris d'émerveillement devant la grotte d'un jardin :

> « [...] une belle grotte, où il se voit toute sorte de d'animaux représentés au naturel, d'une forme étrange, rendant qui par bec, qui par l'aile, qui par l'ongle ou l'oreille et le naseau, l'eau de ces fontaines » [92].

Suivi par la description de :

> « [...] la figure d'un animal à quatre pieds, relevé en bronze sur un pilier, représenté au naturel d'une forme étrange, le devant tout écaillé, et sur l'échine je ne sais quelle forme de membres comme des cornes. Ils disent qu'il fut trouvé dans une caverne de montagne et mené vif il y a quelques années. Nous vîmes aussi le palais où est née la Reine Mère » [93].

L'association coule de source. La grotte, ventre de l'à-venir, contient l'animal monstrueux celui qui survivra dans le poème *El Desdichado* où Gérard de Nerval associe sirène et grotte. Les nymphées et le jaillissement de l'eau réinventent l'histoire du lieu sous la tutelle de la femme puissante. Songeons que Bernard Palissy écrit dans le devis de la grotte qu'il doit concevoir pour la « Royne Mère » :

> « Elle sera ornée de rustiques figurines : couleuvres et lézards, langrottes, serpens et vipères que ramperoient au long dudict rochier, et le surplus dudict rochier seroit aorné et enrichy d'un nombre infini de grenoilles, chancres, escrevisses, tortues et yraignes de mer et aussi de toutes espèces de coquilles maritimes ; aussi sur les bosses et concavités, il y aurait certains serpens, aspicz et vipères couchez et entortillez de telle sorte que la propre nature enseigne, et, au bas, joignant ledict rochier, il y faut entendre que toutes ces choses cy-dessus seroient insculptées et esmaillées si près du naturel, qu'il est impossible de le raconter » [94]

Palissy manifeste dans ses céramiques ce goût du naturel et du trompe-l'œil destinés aux objets creux qu'ils soient plats ou grottes. Il fait référence dans le texte destiné à Catherine de Médicis à la grotte du Songe de Poliphile la grotte est la forme temporelle, si près du naturel-paradis, sorte d'encyclopédie vivante. L'initié, nouvelle forme alchimique de l'érudit, peut contempler les secrets de la cristallisation des pierres et de la formation des métaux, peut pénétrer les secrets de la génération dans la grotte, à la fois œuvre d'art, mythe et laboratoire.

NOTES

78 Montaigne Michel de, *Journal de voyage*, Gallimard folio, 1983, p. 181-182.

79 Palisssy Bernard, *Recepte véritable*, in Œuvres complètes, Fac-similé, Paris, Dubochet, 1844, p.76.

80 Guidicelli-Falguières Patricia, *Origine de l'institution muséographique*, Thèse nouveau régime, Paris I, 1988, p.101.

81 Alberti Léon Battista, *De Re Aedificatoria*, Milan, Il Polifilo, 2 volumes, 1966.

82 Palissy Bernard, *Recepte veritable*, op. cit., p.73-77.

83 Ibidem., p.93-95.

84 Herminjard Aimé Louis, *Correspondance des réformateurs la Bible au e siècle,* Paris, H. Georges, 1866, p.22.

85 Fevre Lucien, in Actes du colloque « *Léonard de Vinci et l'expérience scientifique au e siècle* », CNRS, Juillet 1952, Paris, Puf, 1953, p.40.

86 Palissy Bernard, *Lettre à Monseigneur le Mareschal de Montmorancy*, dans Recepte veritable, op. cit., p.5.

87 Delumeau Jean, *Une histoire du paradis, Le jardin des délices*, Paris, Fayard, 1992.

88 Colonna Francesco, *Le songe de Poliphile*, traduction de *Hypnerotomachia Poliphili*, Jean Martin, Kerver, 1556, réédition avec une présentation de Gilles Polizzi, Imprimerie nationale, 1994.

89 Kretzulesco Quaranta Élisabeth, *Les jardins du songe. Poliphile et la mystique de la Renaissance*, Les Belles Lettres, 1986, p.402.

90 Platon, *Le Banquet*, 211, Texte établi par Paul Vicaire et Jean Laborderie, Gallimard, 1989, p.144.

91 Colonna Francesco, op. cit., chapitre XIV, p.408.

92 Montaigne Michel de, *Journal de voyage*, Gallimard folio, 1983, p.181-182.

93 Ibidem, p 182.

94 Palissy Bernard, in *Devis d'une grotte pour la Royne, Mère du Roy*, op. cit., p.468-469.

Je suis desgouté de la nouvelleté… »
MONTAIGNE, Essais, I, 121

LIVRE II. 4

Où l'on voit comment le cabinet de la Renaissance consacre les valeurs individuelles de l'homme et sa mémoire.

La nouvelle dignité de l'homme consiste en la création d'œuvres belles qui en seront des témoignages. Si la nature prouve Dieu, la beauté et la création prouvent l'homme. L'homme se divinise à ses propres yeux et crée pour son usage le génie. Nombreux seront les traités de la Renaissance rendant hommage à l'homme créateur ; en témoignent les ouvrages de Gianozzo Manetti, *De dignitate et excellentia hominis*, écrit en 1452 et de Pierre Boaistuau, *Bref discours de l'excellence et dignité de l'homme*, où il écrit en 1558 :

> « Ce qui donne à connaître que l'homme est le vrai chef-d'œuvre de Dieu, lequel si nous voulons le considérer de près nous trouverons qu'il est portrait tiré d'un pinceau autre qu'humain » [95].

La Renaissance inaugure une relation à soi-même fondée sur des postulats nouveaux. Toutes les sciences, le naturalisme, le vitalisme, sont autant d'expressions d'une conscience de soi qui élève l'être humain à un degré d'excellence inconnu jusque-là. La beauté du monde n'est-elle célébrée que pour qualifier la supériorité des humains aptes à l'apprécier ? Pierre Boaistuau en fait l'éloge pour en qualifier les adeptes :

> « [...] Ce beau visage de la nature paraît n'avoir rien d'admirable et on ne saurait croire combien peu de mortels sont stimulés par sa suprême majesté et sa variété merveilleuse. [...] Bien que cet entier spectacle de la Nature dans lequel, comme dans un livre vivant, nous devrions prendre une pleine connaissance du Grand Artisan du monde, s'offre généreusement à la considération des hommes et que, afin de ne pas s'avilir et ne donner plus à ceux qui le contemplent que dégoût et satiété, il se présente à nous, où que nous portions les yeux, plein de dignité et de majesté et repaisse délicieusement notre appétit du renouvellement incessant du ciel du lever et du coucher d'astres chaque jour nouveau, de la grandeur chaque jour nouvelle, du jour et de la nuit, de la force chaque jour nouvelle, de la chaleur et de la froidure de l'apparence chaque jour de l'année qui vieillit ou reprend jeunesse ; cependant les hommes semblent pétris de paresse et d'indolence » [96].

Cette nouvelle dignité de l'homme est le fait d'une minorité, les femmes en sont le plus souvent exclues. Dans *Histoire des Femmes,* Michèle Perrot signale que l'on trouve à cette époque autant d'ouvrages pour stigmatiser la malignité des femmes que pour encenser l'excellence des hommes. La Re-naissance est à prendre au pied de la lettre, l'homme fait naître un monde de ses propres flancs. Sa gloire sera une procréation sans femme. Le cabinet de curiosités, le jardin ou la grotte seront les espaces clos de cet enfantement où l'humaniste se fabrique lui-même.

Le cabinet se définit, au XVIe siècle, comme une petite chambre retirée dépendant d'une plus grande. De rares emplois le conservent dans ce sens : le cabinet noir où l'on enferme les enfants pour les punir. C'est un endroit où l'on se retire pour réfléchir et travailler. A partir de 1539, c'est dans ce sens que la locution « cabinet de curiosités » apparaît, en même temps comme une petite pièce dépendante d'une plus grande et comme un lieu d'étude et de réflexion : un lieu où l'on se retire pour goûter les délices d'une solitude meublée des savoirs constitués. C'est une sphère privée dont l'Italie fait un usage confidentiel avec le terme *studiolo*. Le mot cabinet se fera plus domestique au XVIIe siècle, où il deviendra un lieu d'aisance, puis de toilette. Le cabinet de travail et d'étude s'applique, à cette époque, à un ensemble de personnes travaillant autour d'une personnalité éminente comme, par exemple, le cabinet du Roy, ainsi dénommé en 1606. Ce mot « cabinet » serait un dérivé de cabine, mot picard utilisé dès le XVe siècle pour désigner une cabane où l'on se réunit pour jouer. L'intimité semble être la qualité essentielle de cette cabane-cabinet. Que le cabinet soit aux affaires, à la toilette, à la curiosité ou à la médecine, dans le cadre d'opérations libérales, il appartient au domaine réservé d'un sujet soucieux de préserver des secrets dont il est le gardien. Ce cabinet-cabane semble jouer et jouir des frontières étroites qui le localisent, l'espace qu'il occupe est l'univers d'une sévérité qui règle le droit d'y pénétrer. Le cabinet est l'espace secret de l'exaltation de la notion de privé. Après la scolastique médiévale, où les connaissances se disputaient en public, à l'image des tournois, on entre dans la sphère intime de la causerie, de l'alcôve et du secret. Le cabinet évoque ce lieu retiré :

> « [...] Ainsi les humanistes abandonnent une des tâches capitales de l'intellectuel, le contact avec la masse, le lien entre la science et l'enseignement. Sans doute, la Renaissance, à la longue, apportera à l'humanité la moisson d'un travail orgueilleux et solitaire. Sa science, ses idées, ses chefs-d'œuvre alimenteront plus tard le progrès humain. Mais elle est d'abord un repli, un recul. Il n'est pas jusqu'à l'imprimerie qui ne favorise peut-être d'abord avant de répandre partout la culture écrite, un rétrécissement de la diffusion de la pensée. Ceux qui savent lire, une petite élite de favorisés, sont comblés » [97]

On ne peut séparer du moment où naissent ces cabinets d'amateurs celui où les édits réglementent pour les particuliers la construction de lieux d'aisance, eux aussi retirés et privés. Dominique Laporte, dans son *Histoire de la merde* [98], montre comment l'Édit de 1539, en obligeant à construire des latrines dans chaque maison, constitue

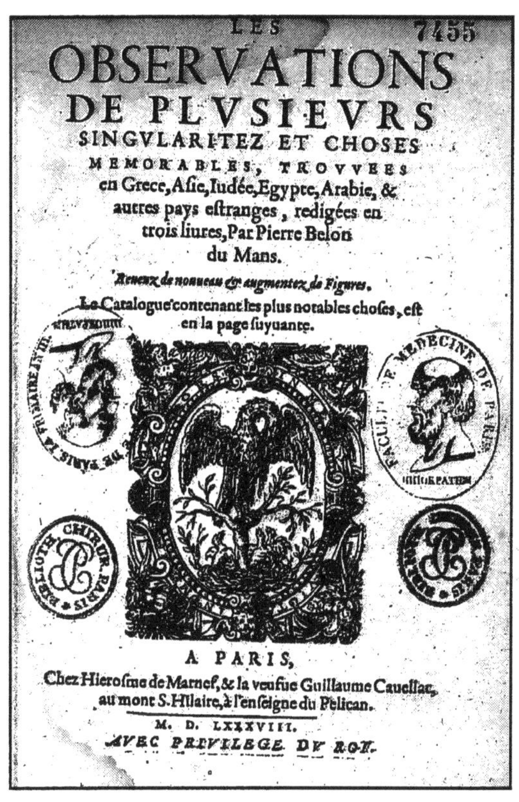

LES

OBSERVATIONS
DE PLVSIEVRS
SINGVLARITEZ ET CHOSES
MEMORABLES, TROVVEES
en Grece, Asie, Iudée, Egypte, Arabie, &
autres pays estranges, redigées en
trois liures, Par Pierre Belon
du Mans.

Reueuz de nouueau & augmentez de Figures.

Le Catalogue contenant les plus notables choses, est
en la page suyuante.

A PARIS,
Chez Hierosme de Marnef, & la veufue Guillaume Cauellat,
au mont S. Hilaire, à l'enseigne du Pelican.

M. D. LXXXVIII.
AVEC PRIVILEGE DV ROY.

BELON PIERRE *Les observations de plusieurs singularités et choses mémorables trouvées,* 1588
Bibliothèque interuniversitaire de médecine. Paris

le premier pas vers une privatisation forcenée. Dominique Laporte met en correspondance l'accumulation primitive des marchandises et l'image de l'excrément. En même temps que l'Edit de Villers-Cotterêts consacre à la langue vernaculaire une dignité patriote, s'ordonne une législation réglant les saletés de la langue et de la ville. L'ambiguïté des mots latins nécessite un curage qu'on entreprend en même temps que le nettoyage des fientes de la ville. Joachim du Bellay, dans *Défense et illustration de la langue française* [99], explique que le lettré se doit de nettoyer la langue de ses déchets, qu'il a charge de la curer selon une transmutation opérant d'un lieu sauvage vers un lieu domestique. La Renaissance explique Dominique Laporte, se soustrait aux considérations éthiques dont elle n'avait cessé d'être marquée dans les périodes antérieures. Elle inaugure la séparation du privé et du public à travers le traitement qu'elle inflige à la merde. L'Édit de 1539 institue une archéologie du privé liant latrines et cabinets dans une analogie féconde, celle de l'idée de privé qui touche à toutes les sphères de la vie sociale. L'expression « À chacun sa merde » est sans doute celle qui convient le mieux à cette vision. En effet, du cabinet de curiosités aux cabinets d'aisance, la même locution sert à qualifier l'aspect intime de ces dépôts. Là encore, l'Antiquité va fournir, avec Vitruve, des références légitimantes avec le terme de *cellas familiaricas* employé dans le Livre VI de, *De architectura* [100]. Le mot privé, du latin *privatus* : où le public n'a pas accès, a pu signifier, du XIIe au XIXe siècle, apprivoiser ce qui est libre, sauvage et désigner une relation d'appartenance à une personne. Hannah Arendt, en reformulant la notion de privé, l'inscrira dans une dialectique d'une appartenance liée à l'existence sociale d'un groupe :

> « [...] Avant les temps modernes [...] toutes les civilisations reposaient sur le caractère sacré de la propriété privée. À l'origine, être propriétaire signifiait ni plus ni moins, avoir sa place en un certain lieu du monde et donc appartenir à la cité politique. Cette parcelle privée s'identifiait si complètement avec la famille qui la possédait que l'expulsion d'un citoyen pouvait entraîner, non seulement la confiscation de ses biens, mais aussi la destruction de sa maison et [...] s'il arrivait à un homme de perdre sa terre, il perdait presque automatiquement le droit de cité et la protection des lois » [101].

les Grecs utilisent le mot *nomos*, qui vient de *neimen* pour la loi ; cela signifie répartir, posséder et résider. Le peuple écrit Héraclite devrait combattre pour la loi comme pour un mur. La privatisation s'installe à l'intérieur de cette frontière bâtie :

> « Ce bien privé était sacré comme l'étaient les choses secrètes, la naissance et la mort, le commencement et la fin des mortels qui de même que toute créature, sortent des ténèbres et retournent aux ténèbres d'un monde souterrain » [102]

Le curieux fait de son espace fermé un secret, une chose anale. Sa loi est l'intimité. Il est un petit enfant qui « fait » et montre ses fèces afin de donner son œuvre digestive en cadeau à sa mère-nature. Sa belle œuvre est une et constituée d'emprunts, comme le cabinet des curiosités. La loi installe la notion de privé par le système de l'exclusion. Le privé existe parce que certains n'y entrent pas. Quand Rodolphe II montre ses collections à quelque visiteur de marque, l'événement est assez rare pour marquer l'actualité. Le caractère secret de la collection l'auréole d'une puissance imaginaire.

LE CABINET ET LA GÉNÉALOGIE

C'est par l'intimité et dans le cadre familial que le curieux se constitue. Le narcissisme est son objet, la famille est son ordre. L'arbre est la figure conjuguée des savoirs et de la généalogie. En ce début de Renaissance, où une conscience historique range l'universel, se forgent les enjeux communs des connaissances et des grandes familles. Les princes placent en frontispice des catalogues de leurs cabinets des formules invitant à magnifier la mémoire universelle par la sauvegarde des trésors encyclopédiques, qui sera aussi la mémoire de la famille qui en a la charge. Le savoir se fait héritage entre accumulation primitive et taxinomie scientifique. L'ordonnance vaut autant pour les qualités pédagogiques de transmission et d'apprentissage encyclopédique que pour montrer l'excellence du prince qui l'instaure. La collection est l'emblème du prince et celui du curieux qui en fait l'office dans son territoire privé. André Chastel donne du *studiolo* de Fédérico de Montefeltre une description montrant que toute la collection est ordonnée autour de la figure du duc[103]. Le *studiolo* s'insère entre l'alignement des appartements, des cours et de la façade, encadrée de tours rondes sur deux mètres de hauteur ; les murs de cette salle retirée sont couverts de tarsie et au-dessus d'une rangée de placards en trompe-l'œil, s'offrent de grands panneaux séparés par des pilastres. La portion supérieure du mur porte une galerie de vingt-huit hommes illustres qui consacrent, en quelque sorte, ce cabinet à la gloire de l'esprit humain. Celle du duc n'est pas oubliée : l'un des tableaux de marqueterie est un portrait en pied de Fédérico, drapé, la lance tournée vers le sol, présidant aux œuvres pacifiques. Auprès de lui une étonnante armoire qui surgit en trompe-l'œil, pleine de cuirasses et de casques luisants. Ces panneaux font face à la fenêtre. Sur les parois latérales apparaissent deux séries de figurations : les trois vertus chrétiennes maniéristes debout sous encadrement d'architecture, séparées par des « natures mortes » représentant, en marqueterie, les rayons de la bibliothèque chargés de livres, les instruments de la science et des écritoires. Les portes grillagées s'entrouvrent sur des ouvrages à lourds fermoirs parmi lesquels on a placé une clepsydre et un bougeoir. Dans le placard apparaissent des instruments de musique et une serviette blanche portant un emblème, celui de l'ordre de la jarretière. Le savoir est chose de solitaire, et se construit dans l'éclectisme : les symboles de la religion, voisinent avec les emblèmes du seigneur. Les livres et les instruments objets du savoir, sont associés aux instruments de mesure du temps et de l'espace que sont l'horloge et la sphère. Le savoir se montre en images. Autour de la personne du duc, figurent les docteurs de l'église et les sages de l'Antiquité. On trouve, sur le mur nord, en couple, saint Grégoire et Platon, saint Jérôme et Aristote, saint Ambroise et Ptolémée, saint Augustin et Boèce, Moïse et Cicéron, Salomon et Sénèque. Sur le mur est, saint Thomas et Homère, Duns Scott et Virgile, Pie II, Euclide Bessarion et Vittorino de Feltre. Sur le mur sud sont figurés Albert le Grand et Solon, Sixte IV et Bartole, Dante et Hippocrate, Pétrarque et Piero d'Abano. Le miroir historial de l'esprit humain, avec ses théologiens, ses philosophes, ses poètes et ses juristes, entoure le duc. Les collections des souverains s'ordonnent à Urbino pour marquer le prestige du lieu. Dans le cas du *studiolo* d'Isabelle d'Este, elles illustrent les méandres d'un pouvoir figurant un parcours initiatique menant à la grotte. Dans cette grotte, décorée par Perugino, Mantegna et Costa, aménagée dans le château des Gonzagues à Mantoue, Isabelle d'Este avait réuni des curiosités naturelles, des antiques et des objets exotiques. Également pour stimuler l'imagination, les collections de François Ier de Médicis sont disposées dans l'atmosphère nocturne d'un studio où un décor gorgé d'allégories appelle le spectateur à la déambulation. Le traité de Guilio Camillo, *Idea del Theatro* [104] montre la contiguïté de l'obscurité et de la notion de privé. En grec et en latin, les noms qui désignent l'intérieur de la maison, *megaron* et *atrium*, évoquent les ténèbres, la noirceur. Le studiolo apparaît en clair-obscur : clair car il reflète le prestige du prince et obscur car il est composé d'épreuves initiatiques. Le cabinet métaphorise la puissance du prince et le nombre des pièces exposées engendre sa légitimité. Les collections de Ferdinand de Habsbourg nécessitent, en 1570, la construction au pied du château d'Ambras d'un ensemble destiné à les abriter. La puissance du prince est proportionnelle à la quantité et à la qualité de sa collection. Le prince montre son pouvoir quand il parvient à conquérir un objet prisé par un rival. La période baroque va démontrer sa puissance par ses monuments, son château, sa capitale et ses cabinets de curiosités. Mais, si les châteaux et les statues s'imposent à tous, les collections curieuses ne sont offertes qu'à quelques privilégiés. Elles seront soumises à un demi-secret permettant la distribution de privilèges et de punitions. L'honneur d'être introduit dans le cabinet de curiosités royal donne la mesure à la diplomatie princière. Les curiosités seront les nouvelles reliques d'un désir d'état tout puissant. Le souverain idéal est à la fois protecteur des sciences et des arts et un guerrier prêt à les défendre. Les objets privés de son cabinet ont été privés à d'autres et sa puissance est mesurable au nombre de ces privations. Jules César estimait que son tas de morts pouvait être chiffré autour de 1 192 000 ennemis tués, que nul n'avait fait mieux et qu'aucun homme vivant ou qui avait vécu ne pouvait rivaliser avec lui. Le nombre des morts permet la comptabilité précise d'un pouvoir absolu. Les massacres sont magnifiques, ils engendrent l'État. Si la jouissance du tyran est la contemplation énumérative de ses victimes, elle n'existe pas sans la complicité bienveillante du regardeur. Il faut à cette jouissance d'être vue : en témoignent les natures mortes qui avant de devenir un genre de peinture que l'on appelait « coites », tranquillement ensevelies dans l'ordre du savoir, furent d'authentiques dépouilles. Le prince, parmi ses collections encyclopédiques, est au milieu de ses cadavres tel un général d'armée parmi ses animaux empaillés, témoignages de ces massacres inévitables. Montrant ses victimes naturalisées ou desséchées, l'amateur, à la suite des princes guerriers, des *condottieri*, est dans son cabinet le vainqueur qui fait voir la chambre où sont entassés les signes de sa gloire. Une guerre s'est menée et un transfert de propriétés signe la défaite de l'un et la victoire de l'autre. Il n'y a pas de fumée sans feu (Peirce) et pas de trophées sans la guerre que Jean Giraudoux qualifie d'invention masculine :

« Les hommes ont inventé la guerre pour y être sans femme, entre hommes » [105]

Le trophée [106] servira d'ailleurs d'ornement graphique pour les frontispices de catalogues de cabinets parmi des attributs divers. Les armes regroupées témoignent bien de victoires et de conquêtes.

IMAGES DE L'HOMME VICTORIEUX

Les nouveaux hommes victorieux de la Renaissance seront incarnés par les figures mythiques d'Orphée et d'Hercule. Orphée est celui dont les hymnes, médités et vénérés par les platoniciens, célèbrent les principes mystérieux du monde et montrent comment le chaos a été dominé par l'amour.

> « Le récit fabuleux de ses miracles opérés par une voix enchanteresse ayant pouvoir de calmer les fauves et celui de mouvoir les pierres, révèle un homme au sommet de ses pouvoirs, un homme agissant directement sur les aspects concrets de l'univers et le disposant par l'harmonie des forces brutes, cet homme aménage doucement la demeure terrestre » [107]

La deuxième figure mythique est Hercule. La valeur d'Hercule n'est pas seulement dans sa musculature, elle réside dans une énergie indomptable qui force le destin. Le type herculéen hantera la fin de la Renaissance et particulièrement Michel-Ange. Ces deux images incarnent la fascination pour l'esprit et le corps de l'homme, affirmée par un néo-platonisme qui dote la beauté des corps d'une essence spirituelle. La beauté est prisée et, comme le signale Jean Céard, il est peu d'ouvrages qui ne fassent l'éloge de celle du monde [108]. Dieu en est le principal bénéficiaire et les auteurs, qu'ils soient ou non teintés d'augustinisme, font partout retentir sa louange : n'est-ce pas lui qui réserve aux hommes, à chaque pas, de nouvelles merveilles et sait toujours réveiller une admiration que l'habitude risquerait d'émousser ? La Renaissance fait la guerre pour tracer précisément les lignes des frontières que les découvertes projectives vont établir en une science : la cartographie. Les artistes de l'époque seront appelés, naturellement, aux grands travaux militaires, puisqu'ils seront les premiers à opérer la traduction projective du territoire au plan. L'État moderne a été dessiné grâce à la succession des guerres politiques. La Renaissance, née des guerres, dresse des remparts et se dote d'États. Le mot *polis* désignait à l'origine « mur d'enceinte » et *urbs* qualifiait l'idée de cercle. On trouve la même connexion dans le mot allemand *zaun* et le mot anglais *town*, signifiant palissade en rond. La culture des cabinets d'amateurs est celle des Grandes Découvertes. C'est une culture de constitution de l'image de l'État, c'est aussi une culture de lansquenets, de soldats, de voyageurs, de pilleurs ou de missionnaires : une culture de conquête. Une culture mâle de sédentaires courant après des terres rêvées pour en extraire l'or. En même temps que les princes envoient les conquérants piller ou troquer les richesses du Nouveau Monde, ils se livrent sur l'ancien, des batailles pour définir des frontières, pour établir leur autorité dans des limites circonscrites. L'autre et l'ailleurs vont, au cabinet de curiosités, devenir des trophées, des signes exposables de la conquête et de la gloire. Il faut montrer, en rentrant à la maison, les « in-vus » du monde, en veillant que le pittoresque des choses rapportées renvoie aux aspérités de l'individu qui les montre. Il s'agit, pour le prince de la Renaissance de désigner sa propre puissance, sa gloire de vainqueur, par l'exposabilité et le nombre de ses cadavres. Ces collections prédatrices, entre cimetières et champs Élysées, font la gloire nécrophage du conquérant, figure héroïque du prince qui fabrique une unité à coups de batailles. Les traités de la Renaissance définissent la guerre comme un art, comme l'attestent *L'Art de la Guerre* de Nicolas Machiavel ou *Le précis de l'Art de la guerre* de Jomini. L'ouvrage de Machiavel appelle à l'unité politique de l'État que les guerres de cette époque fabriqueront. François Ier lève une armée permanente, l'ost et réhabilite l'infanterie, alors que la tradition féodale ordonnait la cavalerie pour l'ordinaire de la guerre :

> « [...] et l'infanterie troupe d'appoint en était l'extraordinaire. Le concept d'État naît de cette conjonction de guerres et de pensées sur la guerre. La monopolisation de la violence sera le fait du prince et seul le souverain aura la possibilité de décerner la guerre ou traiter la paix » [109]

La masse de l'infanterie infante renforce l'image d'un cef des armées prince omnipotent et solitaire, qui se perpétue jusqu'aux guerres actuelles.

FORCE DE LA STRATÉGIE ET BEAUTÉ DU MOUVEMENT

La bonne façon de gouverner était régie par des programmes iconographiques. La fresque de la Salle des Neuf du palais municipal de Sienne due à Lorenzetti montre le bon gouvernement incarné par les allégories féminines de l'humilité, de la paix et de la concorde. Cosme Ier, grand duc de Toscane légitimé à partir de 1537, fera placer dans le Salon des Cinq Cents du palais des Médicis, une grande série de tapisseries inspirées de Joseph, illustrant ses propres entreprises et vertus. Vasari terminera en 1557, le cycle des conquêtes avec *Victoire des Vénitiens et des Espagnols sur les Turcs à Lépante*. Le génie de la victoire, marbre de Michel-Ange, y sera déposé dans le but d'honorer les talents militaires du grand-duc. L'art maniériste exalte la fusion de la force et de la beauté, emblèmes de l'autorité gouvernementale. François Ier de Médicis, grand duc de Toscane, qui gouverna entre 1574 et 1587, utilisa sa collection comme une allégorie de la guerre : du côté de la conquête, il va agrandir ses frontières en bâtissant le port de Livourne et les remparts de l'île d'Elbe. Les programmes iconographiques du Palazzo Vecchio, entrepris pendant cette période, sont à la gloire des conquêtes ducales. L'image des Médicis s'étale dans les rôles titres des mythologies antiques. Il y a tout lieu de penser que Bronzino dans la fresque, *La traversée de la mer rouge*, du palais a donné à Moïse les traits de Cosme Ier. Le thème mythologique sert la gloire de la bataille de Montemurlo de 1537 par laquelle ce dernier a consolidé sa principauté. François Ier, son fils, suivra cette voie ; en 1581, Meeir graveur de sa cour représente, *Apollon et le satyre Marsyas*. Le duc se reconnaît sous les traits du dieu. Apollon, mauvais joueur écorcha Marsyas à la suite d'un pari. Le satyre fut soutenu par le juste roi Midas, puni pour ce forfait d'oreilles d'âne, par le dieu mécontent. Citons encore l'exemple de *La fontaine de Neptune* d'Ammannati, installée sur la place de la Signoria à Florence pour célébrer le mariage de François Ier avec Jeanne d'Autriche, qui consacre le duc sous les traits du Persée de Cellini. Le lettré et le guerrier coexistent dans ces programmes iconographiques. Le savoir n'est plus incarné, comme il le fut lors de la première Renaissance par un saint Jérôme penché sur sa table, entouré d'ossements, de livres et d'instruments géométriques, mesurant l'étendue des savoirs. La contemplation studieuse ne suffit plus à une période où les guerres déchirent les communautés catholiques, protestantes, et où les états, duchés et principautés se disputent les frontières. L'iconographie maniériste va imbriquer vertu et beauté dans la force à laquelle elles sont redevables. Ainsi le savoir n'est-il plus seulement le lieu de l'étude mais celui des méthodes garantissant la paix, donc l'exercice de la guerre. Le livre contient toutes les formes de l'activité humaine et le mouvement de la vie en est le véritable objet. Montaigne peut affirmer dans l'avis aux lecteurs des *Essais* de l'édition de 1580 :

« Ainsi lecteur suis-je moi-même la matière de mon livre » [110].

Le livre n'existe plus comme un objet en soi, comme une forme condensée d'un intérêt universel. Il s'incarne dans le mouvement de la conquête. Les théoriciens des grands-ducs, Giorgio Vasari pour l'histoire de l'art, Giovanni Maria de Bardi, pour le *calcio*, Ulysse Aldrovandi pour le livre de la nature, G. B Strozzi pour le traité de l'aménagement du jardin de Pratolino donneront à leurs très Excellentissimes Seigneuries le renom confirmant leurs actions politiques conquérantes. Les grands-ducs par l'intérêt qu'ils portent à l'univers et à eux-mêmes, montrent leur capacité à exercer le pouvoir. Leurs prédilections se porteront vers l'idée de l'action, sous des formes aussi variées que le *calcio*, les constructions de jardins ou les collections d'art. La beauté n'est convoquée qu'en rapport à la force de conquête qu'elle accompagne et magnifie. Quelques exemples des collections de François Ier de Médicis, montrent l'éclectisme apparemment badin de ses goûts convertis à grands frais en traités théoriques ou sportifs, en albums naturalistes et en réalisations architecturales grandioses, toutes au service d'une guerre qu'il mènera pour une hégémonie politique forte. Le désir de promouvoir l'État toscan passe, à l'époque, par une série de mesures comprenant l'assèchement des marécages et leur repeuplement, le rassemblement du peuple derrière les bannières de l'État. Le grand-duc réunit les artistes et les scientifiques les plus prestigieux derrière sa cause. Il forgera la mémoire du grand État toscan appuyé sur l'idéal de l'annexion de terres incultes. Il saura gagner du terrain sur l'inconnu et, devant l'hostilité d'une nature en broussailles, il pourra la vaincre par son armée de savants, de techniciens et d'artistes. La légitimité du pouvoir à la Renaissance s'opère par le mélange des genres. Aldrovandi, après avoir établi la nomenclature des palais italiens, est dépêché pour réaliser le plus grand traité naturaliste du temps, Vasari fait imprimer les *Vies des plus excellents architectes, peintres et sculpteurs italiens de Cimabue à nos jours*, au printemps 1550, grande œuvre posant l'art toscan en fondateur de tous les arts, Strozzi écrit la lutte qu'il a menée pour aménager le jardin de Pratolino, autre grande œuvre de François Ier de Médicis, Giovanni Maria de Bardi écrit un traité de *calcio* pour magnifier la force et la stratégie guerrière. Les écrits, plus précisément les traités, terme utilisé pour ratifier une paix, auront une filiation commune : un désir de mener une victoire contre une nature sauvage, pour le jardin de Pratolino, le souhait de vanter les valeurs viriles de la stratégie pour le *calcio*,la consécration d'une galerie de peintures dont les thèmes mythologiques permettent de glorifier la puissance musculaire mise au service de la vertu. Quant au travail d'Aldrovandi, première grande nomenclature naturaliste depuis l'Antiquité, il dispute à Dieu un territoire qui lui était jusqu'alors attribué. L'humaniste magnifie tout ce qu'il touche. Le *calcio*, objet d'un traité est plus qu'un jeu, c'est une stratégie. Scaino avait déjà écrit de Venise un fameux traité de jeux de balle où il comparait le *calcio* à une véritable bataille. Bardi, ami du grand-duc, écrivit un traité pour vanter les qualités stratégiques du *calcio.* En effet, Bardi avait participé aux guerres de Cosme. Il prit part au siège de Sienne à l'âge de vingt ans et cette bataille inaugura sa carrière militaire. Les qualités qu'on lui reconnut l'entraînèrent ensuite à conduire, en qualité de général, les troupes papales en Hongrie, dans la guerre contre les Turcs. Bardi analyse naturellement le *calcio* comme une bataille ; certains joueurs ne sont-ils pas :

> « Comme des généraux qui guident et construisent la bataille ? » [111]

Tous les autres jeux de balle sont des divertissements ; le *calcio* en est la forme supérieure. Il est le seul à proposer avec ses trois rangées de joueurs une similitude avec l'ordre de bataille des armées romaines, il sert l'art de la guerre en impulsant le désir de vaincre, essence du jeu. Comme l'écrira Coresio, en 1689 :

> « Tel est le jeu du *calcio*, roi de tous les autres jeux, qu'il surpasse tous en éclat et en grâce ; école de guerre et flambeau de la vie, noble ennemi de la lâche oisiveté » [112]

Les joueurs de *calcio* sont, à l'image de Bardi, issus de la noblesse florentine. Il est question d'établir une relation avec les jeux de l'Antiquité et plus spécialement de faire revivre Rome. On s'émerveille alors des jeux romains qui entretenaient la bonne humeur du peuple. Quand Cosme devint grand-duc en 1570, un *calcio* de gala est organisé dans les thermes de Dioclétien :

> « La nation florentine aménagea à grands frais dans les thermes de Dioclétien, où s'assembla une foule considérable, un terrain pour jouer au calcio, et le cardinal de Médicis remit le prix au vainqueur » [113].

Les joueurs issus de la noblesse florentine formaient une élite qui se rencontrait autant dans l'affrontement du *calcio* que dans l'échange d'objets collectionnés entretenant les amitiés diplomatiques. Le *calcio* est l'antichambre des relations commerciales et intellectuelles qui se déploieront dans le *studiolo* de Fançois Ier. La vitalité s'exprimant dans ces matchs est une valeur prisée par l'aristocratie florentine. Ce jeu réservé à la noblesse se doit également de développer les vertus courtisanes :

> « C'est le patrimoine le plus personnel de la noblesse et l'unique capital où les gentilshommes toscans doivent acquérir la gloire de servir dignement votre Altesse » [114]

Ce sport a des enjeux débordant les simples performances sportives. Le joueur doit donner l'image idéale d'un *uomo universale*, à la fois soldat courageux et compagnon généreux, maître de lui-même. Ces vertus doivent être reconnues par la foule qui les constitue comme des modèles de gouvernement. Le cérémonial d'introduction des joueurs relève de la parade militaire et du spectacle. On y célèbre également le corps, la rapidité et l'élégance du mouvement :

> « Ceux qui sont robustes, agiles de leurs personnes, d'âge jeune et de sang noble, se rendent une heure ou deux, avant le coucher du soleil, et environ un mois avant le mercredi des cendres, chaque jour sur la place (Santa Croce) et après avoir, comme le jeu du pallone l'exige, ôté les vêtements qui gênent l'agilité, ils s'exercent avec la plus grande témérité que l'on puisse concevoir. Car après que l'on a choisi cinquante-quatre jeunes gens et qu'on les a répartis en deux équipes, il est impossible de dire quel beau spectacle ils se donnent par la vélocité et l'habileté de leur corps et dans la fleur de leur âge, déployant une force plus grande qu'ils ne le pourraient normalement » [115]

Le *calcio* développe l'habilité requise pour l'escrime, la cavalerie et donne le spectacle du courage des conquérants, justifiant leur pouvoir. On exalte ici les vertus et la splendeur du corps antique, plus spartiate qu'athénien, plus orienté vers les intérêts de la noblesse qu'en direction des vertus républicaines. La belle énergie de la jeunesse dorée sert à galvaniser le peuple. Un poème de Frescobaldi dédié au *calcio* et daté de 1470 dresse un tableau impressionnant des joueurs se battant avec les courages du tigre et du lion. Toute la province semble avoir la tête en bas et Swift ne renierait pas la strophe où :

> « On lui donna au ballon, un coup si dur et si sauvage, qu'il monta dans les airs pendant une demi-heure ! Puis il revint au sol en un instant, et tomba juste sur la ligne où il avait été » [116].

Le chroniqueur ne craint pas l'amplification des effets. John Webster peint François Ier de Médicis dans, *The white devil*, en joueur de *calcio*, « shootant » dans la tête d'un décapité. La toute-puissance, quelquefois sanguinaire, des joueurs est la réplique de la puissance de l'État incarné par son chef. Le grand-duc sait également que sa mémoire doit être entretenue dans son peuple et que le *calcio* a un double intérêt : stratégique, d'une part, car les différents traités de *calcio* s'emploient à expliquer les tactiques et fournissent aux régnants un terrain de spéculation politique, et politique d'autre part car le jeu suscite également un véritable engouement dans les couches populaires, comme l'affirme Bredekamp :

> « Les jeux de balle et de ballon étaient, dans leur ensemble, extraordinairement populaires durant la Renaissance italienne. Les différentes variétés, balle au poing, balle à la crosse ou football, sont attestées dans une infinité de documents, par exemple à Prato, Livourne ou Prestoia » [117].

L'enthousiasme populaire grandissait autour des vertus de l'aristocratie florentine défendant ses couleurs. Il cimentait à la fois le renom du prince, le noble courage des joueurs et donnait divertissement au peuple en offrant un terrain de spéculation stratégique. Le *calcio* éduque les corps, entre spectacle et guerre diront les poètes rassemblés par Boccalini pour l'ouvrage qu'il veut réaliser sur la question. Mais il est trop rude pour un jeu et trop divertissant pour un combat. Les collections de François Ier illustrent l'idée du pouvoir de plusieurs manières. La première est d'offrir à la contemplation, des corps musculeux effrayants par la contention d'une force en fusion. Cette concentration musculaire sert les thèmes antiques et défie l'espace occupé, thème qui sera cher aux baroques. Giorgio Vasari peint des corps alourdis se frôlant dans une atmosphère privée d'air. On ne respire là, comme chez Le Rosso, que l'odeur des corps saillants et burinés. Le seconde illustration du pouvoir se manifeste par l'atmosphère nocturne, requise pour la déambulation des murs gorgés d'allégories que sont les collections de François Ier de Médicis. Le pouvoir pratique à la fois l'obscurité, cousine du secret et indice du choix et les démonstrations éclatantes de sa gloire. Le prestige du Duc de Toscane, promoteur des arts et des lettres, sera également incarné par une étude du grand livre de la nature. Le grand-duc y fait la guerre à l'hégémonie de l'Église et construit sa renommée. Ulysse Aldrovandi établit pour François Ier une savante construction intellectuelle, qui devait lui assurer une renommée universelle. L'impulsion à promouvoir une iconographie naturaliste et les traités de *calcio* brossèrent le portrait d'un Prince aux compétences multiples. L'iconographie, autre terre de conquête, acquit une dimension européenne pour laquelle Aldrovandi dépêcha nombreux peintres dessinateurs et graveurs ; ceux-ci construisirent une banque de données permettant une nomenclature des poissons, des mammifères, des oiseaux et des reptiles, des dragons et des fruits exotiques. Ces impressions furent envoyées aux quatre coins de l'Europe et augmentèrent le renom du grand-duc de Toscane. Dans une lettre, Aldrovandi célèbre la sorte d'éternité dont les puissants s'habillent quand ils s'occupent de la nature :

> « Quelle plus belle entreprise peut se donner Votre Altesse que de faire peindre toute sorte de plantes et d'animaux d'après nature en y ajoutant des commentaires ! Et il est clair qu'Alexandre le grand, roi de Macédoine, n'acquit autant de gloire que parce qu'il avait chargé son précepteur Aristote d'écrire les histoires des animaux qu'on trouve dans les différentes régions d'Afrique, de l'Asie et de l'Europe » [118].

Aldrovandi, en faisant l'éloge d'Alexandre le grand construisant des royaumes et des villes qui furent « détruites, rebaptisées et habitées par des barbares » rend hommage à François Ier qui, à l'instar d'Alexandre, confiant à Aristote le soin de réaliser ses traités naturalistes traversant 1900 ans d'histoire, lui offre la même mission, en espérant la même gloire. Ainsi le savoir constitue-t-il un héritage, et le savant doit augmenter le trésor des connaissances au prorata de la grandeur du seigneur qu'il sert. Les stratégies de conquête du duc consistent bien à gagner du terrain sur le pouvoir symbolique de l'Église et elles opèrent laborieusement, comme ces thèmes mythologiques qui exaltent de la force et de la nudité une occurrence particulière : celle que recommande Léonard de Vinci, dans ses carnets, pour représenter les membres, musclés pour ceux qui sont appelés à subir la fatigue et sans muscles et mous pour ceux qui ne sont point destinés à un tel usage. Ainsi voit-on les travaux herculéens du maniérisme pencher du côté d'une force endurante, proclamant donc plus la souffrance qu'elle est capable de supporter que sa gloire. La qualité première de la peinture à fresque est la durée. Les corps athlétiques impriment dans les murs l'infatigabilité d'une action arrêtée à jamais, confortant ainsi le pouvoir dans le double registre d'un mouvement à son acmé, thème cher aux maniéristes, et du désir d'éternité, cher aux puissants. L'aristocratie se trouvera peu à peu privée des guerres qu'elle menait pour son compte. Sans doute aura-t-elle besoin de nouveaux objets pour recueillir les pulsions abandonnées sur les champs de batailles. L'Antiquité transformait les prisonniers en esclaves et ceux-ci participaient gracieusement à l'économie des vainqueurs. Le pillage organisé était la solde de la milice romaine. Une lance rougie de sang en donnait le signal. Désormais, les vainqueurs exigent des butins artistiques : François Ier réclame Le *Laocoon* après la victoire de Marignan (1515) et Léon X, refusant de céder ce chef-d'œuvre de la dernière période de l'art antique, en fait réaliser une copie. Elle sera transportée dans les jardins du Belvédère après avoir été identifiée par Michel-Ange et Da Sangallo, architecte de Jules II. L'original sera finalement emporté après les guerres napoléoniennes et restitué à Rome après la chute de l'Empereur. Si le pillage d'œuvres d'art est puni pendant la Renaissance, rien n'empêcha le condottiere Sigismond Malatesta de s'approprier vingt charretées de marbres antiques pour l'édification de son Tempio de Rimini et de se faire, pour cela, retirer 3 000 ducats sur ses gages par ses employeurs vénitiens. Les pouvoirs s'attachent particulièrement à la statuaire antique qui a toutes les qualités pour désigner une pérennité exemplaire, alors que les objets rapportés des Indes Antarctiques constituent les étrangetés innommées de ces collections. Pour montrer que la puissance des princes de la Renaissance n'a pas de limite sur le nommé et même sur l'innommé, les Médicis à Florence, François Ier à Fontainebleau, l'Archiduc Fernand à Ambras, Rodolphe II à Prague, arrangent des cabinets somptueux grâce aux échanges qu'ils effectuent en Europe. Les rois conserveront la prérogative des collections les plus complètes et s'attaqueront à ceux qui oseront en outrepasser la magnificence. Les collections du prince ont une fonction de miroir de sa puissance, et offrent une excellence qui ne peut être égalée que par l'État souverain Les objets qui les constituent sont les confidents de ce semi-secret qui enveloppe à la fois les affaires d'état et celles de l'art. Peu seront admis à pénétrer ces cercles. Par exemple, seuls les diplomates auront la faveur de visiter les collections de Rodolphe II. Instrument de puissance fascinant, il est décrit, dans *Satyricon* de John Barclay [119]. Ce dispositif de pouvoir entre secret et ostentation, va déchaîner une véritable frénésie archéologique dans toute l'Europe. Les princes, les rois et les amateurs nantis, expédient dans l'Europe entière copistes et marchands pour obtenir des moulages et des marbres. Les collections prolifèrent. Le catalogue d'Ulysse Aldrovandi, *Les Antiquités de la cité de Rome*, ouvrage édité en 1556, les énumère et en propose une taxinomie précise qui transforme tous les palais en musées, lieux des Muses. Le jardin du Belvédère et le Capitole sont les premiers lieux de cet imaginaire muséal. Les émissaires des cours princières partent gratter le sol de l'Italie dans l'espoir de dénicher quelque trésor antique dont ils espèrent de conséquents échanges monétaires. François Ier envoie en Italie des ambassadeurs pour constituer une collection de tableaux. Les objets figurant dans le tableau d'Holbein, *Les Ambassadeurs*, témoignent de l'importance que revêtent les signes extérieurs de richesse dont font partie les instruments figurant les connaissances. L'art militaire dessine l'espace et en constitue sa mémoire grâce aux œuvres d'art. Les vainqueurs rapportent les trésors artistiques des vaincus. Construction et destruction ne sont-ils pas connexes ? Oui dit José Luís Borges qui met en relation la construction des remparts avec la destruction des livres préexistants au tyran, ordonnateur des deux opérations. L'État va se constituer une mémoire, il est comme le tyran des fables qui a besoin de chair fraîche, mise au secret. Les cabinets sont alors des fabriques du passé, des laboratoires de nouvelles mémoires oscillant entre champs Élysées et cimetière, comme l'indique la longue inscription latine au-dessus de la porte du cabinet de Pierre Borel, médecin de Castres, qui les présente comme un charnier plein de nombreux cadavres :

> « [...] quoique le terme de champs Élysées convienne mieux à cette résurrection... » [120].

Le prince s'appuie sur une chaîne d'amateurs pour forger cette mémoire. C'est là, dans ce nouveau rapport au temps, que se fabriquent à la fois le destin de l'État et la singularité de l'homme. Le cabinet, pensé sous les auspices de l'Universel, est singulier, privé et précaire. Les voies de la *vita contemplativa* sont des mises en scène de la constitution de l'image et de la mémoire du moi, un stade du miroir où l'amateur anticipe imaginairement l'appréhension et la maîtrise d'une image et d'un temps unifiés. Les objets de nature hétérogène donnent au lieu et aux curieux une unité scellée par un secret. Une nouvelle esthétique du Moi se dépose et les rêveries d'amateurs solitaires fabriquent un lieu retiré pour faire de l'amas de matières premières un cabinet unique de singularités. Peu importe si l'accumulation primitive est inclassable, enchevêtrée, le cabinet renvoie à l'identité propriétaire dans la diversité des légendes accumulées. Le seul ordre qui puisse en donner la clé est le sujet qui s'y constitue. L'humanisme ne transmet plus, il sécrète et mijote une culture d'élite, une excrétion. L'immense variété du monde sert à la conscience individuelle, conscience qui ne peut s'exercer qu'en une retraite où il peut réfléchir, dans le secret des pinacothèques et des glyptothèques, comme à l'époque hellénistique. Le rassemblement des trophées du savoir s'offre en un chaos propre à éveiller une rêverie solitaire. Seul, dans ces chambres d'étude et de contemplation, le collectionneur brille de ses entretiens avec les anciens. Le cabinet sera le miroir tendu à l'introspection comme en témoigne Machiavel :

> « Le soir tombé, je retourne au logis, je pénètre dans mon cabinet, je me dépouille de la défroque de tous les jours, couverte de fange et de boue pour revêtir les habits de cour royale et pontificale. Ainsi honorablement accoutré, j'entre dans les cours antiques des hommes de l'antiquité. Accueilli avec affabilité par eux, je me repais de l'aliment qui par excellence est le mien et pour lequel je suis né. Là, nulle honte à parler avec eux, à les interroger sur les mobiles de leurs actions et eux, en vertu de leur humanité, me répondent. Et

durant quatre heures de temps, je ne sens pas le moindre ennui. J'oublie tous mes tourments, je cesse de redouter la pauvreté, la mort même ne m'effraie pas »[121].

Machiavel rêve de la société idéale et de ces hommes de l'Antiquité qui le nourrissent. En vérité, il tète la mamelle de l'État en s'adonnant à ces rêveries solitaires, au-delà des limites du temps. Machiavel décrit avec précision cette solitude somnolente faite de rêveries encyclopédiques aux vertus consolatrices et curatives. Le cabinet est aussi une mère qui permet la fréquentation des hommes d'esprit et qui éloigne des soucis. Le savoir opère sur le mode de l'apparition et des réminiscences individuelles. L'homme entre dans une contemplation esthétique, solitaire et dépouillée des liturgies collectives chrétiennes. Désormais il sera question d'obéir aux désirs d'expression et de satisfaction propres. La culture se conjugue au masculin singulier sous la forme empruntée à un autre temps : celui des penseurs de l'Antiquité de la *vita contemplativa.* Pourtant cette sagesse est aussi prédatrice. Dans l'épilogue du De Asse [122], Guillaume Budé donne du Roi Salomon l'image exemplaire de celui qui parcourt, du plus bas degré de la connaissance vers le plus haut, les étapes successives du savoir et le compare à un chasseur qui, en une quête ascensionnelle, vole comme le rapace et le lecteur. Pour Guillaume Budé, il s'agit d'explorer tous les sens d'une question en espérant que cette chasse accomplisse une élévation vers la sagesse humaine. Sa quête reste secrète et circonscrite à l'individu comme en témoignent les devises personnelles qui l'ornent. La logique propriétaire de la recherche est indicatrice des manques de ces sociétés riches et montre qu'elles désirent encore s'enrichir. Les échanges d'ivoire, de cornes de rhinocéros et carapaces de tortues contre du vin, des lances et de la verroterie vont lancer un nouveau marché. Cette société riche se trouve donc en manque ; non qu'elle manque vraiment, mais ses excédents lui donnent l'idée de ce qu'elle n'a pas. Déjà, Christophe Colomb était plus animé par l'appât du gain que par un désir missionnaire, si l'on en croit l'exemplaire annoté par ses soins du *Devisement du Monde* de Marco Polo. Les passages de l'exemplaire de la bibliothèque de Séville, où il est question d'or, y sont soulignés et commentés de sa main. Pour Christophe Colomb, les routes inconnues de l'Atlantique amenaient à Cipangu, vanté par Marco Polo en ces termes :

« Les habitants sont blancs et de belle manière. Ils sont idolâtres et se gouvernent eux-mêmes. Et vous dis qu'ils ont tant d'or que c'est sans fin, car ils le trouvent dans leurs îles. [...] Et vous conterai une grande merveille de palais du seigneur de cette île. Sachez qu'il a un grand palais qui est tout couvert d'or fin, comme nos églises sont couvertes de plomb ce qui vaut tant qu'à

> peine le pourrait-on compter. Et encore tous les pavements du palais et des chambres sont tout d'or, en dalles épaisses de bien deux doigts, et les fenêtres sont aussi d'or fin, de sorte que ce palais est de si démesurée richesse que nul ne le pourrait croire »[123].

Christophe Colomb partait à la recherche de la féconde richesse des paillettes et des pépites d'or du Fleuve Tebet, des palais du Candalu et de Cipangu, des perles de Malabar et des rubis de Ceylan, il ouvrit la route commerciale des épices, de girofle, de poivre et de cannelle. Ces produits rares se vendaient fort cher. Les aventuriers, âpres à l'or, fascinés par les descriptions fabuleuses des cosmographes, Pierre d'Ailly, Ptolémée et Marin de Tyr, partaient dépouiller le vaste monde pour nourrir cet appétit immense. Le cabinet sera la vitrine de cette opulence économique qui alimente la pulsion propriétaire.

NOTES

95 Boaistuau Pierre, *Bref discours de l'excellence et dignité de l'homme,* 1re édition, Paris, Sertenas, 1558 - édition critique Michel Simonin, Genève, Droz, 1982, p.48.

96 Ibidem, p.56.

97 Le Goff Jacques, *Les Intellectuels au Moyen Âge,* Paris, Seuil, 1957, p.187.

98 Laporte Dominique, *Histoire de la merde*, Paris, Bourgeois, 1979, p.20.

99 Du Bellay Joachim, *Œuvres françoises,* « Défense et illustration de la langue française », Rouen, Mallard, 1597.

100 Vitruve, *De architectura,* X Volumes, Traduit par Philippe Fleury, Paris, Les Belles Lettres.

101 Arendt Hannah, *Condition de l'Homme moderne*, Calman Levy, Paris, 1961, p.73.

102 Ibidem, p.74.

103 Chastel André, *Art et humanisme à Florence*, Paris, Gallimard, 1959, p.365.

104 Guilio Camillo, *Le théâtre de la mémoire*, Paris, Éditions Allia, 2001.

105 Giraudoux Jean, *Sodome et Gomorrhe*, Acte II, Scène VII, in Théâtre complet, Direction Jacques Body, Pléiade, Galllimard, 1982, p.902.

106 Trophée : emprunt au bas latin *tropheum* (IVe siècle), du latin *tropaeum* trophée, emprunté au grec *tropaion* qui désigne un monument élevé avec les armes de l'ennemi à l'endroit où a commencé la déroute. Le mot est passé en français comme terme d'antiquités pour désigner la dépouille d'un ennemi vaincu, puis un assemblage d'armes et de drapeaux disposés autour d'une armure, puis monument représentant un trophée.

107 Chastel André, *Marsile Ficin et l'Art*, Genève, Droz, 1975, p.175.

108 Céard Jean, *La nature et les prodiges*, Genève, Droz, 1977, p.273.

109 Freund Julian, *L'Homme et la guerre*, in Histoire des mœurs, tome III, Pléiade, p.391.

110 Montaigne Michel de, *Les Essais*, quadrige, PUF, 1965, p.3.

111 Bardi Giovanni *de, Discorso sopra I guico del calcio florentino,* Florence, 1580 p.18.

112 Coresio Georgio, *Descriptione inversi del nobil giuco de Fiorentini*, 1689, p.75.

113 Clementi Filippo, *Il carnavale romano nelle cronache contemporane*, vol, 1939, cité par Bredekamp Horst, in *Le football florentin*, Diderot, 1995, p. 46.

114 Bardi, Dédicace, op. cit. Ed 1580.

115 Bocchi Francesco, *Le belezze della citta de Firenze*, Florence, Ed Cinelli, 1677.

116 Frescobaldi Giovanni, *La palla al calcio*, cité par Avellini, pp. 213- 220.

117 Bredekamp Horst, *Le football florentin*, Diderot, 1995, p. 8.

118 Tossi Alessandro, *Ulisse Aldrovandi e la Toscana*, Florence, Leo Olschki, 1989, pp. 305-306.

119 Barclay John, *Satyricon*, Paris, J. petit pas, 1625.

120 Borel Pierre, *Inscription au-dessus de son cabinet de curiosités*, Castres, 1646.

121 Machiavel Nicolas, *Lettres familières*, in Œuvres complètes, Paris, La Pléiade, 1952, p.1436.

122 Budé Guillaume, *De Asse*, Paris, Josse Bade, 1514.

123 Marco Polo, *Devisement du Monde*, texte commenté par A. Serstevens, Paris, Club français du livre, 1953, p.187.

.« Je ne sais le tout de rien »

« Il est impossible de ranger les pièces à qui n'a une forme du total dans sa tête. »
Montaigne, Essais.

LIVRE II. 5

Où devant la variété des choses,
l'intendant du monde opère des classements.

L'UNITÉ ET LA VARIÉTÉ

À la Renaissance, le gouffre des possibles est béant. La nature est, par excellence, le territoire où cette variété va se manifester. Les naturalistes tenteront des classements tant elle paraît ténébreuse. Lemnius s'en fera l'écho :

> « Toustefois, ne pourrais-je pas nier ni contredire qu'il n'y ait plusieurs choses cachées et couvertes d'un effect si obscur en la nature des choses, que ce serait trop grande indigence en vouloir chercher la raison et en rendre compte, lesquelles Dioscoride appelle anétiologites, c'est à dire destitués de la raison, et vuide de connaissances des causes lesquelles ne fournissent au sens ni à l'intelligence aucune manifeste démonstration : et pource les médecins les appellent propriétés occultes et aussi bien confessais-je qu'il y a beaucoup de choses en la nature dont on ne sait pas les principes et qui sont enveloppées d'espaisses ténèbres » [124].

La Renaissance naît à l'immense variété des choses du monde. La variété est le maître mot, vanté par Léon Alberti dans son traité *De pictura.*

> « [...] Ce qui d'emblée fait qu'une histoire apporte du plaisir, c'est l'abondance et la variété des choses. Tout comme pour les aliments et la musique, les objets nouveaux plaisent assurément, peut-être, entre autres raisons, parce qu'ils diffèrent des objets anciens et habituels, aussi l'âme prend plaisir à la variété des corps et des couleurs agréables en peinture. Je dirai qu'une histoire est très abondante quand elle montrera en même temps chaque chose à sa juste place, des vieillards, des hommes, des jeunes gens, des enfants, des femmes, des jeunes filles, des petits enfants, des animaux domestiques, de petits chiens, de petits oiseaux, des chevaux des moutons des maisons, des campagnes ; et je louerai toute cette abondance si elle se rapporte à l'action. En effet, plus les spectateurs sont arrêtés par les choses qu'ils regardent, plus ils rendent grâce au peintre de son abondance » [125].

Les arts ne peuvent s'affranchir qu'en revendiquant la diversité des sujets et de leurs passions. L'émancipation vis-à-vis de la machine scolastique se fera avec des instruments unifiant l'immensité du monde et sa variété. Parmi ces instruments, le plus important sera sans doute le dictionnaire qui donne à la langue un classement. Le terme de dictionnaire est, par l'étymologie, recueil de *dictiones,* actes de parole. Abrégé d'une bibliothèque idéale, il conserve des sentences constatant des vérités générales facilement mémorisables, qu'elles soient d'inspiration biblique ou philosophique. Le goût pour les sentences est très marqué pendant la période renaissante. Il lie l'apprentissage systématique des langues anciennes à l'idée de la nouveauté. Les textes du passé sont censés posséder l'autorité et le style nécessaires au développement de l'homme cultivé. Le dictionnaire est comparable au cabinet encyclopédique : ils sont tous deux privés de centre. Ces deux monuments s'enrichissent progressivement selon une structure codifiée. Le dictionnaire est constitué d'une suite de définitions reliées par un ordre arbitraire. Chaque définition comprend des exemples illustratifs et des citations. L'expansion infinie est la règle d'une structure à la fois ouverte et stricte permettant la codification écrite de la langue. Les collections encyclopédiques sont apparues lorsque, du fait des explorations de nouveaux mondes d'une part, de la relecture philologique des anciens d'autre part, les systèmes de classification zoologique et botanique se sont trouvés confrontés aux classifications et nomenclatures antiques de Pline l'Ancien et de Dioscoride. Ces classements formèrent une cacophonie extraordinaire et constituèrent la première archéologie des classements.

PREMIERS CABINETS ET OUTILS D'UNIFICATION

Le catalogue est un de ces outils d'unification. Au XVIe siècle, le nom de catalogue est fréquemment donné au livre illustré proposant aussi l'explication des objets exposés. C'est le cas des *Observations des choses mémorables et singularitez* de Pierre Belon[126]. Le premier grand catalogue systématique fut celui du naturaliste Conrad Gessner qui mit en ordre, avec son *Pandecchion epistemonicon*[127], la nombreuse production éditoriale du XVIe siècle. Ulysse Aldrovandi avait entrepris le guide des choses, Conrad Gessner constitue le guide des livres. Il prévoit trois volumes : le premier pour les œuvres et les auteurs, le second pour les disciplines, le troisième pour l'établissement de douze lieux classés hiérarchiquement, l'écriture, la loi, Dieu, la créature, l'homme, le Christ, l'église, les sacrements, les magistrats, les arts, les vices et les vertus. Pour Aldrovandi, l'illustration sera essentielle à la respiration de l'écrit et en permettra la mémoire. Cet art de la mémoire était déjà utilisé par Giotto dans la chapelle Scrovegni de Padoue, où les dogmes, les vices et les vertus accompagnaient le cycle narratif. Cette technique d'imprégnation du texte par l'image sera réactivée par les jésuites pédagogues. Ainsi, puisqu'il faut des images, sont-elles échangeables : le rhinocéros gravé par Albrecht Dürer sera le support d'une description de l'animal établie par Ulysse Aldrovandi[128], comme le serpent de mer du *De aquatilibus* de Conrad Gessner[129] est représenté dans les *Iconespiscium* de Salviani[130]. Pour prouver l'existence de l'espèce, une seule image suffit. Les sirènes et les licornes circuleront ainsi dans tous les ouvrages de l'époque. Le catalogue du cabinet de curiosités, du XVIe au XVIIIe siècle, a un caractère encyclopédique, c'est à dire qu'en général, il ne respecte pas *stricto sensu,* l'ordre des objets exposés, à moins que ceux-ci aient été constitués lors de ventes, après décès des instigateurs. Les catalogues conçus du vivant de l'amateur sont très rares : citons toutefois ceux des cabinets de Claude Du Molinet et du comte de Caylus. Leur vocation encyclopédique n'est pas limitée aux objets présentés au cabinet. Le cabinet s'achève dans le livre. Ces catalogues ne correspondront pas à l'exacte énumération des pièces mais ils s'en serviront pour entreprendre des suites érudites. La notion de catalogue ne renvoie pas à la somme précise des pièces d'une collection particulière mais offre la matière d'un commentaire critique de suites. Le catalogue établi par Claude Du Molinet, pour le cabinet de curiosités de Sainte Geneviève [131], a un classement sans correspondance avec le dispositif spatial. L'espace établit des combinatoires d'objets, le livre-catalogue les répartit en familles. Le catalogue est un instrument ordonnateur, il raisonne les collections, comme celui du Cabinet Petau (1568-1614) paru en 1612. Petau, originaire d'Orléans, conseiller au Parlement de Paris était à la fois savant et jurisconsulte et s'intéressait à l'histoire et aux antiquités. Des savants renommés de l'époque, tels Peiresc ou Sauval firent son éloge et utilisèrent ses collections pour leurs ouvrages historiques. Petau présenta au public les collections dans un album qui se divise en deux parties : les antiquités et les monnaies. Les antiquités égyptiennes, latines et françaises sont choisies pour montrer les mœurs et coutumes des anciens. Les monnaies sont classées dans un médaillier d'après leur matière : or, argent, cuivre.

L'ORDRE ALPHABÉTIQUE

Les récits de voyages montrent combien est difficile la description du monde, dont l'énumération permet de modérer l'apparent désordre. Albert le Grand, maître de Thomas d'Aquin, puis Barthélemy l'Anglais, utilisaient déjà l'ordre alphabétique pour dresser un inventaire des êtres vivants. Le système d'énumération le plus arbitraire et le plus ouvert sera requis à travers l'ordre alphabétique, repris des dictionnaires qui en donnent le modèle. Rabelais s'en inspire dans *Le quart livre* :

> « Je ne suis plus à jeun, dit Eusthène. Pour aujourd'hui seront à l'abri de ma salive : aspics, amphisbènes, anerudutes, abedissimons, alharhafs, ammobates apimaos, alhatrab, aractes, asterions, alcharates, arges, araignées, ascabales, attelabes, ascalabotes, hémorroides, basilics, belettes, boas [...] » [132].

Cet ordre donne, par sa contrainte même, un cadre privé de dogmes, une énumération sans fin, un système sans autre principe que le classement dans l'ordre du langage. Le principe de classement alphabétique obtient un ordre ouvert sans limites. Les premiers catalogues et ouvrages d'histoire naturelle illustrés, l'adoptent pour classer leurs cabinets comme ceux de Calzolari, Aldrovandi, Imperato et Gessner. Ce classement permet de quitter les principes de la topique d'Aristote et la logique médiévale des *loci*. Il correspond à une logique marchande puisque Aldrovandi emprunte ce système à Luca Pacioli [133] qui conseille, dans *La somme d'arithmétique, de géométrie et de proportions*, l'utilisation d'index alphabétiques pour les livres de comptabilité des marchands. La méthode permettra à Aldrovandi d'envisager une entreprise encyclopédique, au-delà de sa propre vie ; en effet, il ne publiera que quatre volumes de son vivant. Le catalogue offre la rigueur de ses illustrations à l'incomplétude de l'ordre alphabétique. L'illustration remplace l'objet manquant. Les grandes suites d'Ulysse Aldrovandi et de Settala possédaient un dessinateur expert ou une équipe de dessinateurs graveurs qui devaient apporter une unité à la collection :

> « [...] Je viens maintenant par l'intermédiaire de Messire Lorenzo Benini votre sujet, peintre et dessinateur que j'ai fait venir ici pour dessiner environ 500 oiseaux que j'avais peints ; je viens maintenant dis-je, avec ma collection, vous baiser humblement les mains et aussi vous faire voir un échantillon de trois oiseaux sur papier de satin, gravé sur bois de poirier par mon graveur, comme Votre Altesse pourra le voir » [135].

Les méthodes projectives permettent cette unification, rendant possible à leur tour la constitution d'une science : l'anatomie, dit Erwin Panofsky, citant Léonard de Vinci, était impraticable sans une méthode qui permît d'enregistrer les détails observés, sans un dessin complet et précis à trois dimensions. La primauté scientifique du dessin se mesure au rassemblement qu'il constitue. De la même façon, les techniques projectives donnent au corps humain une unité symbolique mise en danger par le scalpel du barbier. Le livre aura cette fonction. L'atlas de Vésale, édité en 1543, *De humani corporis fabrica libri septem*, construit une image inédite et unifiée du corps. Cet ouvrage va rendre possible une anthropologie où le corps humain est une totalité organique en action. L'homme de Vésale est un individu, appartenant à un paysage précis : celui de la région padouane. Ces dessins à l'arrière plan par Jean de Calcar ou par un élève de Titien forment une suite continue. L'homme anatomique opère dans un monde cohérent et comme le géant Atlas, roi légendaire de Mauritanie, il est condamné à soutenir le ciel. L'atlas offrira un découpage du monde en plans ordonnés, tendu vers une totalité et unifiera les figures de l'ensemble des terres connues. Les atlas, exclusivement composés de cartes, s'émancipent des textes. Le premier de ce type est celui d'Ortelius en 1570, puis vient celui de Mercator en 1578. Grâce à la technique du dessin, une clarification s'opère dans la représentation du monde. Selon le même principe, Ulysse Aldrovandi peut être considéré comme le premier grand classificateur de la Renaissance lui qui dresse pour les visiteurs du musée un répertoire à deux entrées, par provenance géographique et par raison sociale[136]. Ce classement permet à des analphabètes, des femmes (sic) de le manier. Aldrovandi veut une œuvre lisible pour le public. À sa mort, il laisse 360 volumes, dont une encyclopédie terminée en 1589, obéissant à un classement alphabétique ; ces ouvrages sont illustrés de bois gravés exécutés par des peintres et des graveurs engagés par ses soins. Son entreprise encyclopédique est une chose publique et il prévoit, en accord avec le grand duc de Toscane et le duc d'Urbin, la publication de son œuvre, payée par ceux-ci. Le catalogue du *museo*, dont le titre est *Index piscium exiccatorum*, fournit un système de rangement rationnel. D'autres naturalistes suivront, Calzolari apothicaire à Vérone imprime son catalogue en 1584, il l'écrit en latin et n'y adjoint pas d'illustration. Un second sera édité en 1622 par son fils qui augmentera d'objets exotiques les collections scientifiques paternelles. Imperato Ferrante, apothicaire à Naples, donne l'occasion, par son cabinet, d'un livre d'histoire naturelle, en 1599. Il comprend la classification alphabétique des végétaux et des minéraux, enrichis de bois gravés. Conrad Gessner, médecin de Zurich, traduit des auteurs grecs pour bâtir la première encyclopédie zoologique de la Renaissance, éditée en 1553, *Icones animalium* [137]. Il s'agit d'un atlas classé alphabétiquement et composé d'images. Les lettrés sont friands d'histoire naturelle comme le prouve le nombre d'ouvrages qui paraissent au milieu du XVIe siècle. William Turner, médecin anglais, s'inspire de Pline et d'Aristote pour ses commentaires. Hippolitus Salvianus édite une *Histoire des animaux aquatiques*. Selon les naturalistes contemporains des premiers cabinets encyclopédistes, l'échelle des êtres obéit à trois types de taxinomies. Quand il s'agit de faire l'inventaire des êtres vivants, trois modalités sont envisagées : la première est alphabétique, la seconde utilitaire et la troisième méthodique. Wotton reprendra les grandes divisions d'Aristote selon la personnalité humorale, le mode de reproduction et de locomotion. La première valeur de division est le sang, la subdivision est le mode de reproduction. Du général au particulier se fonde la notion d'espèces ayant des critères d'ascendance spécifique. Les monstres dérangent les classifications, c'est pourquoi ils seront pensés comme les fruits d'union contre nature, de sodomites ou d'athées, avec des bêtes brutes. Si la monstruosité devient classable, elle est une entrave à l'harmonie sociale, une désobéissance à ses codes. Le monstre, en se déplaçant sur l'échelle morale ne peut trouver de place explique Paul Delaunay [138]. Seule la classification de Rabelais fait cohabiter monstres et animaux familiers.

LE COMMENTAIRE ET L'ARRANGEMENT

Le cabinet et son appendice le catalogue vont permettre le croisement du lisible et du visible. Jean Céard, dans le texte du catalogue de l'exposition intitulée *Tous les savoirs du monde* organisée à la Bibliothèque Nationale en 1997, explique que les deux principaux ordres de classement sont, à la Renaissance, le commentaire et l'arrangement. Le commentaire est issu de la notion d'individu créateur d'un texte original fondé sur tous les autres, instituant le sujet dans sa spécificité de compilateur éclairé. Il s'agit en effet, à l'instar de Montaigne, « d'enquérir plutôt qu'instruire ». Le commentaire, à la Renaissance, est un dialogue avec les Anciens. C'est un long voyage où l'auteur s'essaie :

> « Le commentateur y fait l'essai (experitur) de ce qu'il peut apporter. C'est ainsi que les écrivains construisent une œuvre propre, en explorant par le commentaire, l'explication des œuvres d'autrui (....) Les écrivains de cette sorte devraient être dits non pas tant explicateurs de l'œuvre d'autrui qu'auteurs d'une œuvre propre » [139]

Dans l'ordre du cabinet, le commentaire appartiendra à l'ordre du lisible, c'est lui qui rendra crédible la collection. L'arrangement, *collocatio*, est une organisation plus visuelle. L'arrangement est l'ébauche d'une méthode qui deviendra, plus tardivement, celle du dispositif logique, utilisée par Pierre de la Ramée, dit Ramus (1515-1572), dans *Dialecticae partitiones*. L'arrangement ne se pratique pas sans commentaire et l'arrangeur est un aventurier de la méthode. Il part de remarques faites sur des lectures prises en ordre aléatoire et les classe pour l'intérêt du lecteur. La méthode consiste en l'utilisation d'index. Le modèle renaissant est, selon Jean Céard, celui qui est pris dans *Les Nuits Attiques*, ouvrage écrit par Aulu-Gelle, édité à Bologne, publié en 1503 et des *Diverses leçons* de Pierre Messie suivant celles d'Antoine Du verdier en 1557. L'arrangement fait des variétés une figure. Au milieu du XVIe siècle, Conrad Gessner, médecin et amateur, cherche à ordonner cette figure. Sa *Bibliographie universelle* propose une classification du savoir en 21 classes, subdivisées en parties et segments. Les notices ne sont pas rangées par ordre alphabétique d'auteur, mais par l'enchaînement logique des matières. Le cabinet renvoie à ces ordonnances des textes, bien qu'il les figure dans l'espace. Ainsi, des relations logico-spatiales vont se superposer aux classifications savantes et l'espace du cabinet va séparer le commentaire de l'arrangement :

> « [...] La pratique du commentaire à la renaissance, montre que tout en continuant à approuver les précisions de la scolastique médiévale, on ne s'en contente plus » [140].

Les deux ordres du commentaire et de l'arrangement ne sont plus opératoires l'un sans l'autre. Par le système de renvoi du lisible au visible se créent des enchâssements de classements. De 1550 à 1570, Ramus va mettre au point une innovation dialectique dans le but de renouveler les catégories d'Aristote qui, elles, opèrent selon une classification par genre et par espèce. Dorénavant, les choses fourniront elles-mêmes leur principe d'ordonnance. Les méthodistes veulent sortir du système topique. Toutes les disciplines, le droit, la médecine, les arts plastiques, l'histoire et l'histoire naturelle, cherchant à se défaire d'Aristote, seront touchées par la manie classificatoire et un désir d'ordre. Léonard de Vinci, en cherchant dans les mouvements humains une théorie mécanique, agit lui aussi en réaction aux discours antiques. Toutes élaborent des classements singuliers, les catalogues en permettront la nomenclature. Toutefois Aristote restera la référence, qu'elle soit contestée ou appliquée.

LES DIFFÉRENTS CLASSEMENTS.

La pensée d'Aristote est objet de fascination et de défiance.

FASCINATION

On peut dire qu'Aristote (384-322 av. J-C) est le père fondateur de l'histoire naturelle et qu'il impose largement son autorité à la Renaissance. Aristote classe le monde animal : d'un côté, les individus pourvus de sang, quadrupèdes vivipares, oiseaux, quadrupèdes ovipares, cétacés, poissons et de l'autre ceux qui en sont privés. La pensée naturaliste d'Aristote consiste à subdiviser la nature en trois classes : minérale, végétale, animale. L'*Organon* montre le passage graduel opérant entre ces classes[141] Les êtres arrivent au monde en ordre. Celui-ci désigne donc une perfection croissante. Une âme végétative donne vie aux plantes et les fait croître. Une âme sensitive donne aux bêtes le sentiment et le mouvement, une âme intellectuelle donne aux hommes le raisonnement et la connaissance. La hiérarchie de la perfectibilité des êtres correspond à une température plus élevée.

Selon Aristote, l'homme prend le relais de la création en essayant de la parfaire. Les naturalistes de la Renaissance vont chercher, à travers les objets de nature, la perfection divine et ils ne craindront pas de placer les artifices humains dans cette continuité logique. Cet ordre sera repris par les cabinets instituant la relation de la nature à l'artifice en une logique de perfectibilité.

DÉFIANCE

Cette philosophie de la nature va rencontrer des résistances chez les penseurs de la Renaissance et l'on peut dire que les sciences sont nées de cette révolte. Celles-ci vont chercher dans l'Antiquité de quoi corriger ou contredire Aristote, elles se nourrissent de Pythagore et de Platon, des néo-platoniciens et de la gnose. La gnose est un éclectisme philosophique prétendant concilier toutes les religions et en expliquer le sens profond. La connaissance des choses divines se fait ésotérique. La Cabale sera massivement éditée et traduite dès la seconde moitié du XVe siècle et Marsile Ficin en fera un de ses objets d'étude. On assiste à une révolte contre l'aristotélisme dans une société qui a appris à penser dans Aristote. La science de la Renaissance ne perdra pas le souci de l'utile, c'est-à-dire de l'action, fidèle en cela à la révolte « anti-intellectualiste » qui lui a donné naissance. Le dénombrement des créatures opéré par les naturalistes doit servir à la constitution d'une pharmacopée universelle et l'intuition pénétrante, recommandée par Paracelse, doit découvrir la vertu médicinale des êtres. L'action immédiate dirige l'activité de tous les ingénieurs praticiens. L'alchimiste veut reproduire dans son laboratoire les mystérieuses opérations de la nature, au moment même où il affirme qu'elles sont inaccessibles à la raison. Sous l'égide de l'humanisme, on retourne aux sources littéraires de l'Antiquité, on les restitue le plus fidèlement possible, puis on se rend compte que ce retour est un changement de servitude. C'est de l'intérieur que l'aristotélisme fut violemment attaqué par certains novateurs, comme Pierre Bodin[142] dans *La république*. Ramus s'insurge contre l'autorité d'Aristote sur lequel repose l'enseignement des facultés, une scolastique fermée et des procédés dialectiques qui stérilisent un « esprit ouvert et naturel ». Dans un discours qu'il adresse au roi Charles IX sur la réforme de la faculté de médecine de Paris, il demande que :

> « [...] Pendant une partie de l'année les élèves soient conduits par les professeurs dans les champs et les forêts pour philosopher sur les arbres et les plantes, que dans une autre période, ils soient exercés à la dissection des cadavres et aux traitements des malades » [143].

Ainsi ferait-on des médecins comme on en fait à Montpellier et dans les écoles de médecine d'Italie. Ramus propose des principes d'ordonnance qui permettent à la mémoire de retrouver des choses selon l'ordre logique de leur nature propre ou de leur espèce dialectique. Un ordre doit être trouvé entre les choses elles-mêmes, dit-il entre 1550 et 1570.

LE NATURALISME

Bernard Palissy offre un autre exemple de la méfiance vis à vis du moule antique. Il se targue de pratiquer une philosophie naturelle qui ne doit rien aux anciens :

> « Je ne suis, ni grec, ni hébreux, ni poëte, ni rhétoricien, mais un simple artisan bien pauvrement instruit aux lettres » [144].

Il revendique l'observable selon une formule : « j'ai vu, j'étais là ».

> « Afin qu'ils ne se trouvast que des plus doctes et les plus curieux, je mis en mes affiches que nul n'y entroit qu'il ne baillast un écu à l'entrée des dites leçons et cela foisoy-je en partie pour voir si par le moyen de mes auditeurs je pourrois tirer quelque contradiction, [...] en scachant bien que si je mentois, il y auroit de Grecs et Latins qui me resisteroyent en face et qui ne m'éparneroyent point tout à cause de l'escu que j'avois pris de chacun que pour le temps où je les eusse ameusez [...] mais graces à mon Dieu, jamais homme ne me contredit un seul mot » [145].

Selon les mêmes principes pédagogiques du tout observable Rabelais fait dire à Pantagruel :

> « [...] quant à la congnoissance des faictz de nature je veux que tu t'y adonnes curieusement, qu'il n'y ait mer rivière ny fontaine dont tu ne congnoisses les poissons, tous les oyseaux de l'air, tous les arbres arbustes et fructices des forets toutes les herbes de la terre, tous les métaux cachés au ventre des abysmes, les pierreries de tout Orient et midy, rien ne te soit incongneu » [146].

LE CLASSEMENT DE PLINE

LE MERVEILLEUX.

Pline l'Ancien (23-79 ap. J-C) sera l'autre grande référence antique de la Renaissance. L'*Histoire naturelle* est éditée sept fois dans les trente premières années du XVIe siècle. L'ouvrage du grand naturaliste de l'Antiquité regorge de merveilles naturelles dont sont friands les humanistes, pénétrés qu'ils sont d'un respect immense vis-à-vis d'une puissance dont le pouvoir infini et secret peut écraser l'espèce humaine :

> « L'arbre qui porte pommes très doulces : mais elles sont périlleuses à manger, car elles pourrissent le foi et corrompent les entrailles et a brief parler elles sont mortelles [...] une herbe qui répand un délicieux parfum, mais nulefois elle n'est sans danger eux serpents, dont le venin et la morsure est mortelle et incurable sans nul remède » [147].

Les traducteurs de Pline signaleront combien la nature est puissante et secrète. La nature est un être multiple qui nous parle de Dieu et par qui Dieu nous parle dans ses prodiges quotidiens et ses miracles exceptionnels. Les miracles, contrairement aux prodiges, ne sont que des signes plus éloquents que Dieu envoie. Pour qui sait voir, la nature est grande pourvoyeuse de merveilles. La nature est l'instance initiatrice, aussi merveilleuse que secrète, l'art en est le succédané. Un trait caractéristique de l'*Histoire Naturelle* de Pline consiste en des classifications impossibles : sitôt qu'il en annonce une, il l'abandonne. Le plan du livre IX sur les bêtes des mers, des fleuves et des étangs est abandonné pour une nouvelle classification, relative à leurs téguments, puis il utilise celle des poissons plats ou allongés, le tout émaillé de digressions fabuleuses qui constituent une part importante de cette nomenclature. Pline dresse un fichier à partir des notices juxtaposées d'Aristote dont il « raboute, condense et contamine l'écriture. » Pline, compilateur, est aussi un traducteur véloce d'Aristote. Des traductions approximatives remodèleront certains animaux. Le dauphin fait partie de ceux-là. Quand Aristote décrit un animal ayant la gueule en dessous, Pline la déplace encore sous le corps, au milieu du ventre. De nombreux exemples de ces contresens ou extrapolations peuvent être cités. L'intérêt que manifeste Pline pour tout ce qui est disproportionné, gigantesque et merveilleux trouve écho à la Renaissance. Le curieux, par l'intérêt qu'il porte à la nature, utilisera tous les systèmes de classements : celui d'Aristote instituant la continuité de l'homme à Dieu et celui de Pline s'appliquant à décrire les effets merveilleux de la nature. Il utilisera également le classement par lieux. Ce chaos de classements donnera aux collections encyclopédiques une opacité certaine. La classification a un objectif de clarification qui n'est pas atteint mais qui demeure le fil conducteur de la création du cabinet de curiosités. Patricia Falguières montre que le cabinet fut érigé pour conduire l'art de la mémoire. Selon sa thèse, le musée est, au XVIe siècle, l'ordonnance d'une éloquence et des moyens de la produire grâce à des objets plutôt qu'une science muséographique « pure ». Les traités de rhétorique donneront d'ailleurs leur lexique à la muséographie. Le lieu des muses est aussi celui des rhétoriciens qui tiennent à la restitution des locus de l'Antiquité. Ainsi, de formidables enchâssements, des montages d'ordonnances hétérogènes permettaient que s'exerce la science du rédacteur ou de l'amateur. Elle cite l'exemple de Samuel Quicchelberg qui installe les collections du duc de Bavière dans le cadre d'un théâtre de l'éloquence. Son classement s'opère selon les règles d'un théâtre qu'il faut embrasser d'un coup d'œil. Il est organisé en cinq classes, divisées en cinquante-deux inscriptions selon l'ordre suivant :

I-1 Tableaux de l'histoire sacrée
I-2 Généalogie du collectionneur
I-3 Effigie du collectionneur et filiation
I-4 Cartes géographiques, marines, chorographies
I-5 Vues de villes
I-6 Guerres, expéditions militaires
I-7 Spectacles, triomphes et jeux
I-8 Images d'animaux rares et hors du commun

I-9	Exemples d'architectures
I-10	Exemples de machines
II-1	Bustes et statues antiques
II-2	Travaux métalliques
II-3	Travaux de toutes matières, bois, gemmes, verres, toile
II-4	Rites et arts pérégrins
II-5	Vases pérégrins
II-6	Mesures, poids en usage dans certains états
II-7	Monnaies anciennes et modernes, étrangères et domestiques
II-8	Effigie monétaires
II-9	Symboles, gemmes
II-10	Petits objets d'or, sacrés et profanes
II-11	Effigies gravées sur cuivre
III-1	Animaux rares et miraculeux, entiers, en fragments ou séchés
III-2	Moulages métalliques ou de plâtre de petits animaux
III-3	Fragments notables de grands animaux : cornes, dents, peaux, ossements
III-4	Squelettes d'hommes, de femmes et d'oiseaux
III-5	Semis, fruits, grains et racines
III- 6	Plantes, fleurs
III-7	Minéraux et métaux
III-8	Gemmes, pierres précieuses
III-9	Marbres, albâtres porphyres
III-10	Couleurs et pigments
IV I	Instruments de musique
IV-2	Instruments de mathématiques
IV-3	Instruments à écrire et à peindre
IV -4	Poids, instruments de navigation
IV-5	Instruments des officines et ateliers
IV-6	Instruments de chirurgie
IV-7	Instruments de chasse et de pêche
IV-8	Instruments de jeux et d'exercices corporels
IV-9	Instruments, armes de pérégrination antique
IV-10	Vêtures pérégrines des indiens, des arabes, turcs et autres peuples rares, parures de plumes
IV 11	Costumes des ancêtres des collectionneurs, costumes impériaux, ducaux, sacerdotaux
V-1	Tableaux à l'huile
V-2	Peintures à l'eau
V3	Gravures sur cuivre
V-4	Tables, catalogues historiques et chronologies
V-5	Généalogie des familles royales, princières, nobles
V6	Effigies des hommes illustres
V7	Insignes et symboles des collectionneurs'
V8	Tapis et tapisseries
V-9	Sentences et proverbes
V-10	Repositoria undique in promptu[148]

Comme l'affirme Patricia Falguières, l'ordre choisi par Quicchelberg, repose sur des principes d'oppositions simples : privé/public, local/pérégrin, sacré/profane qui permettront de bâtir une éloquence. Ainsi l'ordre supérieur de la collection est-il ailleurs. Les objets sont les traces des discours et servent la rhétorique. Le classement le plus communément adopté sera, au XVIIe siècle, en deux partitions : la nature et l'artifice. Le cabinet des Génovains, au XVIIe siècle à Paris, obéira à ce principe de classement nature/artifice. Claude Du Molinet, l'instigateur de cette collection, se fait l'archéologue de l'idée de collection quand il expose un oiseau légendaire, le *manucodiata.* Ce dernier était prodigieux pour les curieux de la Renaissance puisque, privé de patte et ne pouvant se poser, il se nourrissait d'air. Il est démystifié au XVIIe siècle. Cet oiseau avait des pattes avant qu'elles ne soient amputées par les chasseurs. Le *manucodiata* demeurera au Cabinet des Génovains en témoignage de sa propre légende. D'autres classements s'ordonneront autour d'un thème, tel le musée Crospi organisant sa collection autour du vivant hiérarchiquement classé selon la partition suivante : humain, animaux, artifices. L'humain ordonne ses digressions selon un axe de la vie à la mort incluant les formes hybrides ou monstrueuses des corps : on y verra donc des embaumés, des squelettes des portraits de nains, puis des animaux classés selon le Lévitique : animaux à ongles divis ou indivis, animaux mondes et immondes, oiseaux, oiseaux monstrueux, insectes, suivis d'animaux aquatiques, sanguins ou non. La dernière partition s'occupe de choses artificielles dont les livres et les écritures exotiques, les instruments scientifiques, les horloges optiques, les cristaux travaillés, la musique, la guerre, la défense, les armes offensives, les couteaux de sacrifices, les arcs et les flèches, les dépouilles militaires, les instruments nautiques, les vases classés par leurs matériaux, sépulcres, urnes, marbres et les inscriptions, les monnaies et les médailles, les divinités, simulacres et idoles, les tableaux. Chaque rubrique obéit à un système de classement différent. La variété du monde est également variété de ses ordonnances et laisse le spectateur devant cette abondance. La collection encyclopédique enchâsse ses agencements partiels dans une exposition générale. Le collectionnisme propose à son lecteur les matières singulières et les images excellentes de la totalité des choses. C'est ce qu'on appellerait aujourd'hui un intertexte.

NOTES

124 Lemnius Lévinus, *Les occultes merveilles et secrets de la nature*, trad. J. Gohory, Paris, Pierre Du pré, 1567.

125 Alberti Léon Batista, *De pictura*, trad. Jean Louis Scheffer, Paris, Macula, 1992, p.170.

126 Belon Pierre, *Observations des choses mémorables et singularitéz trouvées en Grèce, Asie, Judée, Paris*, Jean de Marnef, 1588.

127 Gessner Conrad, *Pandecchion epistemonicon*, Tiguri, 1548-1549.

128 Aldrovandi Ulysse, *Catalogus*, Bologne, 1589.

129 Gessner Conrad, *De piscibus et aquatilibus ommibis libelli*, Tiguri, Apuo Andream, Gesnerum, 1556.

130 Salviani, *Icones piscium*.

131 Molinet Claude Du, *Le cabinet de la bibliothèque de Sainte Geneviève*, Paris, Antoine Dezailier, 1692.

132 Rabelais, *Le Quart Livre* in *Œuvres complètes*, Paris, Seuil, 1973, p.758.

133 Pacioli Luca, *Suma de arithmetica, geometria, proportioni et proportionalità*, Venise, 1494.

134 Guidicelli-Falguières Patricia, *Invention et mémoire aux origines de l'institution muséographique*, thèse nouveau régime, Paris I, 1988, p.188.

135 Tosi Alessandro, *Ulisse Aldrovandi et la Toscana,* Firenze, Leo S. Olschki, 1989, p.305-306.

136 Aldrovandi Ulysse, *Catalogus virorum qui visitarunt musaeum nostrum,* Trad. italienne Manus, Bologne, 1589.

137 Gessner Conrad, *Icones animalium*, Tiguri, C. Froschoverus, 1553.

138 Delaunay Paul, *La Zoologie au XVIe siècle*, Paris, Hermann, 1963, p.183-189.

139 Céard Jean, *De l'Encyclopédie au commentaire, du commentaire à l'encyclopédie*, in Catalogue de l'exposition « Tous les savoirs du monde », Paris, Bibliothèque Nationale de France/Flammarion, 1996, p.164.

140 Ibidem, p.164.

141 Aristote, *De la génération des animaux* (IV, 3, 767a 13), texte établi par Pierre Louis, Les Belles Lettres, 1961.

142 Bodin Pierre, *Méthode de l'histoire*, édition Pierre Mesnard, PUF, 1951.

143 LA Ramée Pierre de, dit Ramus, *Advertissement sur la réformation de l'Université de Paris*, au Roy, S.M., Imprimerie André Wechel, 1562, non paginé.

144 Palissy Bernard, *Discours admirables*, chapitre Des pierres, in Œuvres complètes, fac-similé de l'édition J.J. Dubochet & Cie, Paris, 1844, p.269.

145 Ibidem, p.270.

146 Rabelais, *Pantagruel*, Deuxième livre, in Œuvres complètes, Paris, Seuil, 1973, p.248.

147 Pline, *Histoire Naturelle*, LXXXIX, E. de Saint Denis, traduction et commentaires, Paris, Les Belles Lettres, 1955, cité par Jean Céard, La nature et les prodiges, p.67.

148 Falguières Patricia, *Invention et mémoire aux origines de l'institution muséographique*, Thèse nouveau régime, Paris I, 1988, pp.437.440

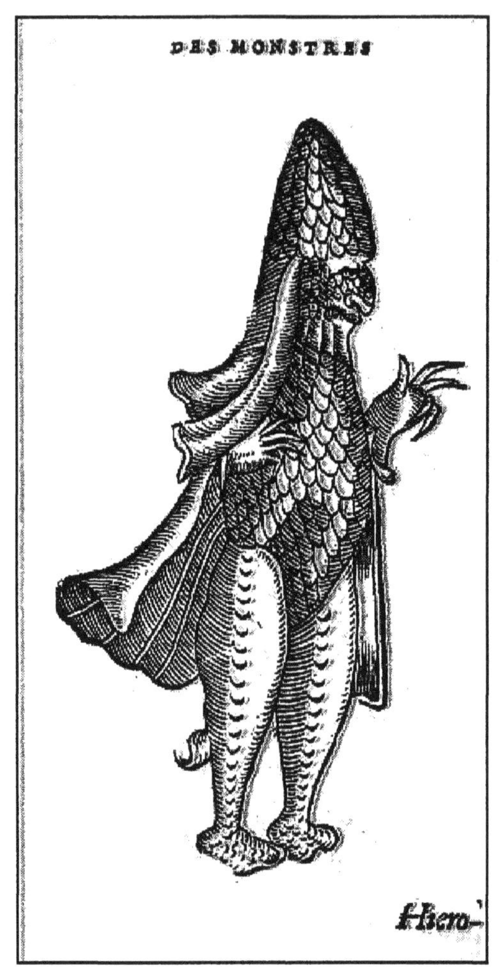

BELON PIERRE *Le monstre marin ayant façon d'un moyne La nature et la diversité des poissons avec leurs pourtraicts représentez au plus près du naturel, Paris Estienne* Bibliothèque interuniversitaire de médecine, Paris

Il n'y a que les mots qui guérissent
Jacques Lacan

LIVRE II. 6

Où s'explique la racine du mot curiosité
et comment les énigmes du monde
sont employées à soigner.

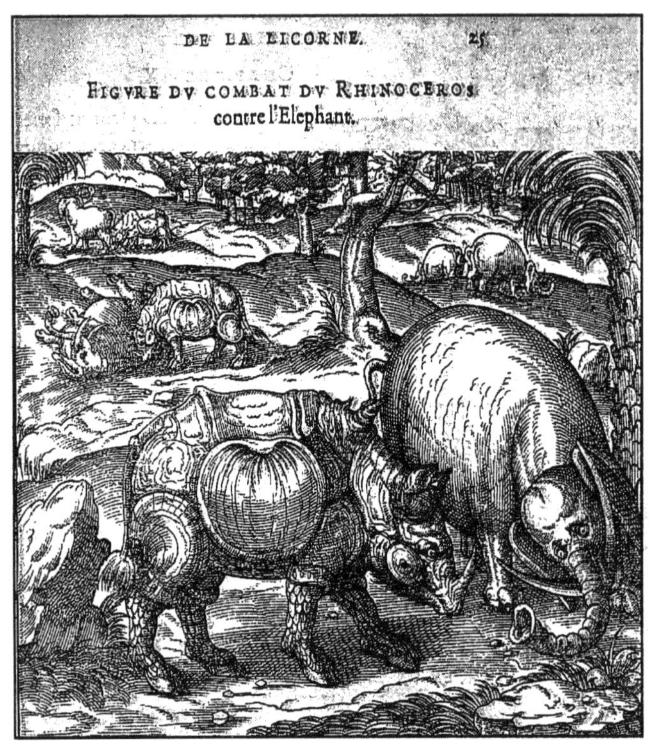

PARÉ AMBROISE, *De la licorne figure du combat du rhinocéros contre l'Éléphant*
Bibliothèque interuniversitaire de médecine, Paris

Le mot curiosité lui-même vient du latin *cura* qui signifie le soin que l'on prend des autres. Depuis l'Antiquité, la tradition a établi le médecin en voleur ou en hâbleur. À Rome, il s'était fait une spécialité dans la captation d'héritage. Sous l'Empire, on se plaignait beaucoup de la loi permettant de changer l'héritage dont les médecins profitaient bien souvent. Selon Ésope, tout le corps médical en est affecté. Il cite l'exemple de l'ophtalmologue donnant un onguent à placer sur les yeux d'une vieille femme pour la dévaliser. L'enrichissement des médecins nourrira également la colère de Pline. André Labhardt dans un article du Museum Helveticum intitulé « Notes sur l'histoire d'un mot et d'une notion » [149], explique que le latin utilise pour *curiositas* un dérivé de *curiosus* plutôt que *cura* qui désigne le soin apporté à la recherche, pour fixer une nuance particulière du désir de connaître, licite ou non. Le latin a insisté sur la démesure de la curiosité au détriment de l'occurrence la définissant comme soin. La racine latine *cura* va être réactivée par les exigences de la Renaissance. Elle transite par le soin de soi, le souci qu'a l'homme pour lui-même. La médecine et la curiosité, dessinent une nouvelle forme de pensée et Ambroise Paré, laissant à Dieu une sorte de second rôle définitif, peut écrire, dans cet ordre :

« Je le pansois, Dieu le guérit » [150].

Quintilien, dans *L'institution oratoire*, écrivait que le médecin ne donnait ses soins que pour procurer un statut à la médecine et que la médecine était un art au même titre que la rhétorique. La Renaissance fait de la médecine le phare de toutes les autres sciences. Elle donne à l'homme une relative puissance face à la maladie. Ambroise Paré dont l'action thérapeutique obéit à des règles simples est la figure du précurseur dans un temps où la médecine est surtout paracelsienne. Paracelse établit les correspondances de chaque organe du corps à un astre. La nature, en situation pathologique, possède en elle-même une puissance de restauration qu'il faut simplement aider par l'imagination. Dans cette opération le médecin est médiateur et rétablit la relation entre le malade et sa maladie. La nature possède des vertus occultes que la loi de la similitude, dite loi des signatures, va collecter. Cette médecine « reliante » établit des réseaux : Jacques Peletier, dans l'ouvrage qu'il écrit en 1563, *De peste compendium*, attribue la peste à certaines conjonctions de Saturne et de Jupiter et, au dire de Jehan de l'Espine, la comète de 1533 engendra mortalité en plusieurs lieux. Ainsi pour Paracelse, le cœur est régi par le soleil, le cerveau, par le cours de la lune. Saturne rend froids les atrabilaires et secs les avaricieux. La lune humide commande la physiologie féminine. Vénus incite ses suppôts à la luxure, Mars à la vaillance. Pour faire pleuvoir, il suffit d'agiter une verge dans l'eau afin d'en imiter le bruit. Frascator va mettre en évidence le caractère concordant du vivant à l'univers en expliquant que les parties d'un animal ont entre elles un accord et une relation et qu'elles réclament en lui des emplacements déterminés. L'univers est une sorte de grand animal dont les parties doivent avoir des emplacements en mutuelle correspondance, au risque de sombrer dans le chaos. Pomponazzi, philosophe et médecin, affirme avant lui :

> « [...] que si les herbes, les pierres, les membres des animaux font de si grandes merveilles, combien plus l'âme humaine qui parmi les créatures inférieures est la fin de tout ce qui existe, comme il est dit au second livre de la Physique d'Aristote » [151].

Aussi la santé peut être restaurée par l'imagination et le désir. Il existe un dialogue secret entre l'âme individuelle et l'âme du monde et le mot imagination fait agir le médecin-mage, *mundi cultor*, qui met en valeur le champ entier du monde. Pour Paracelse, philosophe et médecin, l'imagination sera une composante essentielle de la guérison : l'âme est une source de force qu'elle dirige elle-même en lui proposant, par son imagination, un but à réaliser. L'âme s'attache à la pensée d'une forme d'objet, l'image la désire et y tend. Une force plastique se forme, s'introduit comme dans un moule, s'informe elle-même et imprime au corps l'image conçue par l'imagination.

> « C'est ainsi que lorsque nous imaginons un son, le corps le prononce et si l'imagination est assez forte, elle peut changer complètement l'aspect et la forme de son propre corps, comme nous changeons l'aspect et l'expression de notre visage qui exprime la forme que l'âme lui imprime par l'imagination et la volonté ou par la volonté de l'imagination » [152].

Marsile Ficin, dans *Apologie de la médecine* expliquera que « les choses terrestres sont soumises à la couvée du ciel ». La Renaissance, comme en témoigne la *Magie naturelle* de Giambattista Porta, ne voit pas dans ces pratiques magiques une abdication de la raison. Le merveilleux est propre à la nature et la magie n'est pas en relation contraire à la rationalité comme elle le sera plus tard. Toutes les parties de l'univers fonctionnent à l'unisson grâce à une sympathie active, disent les médecins padouans Paracelse, Campanella, Pompanazzi, pour lesquels, à la place du Dieu transcendant distinct du monde qu'il avait créé, est placé un Dieu immanent confondu avec le monde et le pénétrant de son esprit. Cette médecine opère par l'imagination et grâce aux extractions.

La nature est une source vive. Dieu l'a donnée aux hommes pour leur usage et leur soin. Encore faut-il bien voir pour en extraire les bons éléments. L'idée alchimiste d'extraction est très importante pour Paracelse qui enseigne à ses élèves à tirer de la nature les médications. L'alchimie embrasse pour lui tous les domaines de la chimie actuelle et même davantage : le boulanger est alchimiste car il prépare le pain en transformant la farine et en employant les levains. La préparation des drogues médicales est avant tout œuvre d'alchimie : il s'agit de « retirer » et « d'isoler » l'esprit des différentes matières naturelles pour en faire des « teintures » et des « magisteria ». Les expressions de la langue courante ont conservé encore cet esprit alchimique. Ne parle-t-on pas de l'esprit de bois ou de vin, de la teinture d'iode ou de l'essence de girofle ? [154] Le curieux et l'alchimiste prélèvent, isolent pour établir la chaîne cohérente des signes. Pour oser explorer la nature obscure, ils seront marqués d'opprobre ; si certains utilisent leurs pouvoirs positivement, d'autres sont manipulés par le diable :

> « [...] qui se servent des secrets de la nature, des sciences abstruses de la pharmaceuptrie, des subtilités des ombres et miroirs et qui par là trompeurs et charlatans trompent et contrefont quelques chose de surnaturel » [155]

Celui qui pratique la magie naturelle, titre de l'ouvrage de Porta, connaît les mouvements de la nature et peut les faire servir à des œuvres nouvelles, admirables, prodigieuses et monstrueuses. Dans l'opacité du monde le mage transmute les plantes, fabrique de fausses mandragores, de l'encre sympathique, en suivant les méandres de l'obscure nature. La fonction des médecins, *mirer*, est d'observer et de trouver dans ces formes le moyen d'en extraire l'essence. Certains objets comme la corne de licorne et la momie figurent dans les droguiers pour leurs qualités thérapeutiques. En médecine, ils anticipent en général la forme restaurée de l'organe malade. Entières, ces étrangetés seront exposées dans les cabinets, pulvérisées, elles seront des viatiques mais dans l'un ou l'autre de ces lieux, elles opéreront par l'image. Les philosophes médecins de l'Université de Padoue s'appuient sur les écrits d'Aristote, affirmant qu'il n'est d'intellect sans image, donc sans mortalité, *sin phantasia*. Pour eux, la mort est omniprésente et inséparable de la pensée. Pomponazzi fait observer dans son enseignement, à Padoue puis à Bologne, que, si l'âme intellective et la matière sont une même substance, l'âme humaine est mortelle. Étant mortelle, elle a nécessairement recours aux images des choses sensibles selon l'argument suivant : si l'intellect peut se passer d'imagination, il est immortel, or l'âme ne pense jamais sans images. Pour connaître, il faut donc un objet corporel et avoir besoin d'un organe corporel de connaissance. La mort se trouve liée à la possibilité de voir et à l'élaboration de la pensée. L'âme intellective ne peut être une substance séparée ni séparable du corps. L'immortalité est donc fondamentalement mise en doute. C'est le temps où l'homme se défie des promesses de l'au-delà et veut prolonger la vie humaine le plus possible. C'est pourquoi la momie appartient, en qualité d'élixir de longue vie, à la fois à la pharmacopée renaissante et au cabinet encyclopédique. Le cabinet est la version esthétique du droguier. L'apothicaire pulvérise, broie et découpe les produits. L'amateur les fait figurer dans son théâtre du monde. Les vertus thérapeutiques de ces objets ne sont pas inventées par la Renaissance, mais puisées aux sources antiques et appliquées à l'univers renaissant ; la momie des cabinets de curiosités était déjà considérée par la médecine alexandrine comme une substance prolongeant la vie.

LES DROGUES DU CABINET

Les cornes de licorne ainsi que les momies possèdent des vertus thérapeutiques. François Ier portait une bourse de poudre de licorne sur lui constamment. Les vertus mythiques du monoceros décrites par Ctésias, médecin grec du roi des perses, sont reprises par Aristote et Pline. Les princes indiens s'en seraient servis pour en faire des hanaps protégeant des convulsions dues au poison. À la Renaissance, la corne de licorne servira à purifier l'eau. Paré en signale l'emploi à la cour :

> « un jour, luy parlant du grand abus qui se commettoit en usant de la corne de licorne, lui priay [...] d'en vouloir oster l'usage et l'abus et principalement d'abolir ceste coutume qu'on avait de laisser tremper un morceau de licorne dedans la coupe où le Roy beuvoit, craignant le poison » [156].

Au fil des siècles, l'animal perdra son aura mythique et la magie qui lui était attachée ; Claude Du Molinet, au XVIe siècle, organisateur du cabinet des génovains, s'y emploiera :

> « Peu de curieux assurent que cette corne vient d'un animal terrestre et l'on peut dire qu'il n'est plus possible de nier qu'il s'agit de la corne d'un poisson. A la vérité quelques historiens disent qu'on a vu des animaux environ de la grandeur et de la forme d'un âne, qui avoient une corne au front et qu'on en nourrissait deux à la Mecque où est le sépulcre de Mahomet mais depuis un siècle il est tant venu de ces cornes du royaume de Danemark, qu'on ne révoque plus en doute que celles que nous avons en France au Trésor de Saint Denys et plus d'une vingtaine d'autres qui font à Paris dans les cabinets des curieux n'ayent été péchés au Groenland autour des Iles du Septentrion. Le poisson qui porte cette corne ou pour mieux dire cette dent au bout de la mâchoire supérieure est nommé ordinairement par les habitants de l'Islande Narhval à cause qu'il se nourrit de cadavres. Thomas Bartholin a fait un livre exprès de la licorne dans lequel il donne la figure du poisson qui la porte et il décrit assez au long les vertus de cette licorne particulièrement contre les venins. Il a pris une bonne partie de ce qu'il en rapporte d'Olaus Wormius qui en traite. Dans son Museum Wormianum, il fait mention d'une expérience que firent les médecins d'Ausbourg en l'année

> 1593 sur un chien auquel ils donnèrent de l'arsenic et qu'ils guérirent lors qu'il était prêt de mourir en lui faisant prendre des raclures d'une dent de licorne qu'on avoit fait infuser ? Et je dirais qu'un très honnête homme de mes amis et digne de foy, m'a assuré avoir sauvé un de ses enfants qui avait été désespéré par les médecins en lui donnant dans un bouillon ces grains de la raclure d'un bois de licorne qu'il avoit, que l'effet de ce remède fut de procurer à son fils une fièvre prodigieuse qui le tira d'affaire en peu de jours. J'ai vu ce bois qui a plus de sept pieds de long celuy de notre cabinet n'en a que six et deux pouces, celuy de Saint Denis excède le notre de quelques pouces et si ce dernier n'est pas si blanc que plusieurs que j'ay vu il n'est pas pour cela d'une autre espèce, car il est facile de la blanchir en le mettant à la rosée et il ne faut pas s'étonner s'il n'a pas la cannelure que d'autres ont sur l'on voit dans différents cabinets, parce qu'il suffit de dire que j'en ai vu une vingtaine sans en trouver deux entièrement semblables ; il est pourtant facile de remarquer qu'ils ont tous la même matière. Je finirai cet article en disant qu'il y a bien de l'apparence qu'à la licorne dont parle le prophète David en quatre endroits des Psaumes et Isaïe au verset VII du 34e chapitre de la prophétie, n'est autre chose que l'animal rhinocéros ; c'est le sentiment de Jérôme et de plusieurs autres interprètes de l'écriture sainte dont quelques-uns uns les noms Nasicornium à la cause qu'il porte la corne au-dessus des narines » [157].

L'empereur Rodolphe II (1576-1612) et son successeur Mathias disposaient à Prague d'une corne de licorne et d'un bézoard, tous deux transformés en coupes à boire et en sceptre antidotes. En effet, la légende affirmait que par sa seule présence l'unicorne ôtait le poison. Des tapisseries utilisent ce thème au XVe siècle : celle du château de Verteuil, représentant la licorne s'agenouillant et celle ayant appartenu à Charles de Bourbon, connue par un dessin de Gaignières où l'on voit, dans un jardin clos, la licorne dans le sein de la vierge et sur trois listels alentour se répète la devise de la licorne : *Veneno pello* (je repousse les venins) [158]

La momie est une autre figure du cabinet utilisée comme remède. La médecine Alexandrine préconisait déjà son emploi thérapeutique [159]. La Renaissance en rend l'usage à la mode, comme l'atteste Pierre Belon :

> « L'usage des dits corps embaumez en Egypte, c'est à dire nostre momie est en si grand usage en France que le Roy Français restaurateur de Lettres n'allait nulle part que ses sommeliers n'en apportassent toujours quant luy en la ferrière (sac de cuir porté à cheval) ensemble avec la rhubarbe ainsi que luy même en portait sur lui. Ceux qui pour affirmer leurs menteries touchant cette

momie ont feint une mer de sablon agitée par les vents engloutissant les corps de ceux qui passent dans les déserts d'Afrique ou d'Arabie ont trompé beaucoup de gents » [160].

Les nombreuses polémiques lancées à propos de cette étrange drogue sont résumées par Roger Delaunay dans *L'aventureuse existence de Pierre Belon*, écrit en 1926. La momie conserve l'intégrité des corps dans la mort et contrevient en cela aux lois de la décomposition. Les morts restent entiers, les membres attachés ensemble et la tête fixée sur les épaules. La momie [161] (elle vient du persan *moumia* qui signifie bitume) trouve dans ses origines exotiques des accents merveilleux. Cette frénésie pour l'ingestion thérapeutique de momie, que Paré qualifiera d'obsolète, est signalée par Guy de la Fontaine, physicien et médecin du roi de Navarre, qui rapporte qu'on en fabrique en Egypte des quantités invraisemblables. En effet, la momie est une marchandise prisée qui s'achète à prix d'or en Europe pour être montrée ou pulvérisée afin de soulager les chutes. Sa rareté constitue la garantie de son pouvoir d'accomplir des prodiges. Pierre Boaistuau, dans *Bref discours de l'excellence et de la dignité de l'homme*, affirme que la chair embaumée est fort souveraine en plusieurs usages de médecine. Ambroise Paré fustigera pourtant son utilisation dans *Discours de la momie*. Appelé par Messire Christophle des Ursains victime d'une chute de cheval, il fulmine contre l'absorption de ces corps morts :

> « [...] luy fis boire de l'oxycrat en lieu de Mumie, pour garder que le sang ne se caillebotast et figeast dans le corps [...] Voila comment les anciens médecins commandent de traiter ceux qui sont tombés de haut ou ont esté frappés, contus et meurtris, pour obvier que le sang ne coagule ou caillebotte ou se pourrisse tant aux parties interieures qu'exterieures : lesquels n'ont jamais parlé, ny ordonné à manger ny à boire de la Mumie, et chair des corps morts. Partant nous la renvoyerons en Egypte, comme nous ferons de la licorne aux déserts inaccessibles. [...] Lorsque commençastes à vous bien porter, et vos douleurs à s'appaiser, vous me fistes cest honneur de discourir de plusieurs belles choses, entre autres comme on ne vous avoit point donné à boire de Mumie au commencement de votre cheutte : lors je vous fis response que j'en estois joyeux, parce qu'elle pouvait beaucoup plus nuire que aider, à cause que c'est de la chair des morts puants et cadavéreux et que jamais n'avoit veu que ceux ausquels on en avoit donné à boire ou à manger qu'ils ne vomissent tost apres en avoir pris, avec grande douleur d'estomach. Aussi que les anciens Juifs, Arabes, Chaldées Ægyptiens n'ont jamais pensé embaumer leurs corps pour estre mangés des Chrestiens : mais

avoient en si grand honneur révérence et recommandation les corps des trépassés, pour l'espérance de la résurrection, qu'ils ont recherché de les embaumer pour les conserver et garder à jamais, s'ils eussent peu faire, en plusieurs et diverses sortes comme on verra par ce discours. D'avantage, Hippocrate et Galien n'en parleront ny ordonnerent jamais pour quelque cause que ce fus. Et si elle eust esté propre aux contusions ou autres maladies, il est certain qu'ils ne l'eussent oublié à descrire » [162]

Ambroise Paré s'élève contre la crédulité de ceux qui absorbent, au risque de leur vie, cette liqueur de momie qui n'est pour lui que cadavre :

« Par ce recueil on peut voir que les anciens étaient fort curieux d'embaumer leurs corps, mais non pas dans l'intention qu'ils servissent à manger et à boire aux vivans, comme on les fait servir jusques à présent : car jamais ne pensèrent à telle vanité et abomination, mais bien, ou pour l'opinion qu'ils avoient de la résurrection universelle ou pour mémoire de leur parens et amis decedés. [...] On dit que la Mumie dont on a usé jusques aujourd'hui, est venue de là : à raison d'un mastin Medecin juif qui par une brutalité, avoit écrit que cette chair, ainsi confite et embaumée servoit grandement à la curation de plusieurs maladies et principalement aux cheutes et coups orbes et meurtrisseures pour garder que le sang ne caillebottast et congelas dans le corps : qui a esté cause qu'on les tiroit furtivement ou par argent, hors des tombeaux. Ce qui semble chose fabuleuse parce que les nobles, riches et anciennes maisons n'eussent jamais enduré pour rien du monde que les sépulcres de leurs parens et amis, desquels ils étoient tant curieux, fussent ouverts et les corps emportés hors de leurs pay pour estre mangés des chrestiens : et disent qu'ils ne sont dignes de manger de leurs corps. Et s'il est advenu que l'on en ait transporté, ç'a a esté de la populace qui ont estés embaumés de la seule poix asphalte ou pisalphate, dequoy on poisse les navires. [...] Or, on voit comment on nous fait avaler indiscrètement et brutalement la charogne puante et infecte des pendus ou de la plus vile canaille de la populace d'Égypte ou de verolés ou pestiférés ou ladres : comme s'il n'y avait moyen de sauver un homme tombé de haut, contus et meurtri sinon en luy inserant et comme entant un autre homme dedans le corps. [...] Et si en ce remède il y avoit quelque efficace, véritablement il y aurait prétexte d'excuse. mais le fait est tel de ces meschantes drogues que non seulement ne profite de rien aux malades, comme j'ay plusieurs fois par expérience à ceux ausquels on en avoit fait prendre, ains leur cause grande douleur à l'estomach, avec puanteur de bouche, grand vomissement, qui est

> plustost cause d'émouvoir le sang, et de le faire davantage sortir hors de ses vaisseaux que de l'arrester. Les pescheurs usent d'appasts puants pour allicher les poissons : à ceste cause ils usent de Mumie parce qu'elle est fort puante. André Thevet dit l'avoir expérimenté en soy-mesme en ayant quelquesfois pris en Egypte, à la suscitation d'un nommé Ioere Juif. À ceste cause je proteste de jamais n'en ordonner ny permettre à aucun d'en prendre s'il n'est possible. [...] Partant nous la renverrons en Egypte, comme nous ferons de la Licorne aux déserts inaccessibles » [163].

La vertu magique supposée de cette pharmacopée venue d'Égypte outrepasse le caractère prohibé de l'ingestion de chair morte en terre chrétienne. À la Renaissance, les momies vivent une telle vogue que des expéditions sont organisées vers Le Caire pour en rapporter. Elles sont les objets d'un trafic important mais seront peu à peu démystifiées par les voyageurs. Guy de La Fontaine témoin de la forfaiture explique que les momies vues dans les boutiques d'Alexandrie ont quatre ans au plus. Cela n'arrêtera pas l'utilisation médicale des momies qui s'était développée au Moyen-Âge en terre chrétienne par le truchement d'un médecin arabe du Caire qui publia un traité sur l'utilisation du bitume et de la poix comme médicament[164]. Le goût pour les prodiges fort en vogue à la Renaissance autorise l'ingestion des momies transformant ce rituel animiste, en une eucharistie. De plus, la momie est fascinante car elle permet de voir la mort en face dans un temps où l'immortalité de l'âme constitue un sujet à controverse. De nombreux traités ou dissertations s'acharnent à donner de la vie et de la mort une définition biologique. Fernel, dans *Physiologia de abditis rerum causis* (édition de 1560), prend l'exemple des animaux pour avancer une timide pensée peu conforme à l'idée chrétienne d'une mort issue dela faute. Aucune preuve, dit Gargantua à Pantagruel, ne confirme l'immortalité de l'âme. La mort humaine semble se délier du pacte théologique qu'inaugurait le péché originel. Le crédit qu'accordait la pensée chrétienne à la permanence de l'âme a vécu. Il réclame désormais des preuves à la science. Le corps, au XVIe siècle, n'est qu'un habitacle matériel qui abrite, tel un « hoste », une âme composite à demi matérielle, localement présente dans celui-ci et coétendue à lui. Rabelais, parmi de nombreuses voix, affirme que la mort est la réduction à néant de cette « tant magnifique plasmature en laquelle a esté l'homme créé ». La mort des corps n'ouvrant plus sur un au-delà éternel, il lui faut être retardée. Pomponazzi (1462-1525), laïc, professeur de philosophie et docteur en médecine, écrit un ouvrage édité en 1516, *De immortalitate*. Celui-ci s'inspire des commentaires d'Alexandre d'Aphrodisias pour nier de manière radicale l'immortalité des âmes. Averroès est appelé à la rescousse. En 1529 paraissent les commentaires de la métaphysique du maître arabe.

En même temps, la représentation de la mort réfléchit un état antérieur de cette conscience : on montre le mort endormi. De nouvelles conventions régissent sa représentation. Les gisants princiers de la basilique Saint-Denis fournissent un exemple de cette mutation de conscience. La mort est un sommeil prolongé comme en témoigne la statue transie de momie décharnée, nue ou à demi enveloppée dans son suaire, généralement associée au défunt en sommeil. De nombreux exemples, cités par Michel Vovelle dans son ouvrage, *La mort et l'occident de 1300 à nos jours* [165] prouvent l'existence d'un nouveau rapport à la mort. L'utilisation du masque funèbre, l'ostentation du cadavre et l'existence d'une institution habilitée à prendre en charge le cérémonial de la mort, les pompes funèbres, bousculent les règles jusque-là établies. Huizinga a déjà insisté sur l'étonnante complaisance du début du XVe siècle pour la manipulation des cadavres. Les rois de France étaient embaumés depuis le XIIIe siècle, puis exhibés de façon posthume. Les nouveaux délais requis pour l'organisation des funérailles par les pompes funèbres rendent impossible la présentation des corps. Une effigie va prendre la place du roi, sous la forme d'un mannequin revêtu de ses vêtements. Son visage sera figuré par un masque coloré.

L'immortalité promise par le christianisme n'est plus une certitude. L'ailleurs est né avec son cortège de doutes. Le cabinet rassemble des curiosités dont l'exposition a vocation à entretenir les incertitudes. Les bouleversements sont issus des Grandes Découvertes, c'est pourquoi l'on confie la garde du cabinet du roi à un voyageur : André Thevet. Celui-ci est cosmographe de son état et son blason est constitué d'une sphère dorée sur fond rouge entourée de douze yeux ouverts. Le cosmographe est celui qui voit du cosmos. On ne peut confondre avec le géographe qui appartient à la terre. Thevet, dans la préface de *Des singularitez de la France antarctique*, signale que Dieu le Créateur aime les « viateurs », qu'il leur donne la connaissance et encourage leurs voyages pour qu'ils les utilisent à soigner les maladies et à découvrir des aliments :

> « Qu'il n'y ait chose soubs le ciel, jusqu'à la considération des pierres qui ne puisse être accommodée pour la santé de l'homme » [166].

C'est dans ce but que Thevet dans *Cosmographie universelle*, affirme que la chair de tortue est bonne pour les lépreux, que le corail et la corne de poisson attirent le venin, que les dents d'hippopotame ainsi que certaines herbes font perdre toute crainte. Il profite pour écorner les faux voyageurs :

> « [...] rapetasseurs et reblanchisseurs de vieilles paroys de nostre aage

lesquels encores qu'ils n'ayent jamais party de leur païs, ne savoure une goutte de l'amertume de l'eauë de mer, ains seulement veu filer les araignes dans leurs chambres et estudes si est-ce toutes foisqu'ils sont ci effontez que de vouloir faire parade de leurs livre » [167].

Les nouveautés orientales vont échauffer les esprits et entrer dans une médecine habituée à la théorie des signatures en conférant à ces produits des vertus curatives. Plus tard, Henri IV chargera l'apothicaire Jean Moquet de la garde de son cabinet de singularités installé aux Tuileries. Moquet rapporte de ses voyages aux Indes Occidentales des plantes, des raretés et des expériences qu'il tient des sauvages d'Amazonie, parmi lesquelles la fabrication du feu grâce à deux baguettes de bois. Louis XIII poursuivra cette tradition en confiant à Guy de la Brosse, médecin, l'intendance et la responsabilité de son cabinet pour lequel il achète une maison sise au faubourg Saint-Victor à Paris, ayant jardins, bois et buttes plantés de vignes, cyprès, arbres fruitiers et autres, le tout clos de murs pour y établir un jardin de plantes médicinales.

L'édit de 1635 ratifie l'achat et Guy de la Brosse sera nommé intendant responsable du cabinet qui contiendra des échantillons de toutes les drogues et toutes choses rares en la nature. Les produits exotiques apportés par les Grandes Découvertes auront une charge fantasmatique importante. La salsepareille est introduite en 1530, puis la squine, le sassafras. Le gaïac, comme la plante de coca que l'on trouve au Mexique et au Pérou, auront des vertus curatives. Pierre Belon, médecin, voyageur et naturaliste part jusqu'en Grèce et en Égypte pour découvrir les médicaments – les simples – dans leur milieu naturel. Le voyage financé par le cardinal de Tournon lui fait rencontrer Monsieur de Fumet, ambassadeur du Roi dont il intègre la suite et lui permet de voyager en toute sécurité, escorté de janissaires en grand nombre « hommes hardis et bien equipéz » [168]. Belon, en homme de la Renaissance, accorde à la science antique une grande importance. Il sera surtout soucieux de confronter la tradition avec ce que la réalité lui offre. Observer la nature suppose, dit-il, chercher une logique implicite et rigoureuse : rien n'existe par hasard. Le climat a une relation logique avec les objets ou animaux qui s'y trouvent. Les animaux du désert sont beaucoup plus petits et de moindre corsage que ceux d'Égypte. Cet ouvrage est écrit à la suite des notes d'un voyage. Quoi de mieux en effet que de consigner en un livre l'expérience du voyage ? Il s'agit d'apporter des preuves, des témoignages et d'ordonner en un système cohérent les expériences vécues. Le monde est composé, comme le corps humain, de diverses parties dissemblables. La variété des peuples à l'instar des organes a une fonction vitale autant qu'ornementale et il est très important que les ingrédients de toutes les parties du monde puissent se mêler pour soigner. Les produits exotiques se mélangeront avec les crottes de chiens nourris d'os, les crottes de loups, les bézoards d'Europe ou d'ailleurs, les bufonites ou pierres crapaudines qui s'engendrent dans la tête du crapaud, les produits humoraux : sang de jeune homme, débris organiques, momie, crâne humain, os, cœur de cerf. Cette cuisine de sorcières avait ses racines dans l'Antiquité. Elle était célébrée dans la thériaque d'Andromaque, cautionnée par Galien. Certaines mixtures curatives ne requièrent pas moins de soixante-quatorze ingrédients tels que la chair de vipère, la langue de serpent, les dents de requins pendues à un languier et la corne de licorne. La période est en branle. Le cabinet calme les angoisses du moment en posant des objets dans le champ des incertitudes de la "branloire renaissante":

> « Le monde n'est qu'une branloire perenne toutes choses y branlent sans cesse : la terre, les rochers du Caucase, les pyramides d'Ægypte et du branle public et du leur. La constance mesme n'est autre chose qu'un branle plus languissant. Je ne puis asseurer mon object. Il va trouble et chancelant d'une yvresse naturelle. Je le prens en ce point comme il est en l'instant que je m'amuse à luy. Je ne peints pas l'estre. Je peints le passage, non d'un passage d'aage en autre ou comme dict le peuple de sept en sept ans, mais de jour en jour, de minute en minute. Il faut accommoder mon histoire à l'heure » [169].

L'homme du XVIe siècle est conscient du mouvement et du temps circonscrit à son existence et cherche à mener à terme une mission de clarification :

> « [...] possède une volonté, celle d'être bon ou mauvais, une volonté bienfaisante ou malfaisante s'exprime à l'aide de ce qu'ils ne s'expliquent point et c'est d'ailleurs ne l'oublions pas un progrès. L'appel au surnaturel premier et déjà gros efforts de l'homme noyé dans les faits pour en dominer la mêlée confuse » [170]

Ainsi, le cabinet-droguier propose un paysage des connaissances, fixant de façon éphémère cette "branloire pérenne". Les objets de savoirs, une fois rassemblés dans le sanctuaire encyclopédique, activent une surface de réparation symbolique, comme en témoigne la fonction de gardien des curiosités des rois allant du cosmographe Thevet au curator De la Brosse. Le cabinet ajoute à ses multiples fonctions celle de soigner. Parions qu'il sera plus efficace à calmer les angoisses métaphysiques que les douleurs corporelles, si l'on en croit Paré, qui déplore, après l'ingestion de "Mumie" la disparition des douleurs et des patients en un mouvement simultané.

NOTES

149 Labhardt André, « Notes sur l'histoire d'un mot et d'une notion », in Museum Helveticum, 1960, cité in La revue « Autrement » : La curiosité, Paris, 1993, p.245.

150 Paré Ambroise, *Des monstres et des prodiges*, Genève, Droz, éd. Jean Céard, 1971.

151 Pomponazzi, *Les causes ou les merveilles de la nature ou les enchantements*, Notes d'Henri Busson, Paris, Riedler, 1930, p.123.

152 Koyré Alexandre, *Mystiques spirituels alchimistes du XVIe siècle allemand*, Arman Colin, Cahiers des Annales, 1955, p.369.

153 Chastel André, *Marsile Ficin et l'Art*, Gallimard, 1975, p.94.

154 Koyré Alexandre, *Paracelse*, Paris, Alia, 1997, p.65.

155 D'Aubigné Théodore Agrippa, *Lettres touchant quelques poincts de diverses sciences*, IX, in Œuvres, Paris, Gallimard, Pléiade, 1969, p.855.

156 Paré Ambroise, *Discours de la Licorne*. chapitre XVI, Club français du livre, 1954, p.334-335.

157 Molinet Claude, *Le cabinet des génovains*, Paris, A. dezallier, 1962.

158 Wiedermann Michel, « Du bon usage des licornes », conférence donnée à l'Université Michel de Montaigne, Bordeaux III, 1997.

159 Les premières tentatives de momification datent de la première dynastie, environ 3000 ans avant Jésus-Christ. Hérodote, vers 450 avant J.-C, raconte que les Perses, maîtres de l'Égypte, ont fait exhumer le corps du dernier pharaon Amasis, mort en 526 avant J.-C. et ordonné de le brûler. Cet acte était profanateur pour les Égyptiens qui pensaient que le feu, comme le ver, dévorait les cadavres.

160 Belon Pierre, *Ancienne manière de confire ou embaumer et ensevelir les corps en Egypte*, chapitre XLVII, in Observations de plusieurs singularités, Paris, G. Cavellat, 1554.

161 Hérodote témoigne des diverses méthodes de momification utilisées. Selon lui, la plus parfaite consiste à extraire le cerveau à l'aide d'un crochet, des potions étant utilisées pour sortir ce qu'il en reste. Puis une incision dans le flanc avec un stylet permet de vider l'abdomen. La cavité est vidée puis nettoyée avec du vin de palme et une infusion d'épices broyées. Elle est ensuite remplie de myrrhe, de cannelle et autres produits aromatiques, encens excepté. Une fois l'abdomen recousu, le corps est plongé dans un bain de natron pendant soixante-dix jours, jamais plus longtemps.

162 Paré Ambroise, Discours de la momie in *Animaux, monstres et prodiges*, Club Français du Livre, 1954, p.310-311.

163 Ibidem, p 294-305.

164 Au XIIe siècle, les momies étaient classées en quatre groupes par les médecins égyptiens. Seuls trois types seront exportés et largement diffusées à travers l'Europe. Elles sont bouillies pour en extraire des huiles utilisées comme onguent contre les ecchymoses. Elles servent également à guérir quantité de maux. Il s'agit des momies arabiques préparées à l'aloès, au baume et myrrhe, puis des momies égyptiennes des gens du peuple, conservées avec des épices. La quatrième est constituée de corps momifiés naturellement, enterrés dans le sable et desséchés, elles étaient réduites en poudre pour soigner les problèmes de digestion.

165 Vovelle Michel, *La Mort et l'occident de 1300 à nos jours*, Gallimard, Panthéon Books, 1983.

166 Céard Jean, *La nature et les prodiges*, Genève, Droz, 1977, p.288.

167 Ibidem, (Jean Céard), p. 284.

168 Delaunay Paul, *Pierre Belon naturaliste*, Le Mans, Mounoyer, 1926.

169 Montaigne Michel de, *Essais*, III-2, PUF, Quadrige, 1988, p.803-804.

170 Febvre Lucien, *Le problème de l'incroyance au XVIe siècle*, Albin Michel, 1942, p.480 481.

« On peut faire avaler n'importe
quoi aux gens, c'est ce qui est arrivé. »

Marcel Duchamp
Otto Hahn, Interview, Express du 23 juillet 1964

LIVRE III. 1

Où l'on s'étend sur les qualités orales
du cabinet de curiosités.

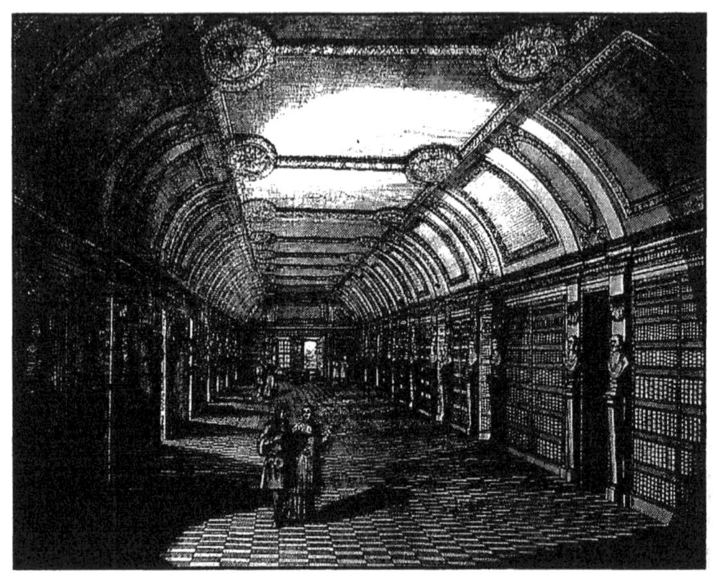

DU MOLINET CLAUDE, Le cabinet des génovains
Bibliothèque interuniversitaire de médecine, Paris

Entre le cabinet des singularités et la cuisine, il y a une histoire de goût, un même mot pour partager le protocole et le mystère, le plaisir et la convenance, le particulier et l'universel. Le goût, tant invoqué par les lettrés pour asseoir une esthétique, est celui qu'honorent les arts de la cuisine. Ces arts de la gueule, qui faisaient sourire Montaigne, sont analysés par Claude Lévi-Strauss selon le système du triangle des trois états de la nourriture, organisant l'univers culinaire selon le cru, le cuit et le pourri. Toute socialisation de la nourriture s'exprimerait selon lui dans ce cadre[171].
Le cabinet est affaire de ventre, comme la cuisine. La culture digère la nature et en restitue les restes en arrangement de bon goût. L'histoire du goût serait l'histoire de la peur du cru, qui n'apparaîtra plus dans sa pureté que trié, lavé, épluché, coupé et la civilisation s'exprimerait par la catégorie du cuit, elle-même soumise à des subdivisions. Selon l'Encyclopédie, le rôti, soumis au feu, emblématise l'aristocratie alors que le bouilli à l'eau traduit la pureté démocratique. Le goût apparaît comme la forme élaborée de la peur du manque de nourriture. Le caractère subtil, gazeux, sensible du goût ne se conçoit pas dans une forme arrêtée mais plutôt dans une chaîne de métaphores. Le goût est brillance et subtilité car il n'est ni pesant ni terne. Il est la valeur protéiforme incarnant le triomphe de la civilisation sur la barbarie. La Rochefoucauld en parle comme d'une mode :

> « [...] il y a peu de gens qui aient le goût fixe et indépendant de celui des autres ; ils suivent l'exemple et la coutume, et ils en empruntent presque tout ce qu'ils ont de goût. Dans toutes ces différences de goût que l'on vient de marquer, il est très rare, et presque impossible, de rencontrer cette sorte de bon goût qui sait donner le prix de chaque chose, qui en connaît toute la valeur, et qui se porte généralement sur tout : nos connaissances sont trop bornées et cette juste disposition des qualités qui font bien juger ne se maintient d'ordinaire que sur ce qui ne nous regarde pas directement. Quand il s'agit de nous, notre goût n'a plus cette justesse si nécessaire, la préoccupation la trouble, tout ce qui a du rapport à nous paraît sous une autre figure » [172]

Le XVIIe siècle a érigé le goût en norme. Paul Lacroix, érudit du XIXe siècle, cite ce membre de l'Académie qui fit appeler Ménage :

> « Je serai un homme déshonoré, si l'on ne trouvait de bibliothèque à mettre dans mon inventaire. Je vous prie de m'en chercher une et de l'acheter pour moi » [173].

Le goût est lié aux convenances. La Renaissance a donné tant d'importance à celles-ci qu'Érasme, dans sa *Déclamation contenant la manière de bien instruire les enfants dès leur commencement* avec un *Petit traité de la civilité puérile et honneste*[174], interroge les bonnes manières comme une partie de la philosophie importante bien que négligée :

> « Je ne nie pas que la civilité ne soit la plus humble section de la Philosophie, [...] mais elle suffit aujourd'hui à concilier la bienveillance et à faire valoir des qualités plus sérieuses. Il convient donc que l'homme règle son maintien, ses gestes, son vêtement aussi bien que son intelligence » [175].

L'équilibre des facultés et la netteté du jugement sont reflétées par la politesse des manières et la rectitude appliquée aux gestes, aux actes usuels et à la façon d'être égaux ou supérieurs. Parmi les métaphores exprimant le goût, la brillance et la profusion sont les qualités revendiquées à la fois par la cuisine du grand siècle et par les objets du cabinet.

LA BRILLANCE

La brillance rend visible. Elle a la force du symbole, extrait les choses de l'obscurité et de la barbarie. Jean-Marie Pontévia dans ses cours retranscrits dans le recueil, *Tout a commencé par la beauté* [176], analyse la relation entretenue par les Grecs à la brillance. Platon, dans le *Lysis,* cite un proverbe grec :

> « Le beau nous est ami. Mais ajoute Socrate, il ressemble à un corps souple, lisse et frotté d'huile : il glisse facilement entre nos mains et il nous échappe, du fait qu'il est ainsi » [177].

Le nom orphique d'Éros est Phanés, le brillant. Les Grecs saisissent l'apparence par son éclat. La beauté doit jaillir et Jean Marie Pontévia insiste sur la traduction de Léon Robin du Phèdre de Platon, qui au lieu de :

> « Justice et sagesse n'ont pas d'éclat ici bas »

traduit :

> « [...] ne possèdent aucune luminosité dans les images de ce monde ci » [178]

Pour les Grecs, l'éclat de la présence est la beauté. Cette notion est largement partagée par le XVIIe siècle qui va donner à cette qualité une suprématie particulière. Dans les cabinets de curiosités la brillance est essence d'une démonstration. Selon Descartes, la rationalité emprunte des habits de lumière pour traduire ses vérités et opère comme le rayon de lumière divine qui éclaire tous les hommes. Jamais période n'avait autant voulu briller, le roi est un soleil et dans chaque demeure brille la connaissance : les nacres, les huiles vernissées, les médailles, les discours, tout brille car l'ère inaugure une sortie des ténèbres. Tel un oxymore, la lumière ne peut exister sans l'obscurité. Nicolas Chevalier l'exprime dans *Le Grand cabinet romain*, ou *Recueil d'Antiquités romaines*, qu'il édite en 1706, à Amsterdam :

> « On y trouve un éclaircissement admirable, de tout ce que la mythologie a de plus enveloppé, de ce que l'idolâtrie a de plus mystérieux dans son culte, de ce que l'histoire a de plus obscur dans ses faits. L'intelligence des auteurs profanes et sacrés que Monsieur de la Chausse possède à la perfection, répand beaucoup de lumière sur les figures qu'il nous présente, les figures à leur tour contiennent l'histoire qu'il emploie pour les expliquer. Cet heureux assemblage a rendu le cabinet romain, un ouvrage achevé en son genre » [179].

Les ténèbres sont essentielles pour constituer les conditions de l'énigme et le triomphe de la lumière. Pierre Borel peut écrire, dans la lettre introduisant l'ouvrage intitulé, *Les Antiquités avec le rôle des principaux cabinets et autres raretés de l'Europe* qu'il fit éditer à Castres en 1648, que :

> « [...] c'est cette affection pour ma patrie qui m'a porté à faire tous mes efforts pour tâcher de déterrer les mémoires de ces antiquités qui s'en allaient déjà ensevelies par les ténèbres de l'oubli, j'avoue que j'ai beaucoup entrepris et que ce n'est pas un petit ouvrage de vouloir donner de la lumière aux choses obscures de la connaissance, les inconnues, les nouveautés aux anciennes, et la vie à celles qui se sont étouffées » [180].

C'est par l'éclat que la beauté et l'intelligence se font connaître. L'équivalence du beau au bon s'ordonne en une esthétique qui ne se départira pas de ces principes. La lumière de la raison ne peut opérer que dans le noir des incertitudes et c'est le même mouvement qui fait passer de l'obscurité de la cuisine à la brillance du service. L'obscurité énigmatique était prisée dans les recueils d'emblème, à la mode au XVIe siècle, où des dessins ingénieux illustraient des devises, des sentences ou des quatrains, sans lesquels ils demeureraient à jamais inintelligibles. Ces mille inventions d'une préciosité méticuleuse, qui sont autant de métaphores quintessenciées, montrent que l'obscurité du propos était calculée à dessein pour :

> « [...] décourager la curiosité indigne de lui dérober le sens de son message. Les gravures alchimiques offrent un excellent exemple de pareille démarche. Les opérations successives du grand Œuvre sont représentées par autant de savantes allégories, parfois d'un exceptionnel intérêt artistique et qui sont destinées à la fois à communiquer et à dissimuler un avoir, à guider et à égarer » [181]

Le recueil de devises d'Alciat montre un oiseau enfermé dans deux cercles perpendiculaires l'un à l'autre, devant un mur tronqué et percé d'une porte donnant sur une perspective architecturale formant un ensemble pour le moins obscur, car un seul dessin doit articuler les différents éléments destinés à rappeler le texte d'un ou plusieurs chapitres d'un livre pieux ou savant : le résultat est, bien sûr, extravagant. Plus tard, Diderot défendra une philosophie qui éclaire tout sur son passage. Le XVIIe siècle fournira, en abondance, cette métaphore de lumière dans les descriptions des cabinets de curiosités :

> « On est au cœur même du principe de l'Encyclopédie. [...] La gravure les rend communes à tous les peuples qui cultivent les lettres. Les copies multipliées quoique vidées de cette vie et de cette âme qu'on admire dans les originaux ne laissent pas de répandre au loin le goût de l'antique et en se remisant de différents côtés dans les cabinets des curieux, elles s'y forment en quelque façon un corps de lumière dont toutes les parties s'éclairent mutuellement » [182]

Le frontispice du catalogue de Caylus, dessiné par Cochin et gravé par Choffard montrent des emblèmes rendant hommage à l'amateur Mariette. Les iconologistes traduisent la connaissance par les emblèmes conjugués du flambeau tenu par le Dieu du goût et du livre. Les lumières de la science et du dessin sont représentées par deux femmes : l'une tient un porte-crayon et un flambeau que l'autre allume. La lampe est le symbole de l'étude et le coq que tient un enfant celui des veilles qu'elle coûte. La lumière allégorie de la rationalité, ordonne également le classement des collections. Gersaint choisit la brillance plutôt que la subdivision des espèces pour le classement de son cabinet. La valeur suprême de la civilisation est lumière métaphorisant la réflexion. Le poli des coquilles sera un véritable objet d'engouement :

> « L'auteur de la Nature, qui ne fait rien en vain, ne les a ornées de couleurs que pour qu'elles soient vues et admirées » [183].

Les surfaces lisses supposent, selon l'étymologie *lixare*, un acte d'extraction par lavage. L'effet lisse opère sur des surfaces rugueuses qu'il cure. Le goût du XVIIe siècle juxtapose la matité rugueuse des idoles aux surfaces polies d'une civilisation polissante et policée qui désigne la supériorité de la seconde sur la première. Le polissage est une valeur positive de réflexion selon toutes les occurrences du mot. Le marché des coquilles, détenu par les Hollandais, est large d'un public d'amateurs et de physiciens ; ceux-ci chercheront à les obtenir par tous les moyens et donneront à ces coquilles des « noms de guerre » ; il s'agit en vérité de termes grecs et les curieux leur préféreront ceux du langage commun. Gersaint affirme dans le catalogue qu'il édite sous le nom de *Liste des principaux ouvrages faits sur les coquillages* :

« [...] qu'une grande précision est celle de leur fabrique, que l'infini de leur couleur et forme est remarquable, ainsi que leur différence, et qu'il est presque impossible de les décrire » [184].

L'obstacle de l'ineffable augmente la convoitise et le plaisir de ces objets, beaux et irréductibles à la description. La forme géométrique et l'aspect vernissé des coquilles suscitent la fascination des curieux, qualités essentielles des classements des catalogues. Celui de la vente Papillon en 1782, fait apparaître dans le règne minéral, en première place les pierres étincelantes et en dernière les calcaires. Une hiérarchie impose la brillance en valeur essentielle [185]. Les descriptions de catalogue sont évocatrices. Tout brille dans ce catalogue des ouvrages de l'art du cabinet de Mademoiselle Clairon qu'Edmond de Goncourt décrit :

« [...] armes et habillements étrangers, ouvrages en argent, nacre et ivoire, pagodes de terre des Indes, porcelaines, instruments de physique, bijoux d'or, tableaux de grands maîtres et estampes » [186]

Une fascination perdure depuis le siècle de Louis XIV où les laques et porcelaines chinoises étaient rapportées par les missionnaires de Chine :

« La porcelaine se vend à des prix excessifs une tasse ordinaire à chocolat vaut plusieurs écus et l'on a vendu des services de thé jusqu'à 400 livres. On l'ornemente d'or en formes de dessins quadrillés très nets » [187].

La collection de porcelaines de Lenôtre, jardinier du roi, est immense et comporte des jarres de dimensions extraordinaires faites à la faïencerie de Saint-Cloud. La brillance de la verrerie fascine. Mazarin fait acheter chez Barberini un miroir coûtant la somme rondelette de 600 écus romains. Avant que le roi n'accorde son privilège à une fabrique française, en 1634, les glaces étaient importées d'Italie. Les vases rutilants de jaspes et d'agates, les émaux peints sur les boîtes sont classés parmi les arts industriels. Félibien les cite dans *Les principes d'architecture, peinture et autres arts* [188]. L'inventaire du cabinet du Duc d'Épernon, réalisé en juillet 1642, fait état de :

« [...] pièces laquées, la demi-douzaine de petits tableaux de Chine, quatre tableaux grotesques en façon de tableaux dorés où sont représentés des animaux façon de la Chine » [189]

Tous les curieux suivent l'engouement de Louis XIV pour la laque du Japon. Un atelier de laques est installé à la Manufacture des Gobelins afin de satisfaire la passion royale. Le siècle d'or, nommé ainsi par le goût qu'il développe pour les spectacles de lumière, va amener les princes de la période baroque à se ruiner en surenchère de magnificences lumineuses. Le XVIIe est un banquet luisant de matières huileuses. Les peintures de produits de la mer, de bourgeois repus, d'illustres personnages sont grasses, comme toutes les matières des objets ordonnés dans les cabinets, comme si la brillance de la civilisation légitimait l'exercice du pouvoir du prince. Les connaissances apparaissent comme un banquet rutilant de coquilles, de nacre, d'ivoire, de porcelaine de Saxe, de verre, de laque, d'émaux et de peinture à l'huile. Les peintures à l'huile sont des éléments de ce festival laqué. Installées pour démontrer la puissance de la raison, elles offrent leurs surfaces luisantes au spectateur. Dans ce monde de savoir, tous semblent prêts à passer à table. Les surfaces brillantes des cabinets de curiosités brillent de mille feux et les sciences elles-mêmes s'impriment, dans les esprits, par leur éclat.

L'anatomie se représente à la fin du XVIIe siècle sous forme de cire. Le corps humain est nacré. La cire moulée sur le cadavre désigne un monde fascinant, visuellement inépuisable, entre le mort et le vivant. La substance savoureuse des organes fait glisser les spectateurs dans un univers de fantasme où le corps se goûte. La matière, dit Barthes en parlant des formes des natures mortes, est revêtue :

> « [...] d'une sorte de glacis le long de quoi l'homme peut se mouvoir sans briser la valeur d'usage de l'objet » [190].

La luisance des viscères « lubrifie » le regard que porte l'homme sur lui-même. Les surfaces faciles, polies du corps humain, sont faites pour domestiquer les papilles. L'organisation mécanique de la conception du corps humain de Descartes et La Mettrie, se fait huileuse. Le monde-objet de la peinture hollandaise est plein de vide, comme l'exprime le titre d'un texte de Barthes écrit en 1953. Il note dans cet article que certains tableaux de Saeredam figurent le dépeuplement des espaces : « Jamais le néant n'a été si sûr » [191] Ce peintre des surfaces sucrées et luisantes montre le vide avec autant d'acuité que ses contemporains, abîmés dans l'exploration du plein. Le plein est-il l'horreur du vide et le vide, le dégoût du plein ? La peinture hollandaise célèbre la magnificence des produits de la mer et de la terre et rend hommage à cette profusion de substances glissantes. Les peintres de cabinet vont fournir le thème d'un fourmillement de matières désignant un monde visuellement inépuisable. Les objets se tiennent compagnie dans la variété luisante de leurs substances. L'interprétation de Barthes concernant la peinture hollandaise de natures mortes, peut s'appliquer à ces peintures de cabinets de curiosités dont on comprend bien vite qu'elles sont peintes pour domestiquer un monde qui, sans cela demeurerait éternellement barbare, c'est à dire terne. Cette peinture façonne une image du monde capitalisable, partant du seul regard humain. Depuis que l'on représente l'infini, le voir anticipe le savoir. Il est le lieu d'une exploration illimitée. La peinture comme le cabinet comme toute surface désignant un lieu clos, reçoit l'infini. Elle propose, sur une superficie polie et réduite le miroir d'une appropriation. Les intérieurs des bourgeois deviennent les écrins du bon goût pérennisé dans l'huile des tableaux de cabinets d'amateurs. Ces toiles montrent les modes et plusieurs tendances vont s'opposer en ce qui concerne la seule école d'Anvers. Certains mécènes fervents de Rubens introduisent dans leurs galeries des œuvres d'avant-garde de l'école baroque. Les bourgeois, quant à eux, se laissent plutôt aller à un conformisme de bon aloi en limitant leurs achats aux peintres de la tradition comme Joos de Momper, Bruegel de Velours ou Frans Francken le jeune. Le siècle d'or relie ses savoirs au brillant comme la cuisine s'attache aux valeurs symboliques de la prospérité, à travers le gras. La vaisselle et les objets de la table, indices d'opulence, seront sertis de pierres précieuses, ornant les tables des grandes réceptions. Rodolphe II possède dans plusieurs cabinets :

> « [...] vaisselle en diamants de Bohème, vaisselle en améthyste, en ambre, en agate, en jaspe, en parse, en lapis, en aétite, en opaline, en or et autres objets parmi les plus beaux » [192].

Il y a peu de différence entre la brillance des arts de la table et celle des autres arts. Le sucré, sous forme de caramel, s'empare du met pour le théâtraliser, le recouvrir, le napper, le priver de sa sauvagerie naturelle. Sa surface huileuse va capter le regard. La brillance a plusieurs fonctions. Elle transforme la substance et les saveurs de la matière. Il faut des plats qui n'aient ni le nom ni l'apparence de ce qu'on mange ; si l'œil n'est pas surpris d'abord, l'appétit n'est plus suffisamment excité et le maître de maison sera sous-estimé. Montrer, c'est manger l'autre. Les cuisiniers s'exercent donc à transformer tout ce qu'ils apprêtent :

> « Dans la semaine sainte, il y a un repas chez le roi, où l'on imite avec des légumes tous les poissons que l'océan fournit. On donne à ces légumes le goût de ces mêmes poissons que l'on imite » [193].

LA PROFUSION

La profusion fait oublier la faim première sur laquelle la curiosité et la cuisine construisent une abondance qui l'exauce. La cuisine est à l'origine un sacrifice pour les dieux et elle possède une signification collective. L'aliment est un signe qui manifeste la bienveillance d'une divinité à l'égard des humains. Il est un pacte entre dieux et les hommes et, par voie de conséquence, un réseau de relations sociales s'exerce autour de l'alimentaire dans la plupart des cultures. L'humanité a longtemps mangé les sacrifices qu'elle faisait à ses dieux. L'aspect sacrificiel de l'aliment est fondamental dans les paganismes et le totémisme en fait foi. On mange pour ingérer les qualités du sacrifié et s'attirer les grâces, en général divines, du destinataire du sacrifice. Absorption et protection sont les deux fonctions d'une alimentation qui est moins liée au goût qu'au sacrifice consenti. L'aliment est un pacte entre humains et puissances supérieures dont dépend l'ordre du monde et l'abondance des mets va métaphoriser ce pacte. Comme l'écrit Roland Barthes :

> « La nourriture occidentale accumulée, dignifiée, gonflée jusqu'au majestueux, liée à quelques opérations de prestige, s'en va toujours vers le gros, le grand, l'abondant, le plantureux... »[194].

L'abondance désigne un degré de protection divine. De ce pacte avec les dieux ne restera que le cérémoniel de l'offrande de la communion dans le rituel chrétien. Le trop plein des collections comme des mets recouvre ce pacte ancien. La profusion du banquet de tête ou de bouche désigne l'élection de l'être qui l'ordonne. C'est pourquoi l'abondance sera une marque utilisée à des fins politiques. La profusion du bon goût, qu'il soit à voir ou à consommer, est diplomatique, puisque la puissance du prince est en jeu. L'exotisme sera, à partir de la Renaissance, un ingrédient essentiel de la puissance démonstrative et les tables européennes des puissants ne s'en privent pas. Lors du dîner offert en 1571 par les bourgeois de Paris à Charles IX et Elisabeth d'Autriche, les convives s'étonnent de la variété des dragées et autres biscuits, ainsi que des fruits exotiques. L'Orient désigne un merveilleux de proximité donnant aux hôtes le sentiment d'avoir toutes les richesses du monde, ancien et nouveau, à table[195]. Les hommes de la Renaissance mettaient à leurs tables cet immense désir de neuf. La gastronomie est mise en scène autour des nouveautés exotiques, légumes et fruits nouveaux répandus par les découvertes et de la variété des mets. En effet, les goûts produits par la cuisine doivent être aussi nombreux que les individus répartis dans la classe des quatre grands tempéraments de la médecine galénique. Les formes de la variété vont changer au cours des siècles. La Renaissance théâtralisera la nourriture, l'exposera, tel un art aux ornements insolites ou exotiques. Elle sera délectation, liée à un pacte du goût tendu vers le plaisir des sens. Les savoirs sont arrangés en festin visuel au cabinet de curiosités et les festins seront organisés comme des cabinets consommables. L'Occident va mettre son savoir, sa brillance et sa variété au service d'une idée montrant qu'il a vaincu les mœurs animales. La Renaissance, en de nombreux traités de savoir-vivre, s'acharnait déjà à éradiquer les comportements grossiers. Érasme se montre choqué, dans le chapitre « Les auberges » de ses *Colloques*, de la promiscuité des mœurs allemandes, pays où il a voyagé :

« L'un s'y peigne, l'autre y éponge sa sueur, celui-ci décrotte ses guêtres ou ses bottes, celui-là rote des senteurs d'ail. [...] Le Ganymède revient et recouvre de nappes les tables. [...] Ce sont des toiles de chaume que l'on dirait arrachés aux vergues d'un navire » [196]

Dans l'ouvrage *La civilité puérile*, édité à Bâle en 1530 et qui jouira d'une vogue considérable, il donne des conseils de maintien au très noble Henri de Bourgogne, jeune enfant de grande espérance :

« Il est grossier de tomber ses doigts dans les sauces ; que l'enfant prenne du plat le morceau qu'il veut, soit avec son couteau soit avec sa fourchette ; encore ne doit-on pas choisir par tous les plats comme font les gourmets, mais prendre le premier morceau qui se présente. Lécher ses doigts gras ou les essuyer sur ses habits est également inconvenant. Il vaut mieux se servir de la nappe ou des serviettes, s'ingurgiter d'un coup de gros morceaux c'est le fait des cigognes et des goinfres. [...] C'est chose peu convenable que d'offrir à un autre un morceau dont on a déjà mangé. Tremper dans la sauce du pain qu'on a mordu est grossier ; de même, il est malpropre de ramener du fond de la gorge des aliments à demi mâchés et les remettre sur son assiette ; s'il arrive qu'on ait dans la bouche un morceau qu'on ne puisse pas avaler, on se détourne adroitement et on le rejette. [...] On ne ronge pas les os avec ses dents comme un chien, on les dépouille à l'aide du couteau » [197].

Le plat reconnu sera baptisé du nom des ordonnateurs. Les cuisiniers de la Maison d'Orléans, de Conti, de Soubise rivalisent pour immortaliser le nom de leurs maîtres respectifs en lui offrant la nouveauté d'un potage, d'une bisque ou de quelque sauce. Madame de Pompadour crée le filet de volaille à la Bellevue, d'autres dames de la noblesse les cailles à la Mirepoix, les poulets à la Villeroy. Les exploits du duc de Richelieu à Port Mahon seront inscrits dans la mayonnaise, explique Marcel Reinhard dans son ouvrage *Histoire de France* – Larousse, Paris, 1954. Dans *La lettre sur l'arrangement d'un cabinet curieux*, Dezaillier d'Argenville explique, au chapitre des coquilles, qu'elles sont, elles aussi, nommées :

« Je vous avouerai que j'ai les yeux satisfaits quand je les jette sur un tiroir de coquilles bien émaillées. [...] voici celles à qui l'on a donné un nom : il y a l'amiral, le vice amiral, l'imperialle, le nautille, la concha veneris, l'echinus marinus, l'escalier, la thiare, la plume, le clou, le lapas, la foudren, la brulée, la musique, le plein chant, la quenotte, le ruban, la veuve, la pie, la cassandre, la bouche d'or, la peleure d'oignons, le casque... » [198]

Tout fait ventre ou discours comme s'en amuse Montaigne, à propos des cuisiniers italiens de François Ier :

> « J'en ai dict un mot sur le subject d'un italien que je vien d'entretenir, qui a servi le feu Cardinal Caraffe de maistre d'hostel jusques à sa mort. Je luy faisois compter de sa charge : il m'a fait un discours de cette science de gueule avec une gravité et contenance magistrale, comme s'il m'eust parlé de quelques grand poinct de Théologie. Il m'a dechifré une difference d'appetit, celuy qu'on a à jeun, qu'on a apres le second et tiers service ; les moyens tantost de luy plaire simplement, tantost de l'éveiller et picquer ; la police des sauces. [...] La façon de les orner et embellir pour les rendre plaisantes à la veue. Après cela il est entré sur l'ordre du service, plein de belles et importantes considérations, [...] et tout cela enflé de riches et magnifiques paroles, celles mêmes qu'on emploie à traiter du gouvernement d'un Empire »[199].

Le service de table est comparable à une pièce de théâtre dont les plats seraient le décor et où les mets noueraient une intrigue. Chaque service, qui comporte trois, quatre ou cinq services, comprend des mets différents par nature. Pour une table à cinq services, le premier est composé de potages et de hors-d'œuvre, le second des entrées, le troisième des rôts, le quatrième des entremets et le cinquième des fruits et desserts. Il existe un immense intérêt, au XVIIe siècle, pour la table et un des ouvrages le plus consulté s'intitule, *Les délices de la campagne où est enseigné à préparer pour l'usage de la vie, tout ce qui croit en terre et dans les eaux*[200]. Dans les grandes maisons, chaque service pourra comporter cinq, dix ou vingt plats. Le maître d'hôtel aura pour mission de surprendre le palais des convives par des successions de saveurs inédites. Suivant la place assignée au gourmet, les plats dégustés ne sont pas les mêmes. Chaque convive est placé devant des plats dont les saveurs ont été pensées pour lui par l'amphitryon metteur en scène des goûts. Le bon goût du maître s'affirme dans cette orchestration de la connaissance des particularités de chaque convive. On a souvent comparé l'art de table et « art de toile ». Grimod de la Reynière fait la liste des entrées comme d'une collection de chefs-d'œuvre :

> « [...] On peut l'assimiler au catalogue des tableaux du Muséum »[201].

La métaphore est commune et se poursuivra dans l'ouvrage de Lucien Tendret, *La table au pays de Brillat-Savarin*, où il écrit :

> « [...] si le tableau de la transfiguration est éternel, le ragoût de truffes à la parisienne de Carême dure le temps de le manger, comme les roses le temps de les sentir. Le cuisinier n'en est pas moins un artiste »[202].

Grimod de la Reynière vante les mérites d'une cuisine qui ne colle pas au palais et la grande qualité de la cuisine du XVIIe siècle sera une onctuosité, équivalence gustative d'une brillance visuelle qui est sans conteste un symbole du pouvoir. Le respect de certaines manières de table et l'obéissance à un corps de règles strictes engendrent une élite du goût. Elle est fondée sur le rejet d'une animalité dans les mœurs de table qui restera la caractéristique des démunis. Le goût existe par l'accès et la distinction, explique Pierre Bourdieu [203]. Il comprend l'art de se comporter à table, de composer des menus et d'inventer des recettes. Il nous tient, sans nous appartenir vraiment, comme le dit La Rochefoucauld :

> « Notre goût n'est plus à nous, nous n'en disposons plus, il change sans notre consentement, et les mêmes objets nous paraissent par tant de côtés différents que nous méconnaissons enfin ce que nous avons vu » [204].

La cuisine, que Jacques Le Goff qualifie de chose d'intellectuels, a sa place et son rôle dans une civilisation complète et seules les recettes élaborées conviennent à des palais éduqués. L'apparition d'une pensée du goût se fera par des traités de gastronomie correspondant au développement des traités de peinture. Les qualités d'ordre, de variété et de brillance y seront également vantées. Le livre de cuisine du XVIIe siècle devra être composé suivant ces règles d'or, bousculant les stratégies nutritionnistes d'une Renaissance tiraillée entre l'austérité culinaire des protestants et la profusion des banquets des puissants catholiques. L'art de la gastronomie obéira à des principes aussi rigoureux que ceux des Académies de peinture, de sculpture, des belles lettres et des sciences. Les règles académiques sont aussi féroces que l'enjeu individuel, attendu de leur aménagement. De la même manière, la spécificité du goût de chaque convive sera respectée et le maître composera pour chacun des saveurs particulières. Dans l'assemblée des convives, chaque dégustation se devra d'être spécifique. Le goût est un terme dont les occurrences sont nombreuses et fluctuantes. C'est pourtant un terme qui, paradoxalement, va imposer un ordre académique rigoureux. La naissance de l'esthétique comme science lui devra beaucoup, sans pour autant ôter son caractère labile. Le terme goût apparaît, avec une seule ligne de description, dans le *Dictionnaire du Thrésor de la langue Françoise*, écrit en 1606 par Nicot introducteur du tabac en France. Dans les dernières décennies du siècle, les emplois métaphoriques du mot goût occuperont plus de la moitié des articles de ce dictionnaire. Voltaire, à l'article « goût » des neuf volumes composant les *Questions sur l'Encyclopédie*, qu'il rédigera de 1770 à 1772, écrit :

> « Le goût est un discernement prompt comme celui de la langue et du palais, et

qui prévient comme lui la réflexion [...] Le goût dépravé dans les aliments est de choisir ceux qui dégoûtent les autres hommes, c'est une espèce de maladie. Le goût dépravé dans les arts est de se plaire à des sujets qui révoltent les esprits bien faits ; de préférer le burlesque au noble, le précieux et l'affecté au beau, simple et naturel »[205].

Rien de plus fluctuant que ces définitions où le goût n'appartient qu'aux gens de goût. Nulle autre explication que cette tautologie pour définir ceux qui voient, entendent et sentent ce qui échappe aux hommes moins sensiblement exercés. *La lettre sur le Choix et l'arrangement d'un cabinet curieux*, écrite par A. J. Dezaillier d'Argenville, secrétaire du roi en la grande chancellerie, qu'il adresse à M. de Fougeroux, trésorier payeur des rentes de l'Hôtel de Ville, fait état du goût nécessaire à la constitution du cabinet de curieux :

« Monsieur, il y a longtemps que vous me demandez mon sentiment sur le choix et l'arrangement d'un cabinet de tableaux, estampes de desseins, de livres, de médailles et autres curiosités. Quoique vous soyez plus capable d'en décider sur ce sujet que tout autre, je ne puis cependant refuser à votre amitié ce que vous exigez d'elle en cette occasion. Ce sera à vous, Monsieur d'en juger ! Connaisseur comme vous êtes, homme de goût, c'est à vos lumières que je soumets ce projet quoique chacun range son cabinet à sa manière et prétende qu'elle soit toujours la meilleure, il est bien sûr cependant que c'est le bon goût qui doit en décider »[206].

Être gourmet ou philosophe, n'est-ce pas une manière d'être hors du commun ? Voltaire en fait état :

« Il faut la capitale d'un grand royaume pour y établir la demeure du goût ; encore n'est-il le partage que d'un petit nombre ; toute la populace en est exclue. Il est inconnu aux familles bourgeoises où l'on est continuellement occupé du soin de sa fortune, des détails domestiques et d'une grossière oisiveté, amusé par une partie de jeu. Toutes les places qui tiennent à la judicature, à la finance, au commerce, ferment la porte aux beaux-arts ; c'est la honte de l'esprit humain que le goût, pour l'ordinaire ne s'introduise que chez l'oisiveté opulente [...] le goût est comme la philosophie, il appartient à un très petit nombre d'âmes privilégiées »[207].

Casanova, lui, versera le goût du côté rustique d'une libido naturelle et simple en associant, dans ses mémoires, le goût et l'odeur du pâté de macaroni ou de la morue de Terre Neuve bien gluante, ou du gibier au fumet qui confine ou des fromages dont la perfection se manifeste quand les petits êtres qui s'y forment commencent à devenir visibles, aux femmes aimées dont il apprécie la suave odeur.

> « Quel goût dépravé dira-t-on quelle honte de se les reconnaître et de ne pas en rougir ! Cette critique me fait rire, car grâce à mes gros goûts, je me crois plus heureux qu'un autre, puisque je suis convaincu qu'ils me rendent susceptible de plus de plaisir » [208].

Il codifie, normalise, tout en échappant à toute rationalité. Le goût a la subtilité du gaz, pourtant il va fabriquer le corps le plus doctrinal qui soit. L'esthétique occidentale est fondée sur l'idéalisme de cette non-matière. Elle s'est installée, dit Marc Jimenez [209], sur un territoire indéfini, composé de notions vagues comme sentiment, imagination et goût. La raison esthétique est une raison poétique. Elle pourrait constituer un intermédiaire entre la raison et l'imagination, entre l'entendement et la sensibilité. Finalement, l'individu réalisera l'harmonie entre les facultés : d'une part parce qu'il est l'auteur de l'expérience esthétique et, d'autre part, parce qu'il lui revient, à lui et à personne d'autre, de se prononcer sur ce qu'il ressent et d'émettre un jugement de goût. Le goût, l'ineffable « je ne sais quoi », va être le concept régulateur de l'Académie. Ainsi l'individu idéalisé se construit-il sur les sables mystérieux du goût, sens destiné à l'appréciation d'une nourriture, qui est davantage un système de communication et un protocole d'usages de situations et de conduites qu'une collection de produits consommables. Mais, dans ce système de communication, manger et goûter n'ont pas les mêmes valeurs. L'aliment peut lui aussi offrir son « coefficient d'art », sa délectation. Le système ainsi construit devient un langage à travers lequel un groupe social traduit ses orientations et révèle ses contradictions :

> « Au XVIIe siècle, la culture française devient hégémonique en Europe occidentale pour au moins deux raisons : d'abord parce que le système qui la soutient triomphe et rayonne, ensuite parce que le vieux rapport que le pouvoir politique entretient avec la production symbolique en termes modernes, avec les artistes, les savants et les idéologues, fonctionne grâce à l'absolutisme porté à son maximum. Si la cuisine française tend à devenir une référence c'est au même titre, prestige en moins, que la langue codifiée par Richelieu plutôt que par Malherbe ou que la peinture codifiée par Colbert plutôt que par Le Brun. À la discrimination entre le bon et le mauvais langage ou à l'établissement de règles et d'unités qui en découlent répondront une série de choix gustatifs qui explique l'importance des textes publiés au début du règne de Louis XIV » [210]

Le bon goût du XVIIe siècle permet de lier des définitions mouvantes.

Le goût peut être bon ou mauvais, deux catégories n'admettant de définitions que tautologiques. Le bon goût sera, à cette époque, utilisé pour justifier l'art d'accommoder les restes. Cette génération produit une cuisine qui, comme son art, se porte mal : on range de façon tumulaire ce qui a vécu. Ceux qui ne créent plus contemplent les restes, les débris illustres et les assemblent avec goût. Le rangement ou l'arrangement serait-il une économie précipitant par une institutionnalisation rituelle la fin d'un monde ? La brillance et la profusion seront au service de l'anéantissement de l'autre, de son ingestion. La sacralisation du goût semble apparaître quand une force adverse se fait craindre, c'est ainsi que la lumière intense aveugle et renvoie à l'obscurité :

> « Sur la brillance, le prix accordé depuis toujours à ce qui brille, à l'éclat, au resplendissement, au scintillement – à ce qui éblouit, aveugle – donc à cette partie de lumière qui ne favorise pas la visibilité, mais l'obture. Cette part la plus lumineuse de la lumière qui n'éclaire rien – dont l'éclat très condensé atteint une intensité telle qu'il relègue toute autre chose dans les ténèbres »[211].

Le point noir de la brillance sera la bestiale jouissance orale contenue par les règles de convenance. Dans les pénitentiels chrétiens la gourmandise était le premier péché, suivi par la très concupiscente curiosité. Leur proximité désignait déjà leur familiarité dans l'ordre de la jouissance interdite. La gourmandise et la curiosité étaient des exclusivités divines. Détenues par les hommes, elles deviendront des sacrilèges. La nourriture et les curiosités se transmettent oralement pour transformer l'amateur ou le gourmet. Les connaissances doivent être digérées pour appartenir à une chaîne sociale huppée. Conservé en un festin figé, le cabinet de curiosités est une salle à manger où la table est dressée en permanence pour les gens de goût. Sa rutilance recouvre l'originelle et menaçante rugosité.

NOTES

171 Lévi-Strauss Claude, *Anthropologie Structurale*, Paris, Plon, 1958.
172 La Rochefoucauld François de, *Maximes et Réflexions diverses*, Gallimard, 1976, p.179.
173 Lacroix Paul, dit Le bibliophile Jacob, Lettres, *Sciences et Arts, le siècle*, Firmin Didot, 1887, Tome III, p.410.
174 Érasme Didier, *Déclamation, traduit par Saliat*, Paris, Simon Colines, 1537.
175 Érasme Didier, *La Civilité puérile*, présenté par Philippe Ariès, Paris, Ramsay, 1977, p.56.
176 Pontévia Jean-Marie, *Tout a peut-être commencé par la beauté, Écrits sur l'art et pensées détachées*, Vol. II, Bordeaux, William Blake & Co, 1985, p.19.
177 Platon, *Lysis*, 216-C, Texte établi et traduit par Alfred Croiset, Paris, Les Belles Lettres, 1936, p.146.
178 Platon, *Phèdre, in Œuvres complètes*, 250 b, Traduction et notes de Léon Robin, Gallimard, Pléiade, 1960, p.40.
179 Chevalier Nicolas, *Le grand cabinet romain ou recueil d'antiquités romaines*, François l'Honoré, Amsterdam, 1706.
180 Borel Pierre, *Les Antiquités avec le rôle des principaux cabinets et autres raretés de l'Europe*, Castres, A. Colombiez, 1649, reprint Minkoff 1973.
181 Caillois Roger, *Au cœur du fantastique*, in *Cohérences aventureuses*, Gallimard, Idées, 1965, p.97.
182 Caylus Anne Claude Phillippe, Comte de, *Recueil d'antiquités égyptiennes, étrusques, grecques et romaines*, Desaint et Saillant, 1752-1767.
183 Gersaint Edmond François, *Catalogue raisonné des coquillages et autres curiosités naturelles*, Paris, Flahault, 1736, préface.
184 Ibidem.
185 Catalogue d'un cabinet d'histoire naturelle appartenant à Mademoiselle Papillon, février 1782.
186 Goncourt Edmond de, *Mademoiselle Clairon*, d'après les correspondances et rapports de police du temps, Paris, Flammarion, 1889, p.205.
187 Lacroix Paul, dit Le bibliophile Jacob, *Sciences lettres et arts*, Tome IIII, Paris, Firmin Didot, 1887, p.365.
188 Félibien des Avaux André, *Entretiens sur les vies et les ouvrages des plus excellents peintres anciens et modernes*, Paris, Le Petit, 1666.
189 Favreau Marc, *Curiosité et mécénat au Grand Siècle*, Thèse nouveau régime, Bordeaux III, 1994, p.108.
190 Barthes Roland, *Le monde objet*, in Essais critiques, Paris, Seuil, 1964, p.21.
191 Ibidem, p.19.
192 Mahé Pascale, *Le cabinet d'art et de curiosités de Rodolphe II*, Thèse, Université de Tours, 1995, p.72.
193 Larousse du XIXe siècle, p.632.
194 Barthes Roland, *L'empire des signes*, Flammarion, Skira, 1970, p.27.
195 Rowley Anthony, *La Fête gastronomique*, Gallimard, Découvertes, 1994, p.45.
196 Érasme Didier, *Colloques*, établie par Claude Blum, André Godin et Jean-Claude Margolin, Laffont, 1992, p.311-312.
197 Érasme Didier, *La Civilité puérile*, Paris, Ramsay, 1977, p.85-87.
198 Dezaillier d'Argenville A. J., *Lettre le choix et sur l'arrangement d'un cabinet curieux*, in Mercure de France, juin 1727, p.1294-1330.
199 Montaigne Michel de, *Essais*, livre I chapitre LII, PUF, Quadrige, 1988, p.306.

200 Bonnefons Nicolas de, *Le Jardinier français*, Amsterdam, R. Smith, 1654.

201 Grimod de la Reynière Alexandre , *Manuel des amphytrions*, Ed. Metaillé, Paris, 1983, p.147.

202 Tendret Lucien, *La table au pays de Brillat-Savarin*, Ed. Hovarth, Le Coteau, 1986, p.12.

203 Bourdieu Pierre, *La Distinction*, Éditions de Minuit, Paris, 1979.

204 La Rochefoucauld, *Maximes et réflexions diverses*, édition présentée par Jean Lafond, Gallimard, 1976, p.179.

205 Voltaire, *Questions sur l'Encyclopédie*, tome VI, 1771, p.290-291.

206 Dezaillier d'Argenville A. J., *Lettre le choix et sur l'arrangement d'un cabinet curieux*, in Mercure de France, juin 1727, p.1294-1330.

207 Voltaire, op. cité, p.290-291.

208 Casanova de Seingalt Giovanni Giacomo, *Mémoires*, histoires de ma vie, Arléa, 1993, p.5.

209 Jimenez Marc, *Qu'est ce que l'esthétique ?*, Folio, Paris, 1997, p.79.

210 Ory Pascal, *La gastronomie in Les lieux de mémoire*, dirigé par Pierre Nora, tome III, France, Tradition, Gallimard, 1992, p.831.

211 Pontévia Jean-Marie, *La peinture masque et miroir, Écrits sur l'art et pensées détachées*, Vol. II, Bordeaux, William Blake & Co, 1984, p.135.

LIVRE III. 2

Comment se fabrique une conscience
historique
en invoquant le goût français et
ses racines économiques.

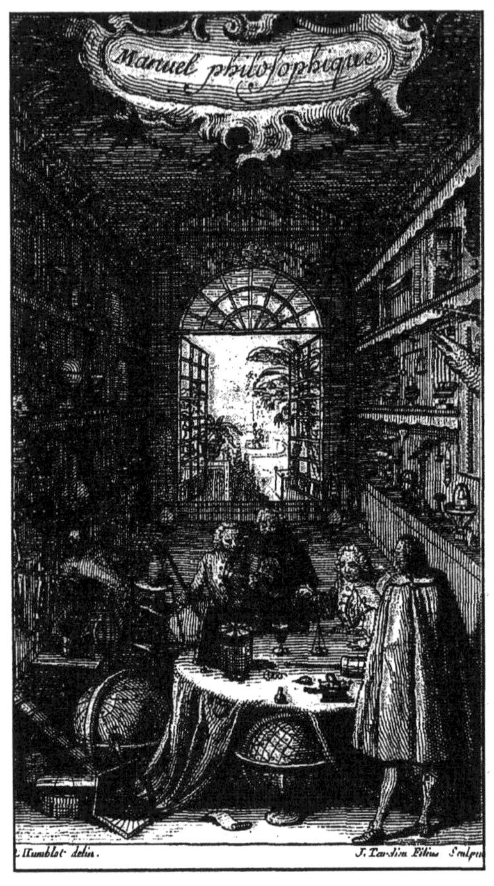

MANUEL PHILOSOPHIQUE
Bibliothèque interuniversitaire de médecine, Paris

Les périodes riches de productions artistiques variées laissent les collectionneurs dans l'ombre, alors que certaines périodes de disette artistique les poussent sur le devant de la scène. Les collectionneurs sont les comptables des périodes creuses, ils en dressent les bilans. Nous vivons aujourd'hui dans leur gloire et de nombreux ouvrages s'épanchent sur leurs bonnes œuvres. On se souvient qu'ils firent le marché de l'art. Les amateurs marchands connurent une célébration, en France, sous la Restauration. Un grand nombre de textes écrivait une histoire de l'art aussi conquérante que les armées expansionnistes de l'époque. Les marchands devinrent les héros de possessions muséales, installés dans la gloire des collections devenues, par les vicissitudes de l'histoire, républicaines. Puis ils disparurent pendant un long moment pour réapparaître aujourd'hui. Le XIXe siècle fait doucement glisser la curiosité de la passion à l'archive. Clément de Ris, Charles Blanc, Edmond Bonnaffé vont s'employer à défendre les amateurs de l'ancien régime, sans lesquels disent-ils, n'aurait pu advenir une conscience historique. Si les collections éclectiques sont, jusqu'au XIXe siècle, entendues sous l'infamant substantif de bric-à-brac, leurs restes deviennent les glorieux vestiges d'un passé envers lequel un immense respect est requis. Pour Charles Blanc, frère de Louis, la curiosité a permis la constitution d'archives, nécessaire à l'élaboration d'une histoire des peintres qui, sans elle, ne serait pas complète. Le milieu du XIXe siècle voit naître une conscience historique qui fait des catalogues de ventes des siècles précédents des archives permettant de doter chaque œuvre d'une fiche d'état civil. Le curieux et le marchand deviennent, par ce fait, sauveteurs des traces du passé. Une science historique peut naître grâce aux catalogues que ces derniers ont constitués :

> « Les études ingrates du commissaire-priseur vont devenir une œuvre littéraire »[212].

Edmond Bonnaffé, dans son ouvrage *Les collectionneurs de l'ancienne Rome*, félicite la cueillette patiente des amateurs de l'histoire. Il ira jusqu'à cautionner les limiers de Verrès et leur rabattage d'objets précieux mais, contrairement à Charles Blanc, il voit dans le musée l'héritier logique de cette moisson. C'est grâce à cette épargne, dit-il, que nos écoles seront assurées de leur pain quotidien et que la tradition des modèles se poursuivra pour la gloire de l'enseignement. Les valeurs patriotes s'installent sur l'image eucharistique d'une nourriture emblématique de partage et de simplicité. Cette fougue patrimoniale d'Edmond Bonnaffé fait du sauvetage du passé une profession de foi qui justifie tous les moyens, y compris la traque :

> « J'appartiens à une race particulière qui tient à la fois de l'homme par apparence extérieure, du terre-neuve par instinct *sui generis* qui consiste à vouloir

toujours sauver en dépit de certaines gens, les épaves de l'ancien temps. Cette race s'appelle les collectionneurs »[213].

Cette race, écrit-il plus loin, est tenace et a survécu malgré les philosophes à longue barbe, les artistes chevelus, les moralistes glabres, signifiant la pérennité justifiée, au-delà des modes incarnées par les longueurs de cheveux des collections et des collectionneurs. La race des collectionneurs a fondé le libéralisme du marché de l'art, dont l'exercice est d'éternité. Edmond Bonnaffé écrit, dans la préface des *Amateurs de l'Antiquité*, que nous devons honorer la digne famille des collectionneurs. Nous leur sommes redevables des musées. Sans Verrès nous n'aurions pas de torse de l'amour et pas de taureau Farnèse sans Pollion. Les hommes du XIXe siècle aiment les collectionneurs et justifient la démesure de leurs pratiques par une passion. Celle-ci va engendrer le romantisme : sa fureur conquérante et son train nostalgique de ruines et de fragments. Les tessons, ravaudages et guenilles que collectionnait déjà le comte de Caylus et qu'il cite dans sa lettre à Pacciaudi du 26 novembre 1759, seront les morceaux d'un naufrage :

> « À tout autre que vous qui avez de l'intelligence et de l'esprit je ne conférerais pas le désir que j'ai de ces guenilles. Il est certain même, que par amour de l'Antiquité on sauverait les morceaux du naufrage en même temps que l'on pourrait se satisfaire à très peu de frais, même dans la classe grecque qui est la plus chère, selon l'opinion des hommes. En effet, des morceaux mutilés et des fragments de toutes les nations ne sont regardés ni par le marchand, ni par l'acheteur. Le connaisseur vrai et l'amateur de bonne foi trouvent leur compte dans les objets qu'ils négligent. Somme toute, les balayures de la place Navone et toutes les guenilles me conviennent. Vous ne sauriez croire qu'elle est la ressource d'un songe creux et d'un ermite qui regarde un objet sans distinction et qui enfin ne le quitte qu'après qu'il est persuadé qu'il en a connu l'usage. Tel est mon amusement principal »[214]

Les collectionneurs seront les sauveteurs de la mémoire collective. Charles Blanc entreprend l'éloge de Lord Arundel :

> « Cet aristocrate anglais donna l'exemple au Roi Henri Prince de Galles, Charles Ier et Buckingham en faisant venir, grâce aux offices de Mr Petty, bon nombre de statues de Rome et d'Athènes. L'amour de l'art se mesurant aux sacrifices qu'il engage, celui de M. Petty fut immense, puisqu'il alla jusqu'à manger avec les Grecs d'alors ! »[215]

Lord Arundel est considéré aujourd'hui comme le pilleur du Parthénon, initiateur responsable des vols de monuments, digne d'opprobre. Le XIXe siècle était porté par le désir d'une histoire monumentale. Edmond Bonnaffé proposa, avec ses nombreux ouvrages, des prémices de la grande histoire des collections et des collectionneurs. Il ne sera pas le seul. Charles Blanc qualifiera les curieux de race salvatrice, dans l'introduction de la nouvelle revue, *La gazette des Beaux-Arts*, éditée en 1859, dont le sous-titre est « Le courrier européen de l'art et de la curiosité ». Des princes, petits bourgeois, médecins, gens de cour, de robe, d'Église, sont mûs par le désir de recueillir des épaves. du passé et l'époque raconte l'histoire de ces hommes obscurs, maltraités, qualifiés de thésauriseurs de tessons, d'antiquailles, traités de maniaques. Le moment est venu de songer à ces bienfaiteurs oubliés. La science moderne a compris qu'elle devait réparer les ingratitudes de l'histoire, mettre en lumière les pionniers du passé. Cette étude, partant du XVIIe siècle, trouve ses sources dans les nombreux catalogues d'encans réalisés par les experts. Gersainlt, Mariette, Remy et Basan seront les plus fameux. La raison de cet intérêt, au-delà de la reconnaissance subite du travail obscur des ancêtres, est plutôt un désir de renouveler le regard sur un patrimoine figé dans les limbes de son histoire, car comme l'affirme Bonnaffé :

« Nous sommes ruinés et nous vivons petitement sur nos restes »[216].

La conscience historique se fabrique à coup de nostalgie et c'est moins l'histoire que l'émotion patriote qui est exaltée par cette réthorique. Clément de Ris, conservateur du musée de Versailles, en posant un regard nostalgique sur les grandes entreprises collectionneuses, se donne l'occasion de fonder la légitimité française du goût. Il ne craindra pas, pour cela, de teinter l'histoire du goût en bleu, blanc, rouge et propose un palmarès où vient, en première position, le goût italien, bien supérieur par son tempérament et sa « race » au français, classé deuxième. Les goûts allemands et anglais parviennent en dernière position. Dans *Les Amateurs d'autrefois*, édité en 1877, il fait la nomenclature du travail des collectionneurs privés dont l'opiniâtreté a permis de constituer des collections nationales. La collection est un signe de grandeur et la nation s'y exalte. L'énumération nostalgique des grands collectionneurs de l'histoire chante la gloire d'un pays pour l'heure livré au pouvoir de la finance. Clément de Ris énumère les grands moments du goût français et fait correspondre une nomenclature des amateurs qui s'étend des rois du Haut Moyen Âge au XIXe siècle. Son énumération commence à partir d'un testament écrit vers 870, permettant d'établir une nomenclature des objets appartenant au comte Évrard, mari de Gisèle et fils de Louis le Débonnaire. La France, anthropomorphisée, doit à sa culture la consolation de ses tristesses, l'oubli de ses douleurs et le réveil de son activité et de ses espérances. Le patriotisme des hommes du Second Empire fabrique une filiation gauloise. Pour Clément de Ris, il s'agit, par l'énumération, de

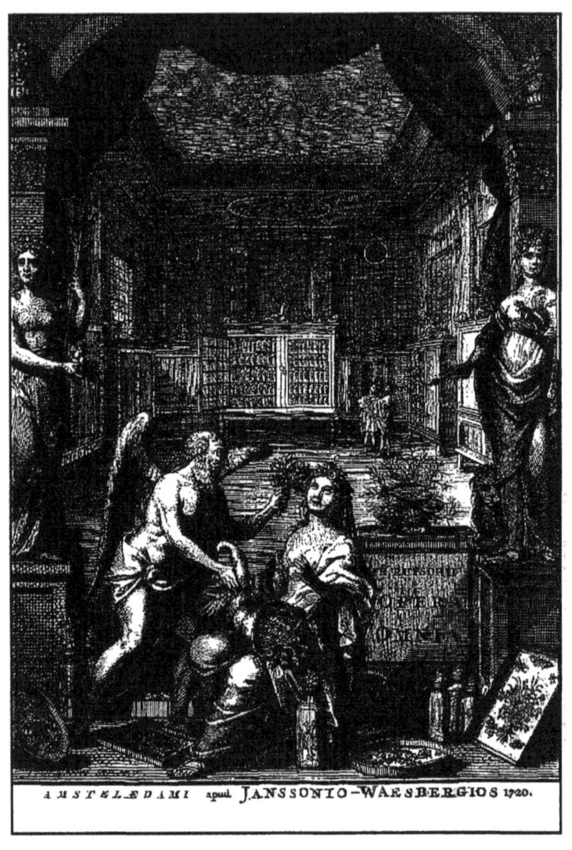

RUYSCH *Opera omnia, Amsterdam, 1720*
Bibliothèque interuniversitaire de médecine, Paris

montrer que les collections ont été, pour beaucoup, constituées grâce à la bourgeoisie qui avait stimulé le marché par l'intermédiaire des grandes foires. Sans doute :

> « [...] les armes enrichies de pierreries, des étoffes, des cratères en ivoire, des ornements de bibliothèques, de missels, des antiphonaires, des lectionnaires, des psautiers, des passionnels, des codex, des ripuaires des Lombards et des Bavarois fournissent le bataillon d'une Gaule profondément amoureuse de beautés »[217].

Le XIXe aime à voir la Renaissance côté des collections privées et françaises : Jaques Cœur, Jean Bureau, Nicolas Rolin en seront les piliers. Clément de Ris cite à ce propos un des premiers textes descriptifs d'un cabinet d'amateur parisien, celui de Jaques Duchié, riche bourgeois drapier. Le texte, écrit par Guillebert de Metz en 1430, nous révèle que :

> « Duchié possédoit une galerie de tableaux, une salle pleine d'instruments de musique et une autre de jeux. Une stude (un atelier N.D.R) avoit ses parois couvertes de pierres précieuses. Plusieurs chambres étaient richement adoubez de lits, tables en gignement taillés et parés de draps et tapis à orfrois. Dans une chambre haute, grand nombre d'arbalètes, étendars, bannières, pennons, arcs, mains, auchars, planchons, haches, guissarmes, targes, escus, canons et autres engins, brièvement toutes manières d'appareils de guerre. Il a fait placer dans une fenêtre faite de merveillable artifice une teste de plate de fer creuse parmy laquelle on regardoit et parloit à ceux du dehors »[218].

L'argumentation de Clément de Ris vise à restaurer l'importance du marché national. La foison des objets dans l'acte de vente des biens de Jacques Cœur et la profusion des objets de la cour des ducs de Bourgogne sont redevables des foires de Flandre. Les collections et les collectionneurs sont nés de ces rassemblements gigantesques. Le XIXe siècle, en reconnaissant dans les inventaires les preuves combinées du nombre et de la qualité des amateurs du passé, se plaît lui-même à en être l'archiviste. La France de la Restauration s'émerveille que les châteaux de France aient pu offrir, à la Renaissance, des écrins dignes des collections qu'ils abritaient, qu'ils aient invité des artistes à orner leurs murs. Ils sont fascinés par le fait que François Ier ait laissé à Rosso et au Primatice l'initiative privée de leur art et que cette entreprise ait pu être suivie par celle du duc Charles de Bourbon à Aigueperse en 1504, de Georges d'Amboise en 1510, de Marguerite d'Autriche en 1523, de Catherine de Médicis en 1589, de Gabrielle d'Estrées en 1597 et de Louise de Vaudemont en 1606 qui, dans leurs châteaux et cabinets, donneront toute liberté aux artistes qu'ils engagent pour le traitement des cycles iconographiques. Dans la nomenclature historique des collectionneurs qu'il constitue, Clément de Ris fait figurer peu d'aristocrates et encore moins de femmes ; seule la comtesse de Verrue est citée dans cet ouvrage, pour les collections qu'elle assemble, plus à cause d'ailleurs des mœurs rugueuses de la cour de Savoie auxquelles la contraignent son comte d'époux que pour l'amour de l'art. L'ennui dans lequel elle est jetée l'amène bien vite à la traque obstinée de meubles en bois de rose, de lustres de cristal de roche et d'objets de palissandre. Cette apologie des collectionneurs d'hier s'accompagne d'acides remarques sur les vilenies de la fabrication moderne et l'on comprend que l'archiviste a beaucoup de peine à cacher le marchand. Clément de Ris, dans son entreprise de restauration, redore le blason d'un marché de l'art essoufflé. Charles Blanc, nostalgique lui aussi, s'attriste du pitoyable état du marché français. L'étude de la peinture n'est possible que dans les grandes collections publiques et les curieux en sont réduits à se disputer, à grands coups d'enchères, quelques débris dont l'authenticité est incertaine. Le musée est pour lui responsable : le marché privé a disparu en France et ne s'alimente que de restes, au contraire de la Hollande, citée pour sa profusion :

> « La Hollande devient la terre classique de la curiosité, tout y conduisait : l'isolement du pays, ses villes nombreuses le caractère des habitants, leur esprit d'ordre et d'économie, l'accroissement de fortune qui en résultait, l'absence de ce mouvement du bel esprit, de la conversation en société, vraie cause de l'instabilité des goûts français, la vie recluse et sédentaire dans les demeures dont il faut orner les murs parce qu'une grande partie de la vie se passe à les regarder. Aujourd'hui encore à Amsterdam, on se laisse facilement aller à l'idée que ces demeures sont autant de sanctuaires ornés par la curiosité. Mais la Hollande, avec regret peut-être, a tardivement courbé son originalité sous le niveau de la civilisation commune qui donne à tous les peuples le même costume, la même pâture et les mêmes plaisirs. La curiosité eut son âge d'or en Hollande, il y a environ deux siècles, c'était l'époque des succès de ce pays en tous genres, après avoir arraché son sol à la mer et sa foi à l'Inquisition, il avait sans autre force que sa persévérance triomphé de tous les despotismes, donné un libérateur à l'Angleterre et humilié l'orgueil le plus insensé qui ait jamais enflé le cœur d'un Roi. La Hollande ouvrait alors à toutes les hardiesses de l'esprit, un cabinet d'étude à toutes les investigations de la science, elle fondait une école de peinture nationale, mérite rare qui n'appartient qu'à ce petit pays et à l'Italie qui n'avait d'autre aliment que les tulipes et les vases du Japon. Ils furent peuplés de peintres, de graveurs, de curieux et les tableaux à cette époque sortaient peu de Hollande »[219]

Ainsi les collections naissent chez les peuples conquérants ayant surmonté les conflits intérieurs et extérieurs. La peinture hollandaise correspond également aux valeurs prônées par une bourgeoisie en mal de reconnaissance : le bien fait, le léché, seront ses critères de prédilection. Pour Charles Blanc, « l'Histoire » signifie le temps où le marché était florissant. La circulation des marchandises portée par de nombreux collectionneurs permettront de forger des outils pour des théories de l'art. La première histoire de l'art, *La Vie des plus excellents peintres, sculpteurs et architectes*, ne fut-elle pas issue de la propre collection du peintre Giorgio Vasari ? Le libéralisme du marché engendre une fabrique d'archives, instruit une science de l'art et va nourrir la critique du musée. Une conscience historique est née, à la fois fascinée par l'appropriation usurpée de documents et par la ruine originelle de l'institution d'accueil qu'est le musée. Pour Charles Blanc, le musée est indigne car il dénature le mouvement interne de la circulation des objets d'art en les amputant de leur racine familiale. L'appartenance des œuvres est essentielle au fort courant prônant les valeurs libérales du marché. Charles Blanc insiste sur ces collections d'État qu'il considère comme des orphelinats :

> « Nous devons haïr les musées, l'objet est doué de vie, il doit bouger d'aller et venir, sa destinée est d'orner les familles. Dans le musée d'État, l'objet devient un enfant trouvé »[220].

Le patronyme familial est condition *sine qua non* pour établir l'identité des objets d'art ; la famille définit le statut ornemental, la fonction d'attribut des pièces alors que le musée idéalise la nature intrinsèque de l'objet. C'est d'ailleurs au titre de la neutralité que l'on peut garantir la mission éducative du musée, en dehors de toute contingence ornementale. La fonction principale de l'art est en mutation. Le musée va dépouiller l'objet artistique de sa fonction décorative pour lui indexer une idéalité édifiante et creuse. Or, dit Charles Blanc, la vitalité du marché impose que l'art soit à la fois ornemental et sujet d'étude. Les critiques du XIXe siècle, lancées dès la fin du s'apitoient sur des objets sans patronyme, privés de leur lieu originel et déplorent la neutralité desséchante des musées. Le musée prive de terre natale les objets d'art et, ce faisant, les « déréalise » et leur donne un statut énigmatique d'apparition. Cette brume mythique, en voilant l'objet, ne peut que l'arracher irrémédiablement à l'intelligence. Cette formulation vitaliste de l'objet d'art permet, en vérité, d'accuser l'État de pillage. Il s'agit de redorer le blason d'une bourgeoisie avide d'opérations financières. Les écrits de Charles Blanc, Clément de Ris et Edmond Bonnaffé vont donner un souffle au libéralisme du marché. L'amateur et le marchand veulent diriger complètement la production artistique. Ce mouvement, commencé à la fin du XVIIIe siècle, est relevé par Raymonde Moulin dans *Le marché de la peinture française* :

> « Il est significatif que, si la légende fait mourir Léonard de Vinci dans les bras du roi de France, l'histoire a voulu que Watteau se soit éteint dans les bras du marchand Gersaint » [221].

Le marché a remplacé le mécénat. Les amateurs, considérés auparavant comme des peintres sans talent, font assaut de modestie. Ils vont la perdre en devenant les indispensables injecteurs de monnaie dans un marché ouvert à tous les vents du libéralisme. Le divorce entre l'artiste et la bourgeoisie apparaît avec le Romantisme :

> « Au soir de la chevauchée napoléonienne, l'artiste ne se reconnaît plus en nostalgie » [222].

La bourgeoisie va tenter d'ennoblir le présent en embourgeoisant le passé et l'académisme lui fournira l'institution *ad hoc*, comme l'affirme Jean Clay :

> « La dictature exercée par Ingres de 1840 à 1868 – il est président de l'école des beaux-arts en 1850, sénateur en 1862 – viendra en grande partie de sa référence permanente au passé. Ses propos rassurent. Il faut copier scrupuleusement la nature mais à la façon des anciens. Ils l'ont comprise une fois pour toutes » [223].

La bourgeoisie commerçante a remplacé la bourgeoisie foncière ; cette mutation fait l'objet de la verve balzacienne de *La comédie humaine*. Les commerçants fabriquent un marché à leur goût et régulent leurs valeurs artistiques sur celles du "bien fait". Les mouvements de vente trompent sur l'inventaire réel de la curiosité et cette période, beaucoup moins riche qu'on se l'imagine, voit les mêmes tableaux défiler sous le marteau du commissaire-priseur. Les écoles flamandes sont les plus prisées pour leur naturalisme maniaque. Un mauvais goût bourgeois s'installe sur des critères artisanaux. Il faut du « léché », ce que certains critiques vilipendent :

« [...] Le réalisme est partout, c'est un mot d'hier pour une chose d'autrefois. Celui-ci règne dans la littérature, les mœurs, dans la philosophie et il chasse l'imagination du sanctuaire des arts. Dans cet empressement d'appréciation et de jugement sommaires, on n'étudie pas la composition, on va droit à l'exécution, l'esprit se récuse et les yeux seuls décident, ce n'est pas un égarement complet du goût, mais c'est souvent une partialité qui conduit à de regrettables injustices. Ainsi le chevalier Van der Werf et sa porcelaine est préféré à Metsu » [224].

Clément De Ris est le porte-voix des amateurs dont il démontre l'importance pour l'art. Les professionnels sont les garde-fous d'un marché qui, sans eux, serait anarchique. Les marchands connaissent les sources et les bons coins. Ils ont le nez plus fin, la vue plus sûre et la main plus adroite, l'expérience leur est plus profitable. Le curieux qui se trompe a la consolation de l'illusion. Le marchand, au contraire, paie son erreur et n'a pas de compensation, aussi défend-il du mieux qu'il peut son argent. Charles Blanc argumente, l'artiste est redevable à l'acheteur. Pour lui existe une relation logique entre l'argent et la collection : l'ardeur des curieux du XVIIIe siècle n'est pas seulement due au perfectionnement du goût et au raffinement des manières ; le grand nombre des collections s'explique par les fortunes que le système de Law fit et défit rapidement. Les curieux sont mobiles et peu fidèles dans leur goût. Leur vie, pour la plupart, se passe à échanger, brocanter ce que les héritiers dispersent quand : « Ils battent monnaie sur les cendres à peine refroidies de leurs auteurs » . L'inventaire est le fait des périodes creuses où l'on souffre du manque d'artistes. Si l'amateur survit à l'artiste, il est condamné à terme puisque lié à ce dernier par des attaches semblables à celles des couples. Les sauveteurs sont condamnés et les morts profitent au marché. La marchandise régule les passions des curieux qui, selon Clément de Ris transformeraient le marché en chaos. En outre, le marchand certifie la valeur des objets et fonde le principe d'une économie et d'une histoire. L'amateur d'antan, en cueillant au gré des pulsions qui les alimentaient et des modes sur lesquelles elles s'établissaient ou en conservant pieusement les œuvres des artistes, a donné matière à une des sciences les plus en vue, au sens où les exemples sont exposés : l'histoire de l'art. Les amateurs, relayés par la structure marchande qui les soutient, sont placés au pinacle, ils sont la conscience historique de leur temps, fortement teintée de patriotisme et s'élèvent contre un certain anachronisme du musée, pensé comme une institution folle dont les tenants sont hasardeux et les aboutissants rationnels. Charles Blanc, après Quatremère de Quincy, déboute le musée de ses fonctions idéales, en montrant qu'il n'est que la pièce montée d'une pensée dépareillée. Ainsi, l'hommage rendu aux passions collectionneuses accompagne et justifie la relance d'un marché de l'art. Ce mouvement va permettre l'irruption des oubliés de la culture occidentale, les crépons japonais puis les masques africains et marquer le renouveau du marché. Les artistes vont, à la fin du XIXe siècle, s'éloigner des valeurs superficielles du « léché » pour s'intéresser aux dessous, pulsions, hésitations, prémices et projets de leurs démarches artistiques. Cette option ouvrira, à terme, un champ de spéculations marchandes constitué sur la notion d'individualité. L'amateur, par définition singulier, est celui qui révèle cette belle au bois dormant qu'est l'œuvre artistique. Il aime et transfère, comme l'écrivait déjà Balzac dans les premières pages du Cousin Pons :

> « Pons se sentait au cœur une avarice insatiable, l'amour de l'amant pour la belle maîtresse. [...] Il possédait son musée pour en jouir à toute heure, car les âmes créées pour admirer les grandes œuvres ont la faculté sublime des grands amants ; ils éprouvent autant de plaisir aujourd'hui qu'hier, ils ne se lassent jamais et les chefs-d'œuvre sont heureusement toujours jeunes. Aussi l'objet tenu si paternellement devait-il être une de ces trouvailles que l'on emporte avec quel amour ! Amateurs vous le savez ! » [225]

L'amateur devient, pour des raisons conjuguées, celui qui dispose des œuvres, celui qui donne le sens par la filiation et assure leur revente dans un marché, quand la morale ou l'idée du beau ne régule plus la circulation des œuvres d'art comme elle l'a fait pendant des siècles. Le grotesque du musée est mis en évidence par la multiplication des collections individuelles. Son idéal positiviste, son arsenal scientifique à destination du progrès deviendra, au début du XXe siècle et surtout après la première guerre mondiale, la figure d'une imposture et l'histoire de l'art apparaîtra à ce moment là constituée de restes. Des retournements spectaculaires ont lieu dans la conscience moderne. L'académisme pictural du XIXe siècle, qui avait tenté de broyer l'impressionnisme, s'enlise dans l'oubli. Finalement, le cabinet d'amateurs, structure d'appartenance et de passion individuelles, a pu engendrer l'abstraction du musée d'État. La collection vouée à la destruction ordonne son propre vide permettant l'élaboration sur cette perte. L'instance théorique est née du musée qui, comme l'a dit Hegel, suspend et arrache tout objet à sa matière pour l'élever à l'idéal. Mouvement qui, à l'échelle de l'individu, favorise également la recherche abstraite comme le décrit Walter Benjamin :

> « J'ai connu une suite d'années où les transports m'ont été inspirés par les pièces d'une collection que j'avais rassemblée avec une patience ardente. Depuis sept ans que j'ai dû m'en séparer, je n'ai plus connu cette brume qui se formant à l'intérieur de la chose belle et convoitée vous grise, mais la nostalgie

de cette ivresse m'est restée. N'ayant eu ni la force ni le courage de me refaire une collection, un transfert s'est opéré en moi. Grâce à lui des passions qui allaient vers des pièces qui m'obsédaient se sont tournées vers une recherche abstraite, vers l'essence de la Collection elle-même » [226].

Cette essence, cette structure suspendue qu'est le musée, offre les ressources conjuguées d'une théorisation et d'une histoire de l'art. Celle-ci se déploiera dans plusieurs dimensions : une histoire des époques de l'art et une mise en correspondance mutuelle des œuvres d'époques différentes. Il faut, à cette conscience comparée de l'histoire, des exemples : on arrachera les monuments de leur terre d'origine. Les cabinets, encyclopédiques et de curiosités, sont nés de ces arrachements et de ces pillages. Les savants, pour étudier et les amateurs, pour faire voir, y déplaçaient et transféraient des objets dans une double perspective, esthétique et scientifique. À ce prix sont nés des systèmes de compréhension du monde, dont les topos en exil, flottants, opaques et énigmatiques, conféraient à leur origine un mythe et rendait une théorisation possible. Les musées, ces nouveaux laboratoires, élaboreront des théories comparatives et l'amateur que décrivent les Goncourt va peu à peu laisser sa place à l'homme de contemplation et d'action qu'incarne le Capitaine Nemo. L'apothéose du curieux serait en effet ce héros vernien qui transporte son cabinet au fonds des mers. Il tapisse la cabine du Nautilus de portraits d'hommes ayant consacré leur vie à un idéal : Kosciusko, O'Connell, Abraham Lincoln, John Brown. Homme de culture, il est surpris plongé dans une extase musicale, tandis que ses doigts ne jouent que sur les touches noires. Il s'agenouille devant un tableau représentant une jeune femme et deux jeunes enfants [227]. Le cabinet d'amateur du XIXe acquiert une motricité sur le mode de la cabine du Nautilus. Nemo va au-devant des curiosités du monde sous-marin et secourt une humanité souffrante. Il fomente la révolte des cipayes en Inde et perd ses parents, sa femme et ses enfants pour avoir haï le pouvoir anglais. Ce fils de Rajah va donc emprunter la voie solitaire pour s'engager auprès des révoltés crétois en leur donnant l'or recueilli sur les épaves pour veiller sur les cinq naufragés de l'île mystérieuse. La curiosité est devenue engagement pour assurer à l'humanité plus de justice et de progrès. Bourgeoise, elle l'est dans le sens où elle ne peut connaître l'inutile. Cette curiosité-là n'est envisageable que comme le préalable à une action. La pratique littéraire de Jules Verne s'inscrit dans la tradition des énumérations. Georges Perec avoue tenir de Jules Verne ce goût pour les sommes infinies qui donnaient à la fiction scientifique une place dans la visée encyclopédique de l'édition du XIXe siècle. Si elles instruisent et tiennent le spectateur en haleine, elles sont aussi le signe d'un naufrage. Comme le capitaine Nemo, qui n'a rien à perdre puisque revenu de toutes les illusions, le Nautilus-cabinet ne se saisit plus des objets comme de trophées, il promène son désespoir sur un monde dont les merveilles demeurent en place. La modernité n'est plus d'apporter le monde à soi, mais de glisser sur lui après en avoir fait l'inventaire.

NOTES

212 Blanc Charles, *Le trésor de la curiosité tiré des catalogues de vente, tableaux, estampes*, Paris, J. Renouard, 1857, p.15.

213 Bonnaffé Edmond, *Causeries sur l'art et la curiosité,* Paris, Édition A. Quantin, 1878, p.35.

214 Mariette Pierre-Jean, *Correspondance inédite du comte de Caylus avec le père Pacciaudi* Paris, Firmin Didot, 1877.

215 Blanc Charles, op. cité, p.63

216 Bonnaffé Edmond, *Les Collectionneurs de l'ancienne France*, Paris, Aubry, 1867, préface.

217 Ris Clément de, *Les amateurs d'autrefois*, Paris, Plon, 1877, p.103.

218 Metz Guillebert de, *Description de Paris au XVe siècle*, Ire édition, Roux de Lincy, Paris, Aubry, 1855.

219 Blanc Charles, opus cité, p.98.

220 Déotte Jean-Louis, *Le musée, l'origine de l'esthétique*, paris, L'Harmattan, 1993, p.45.

221 Moulin Raymonde, *Le marché de la peinture en France*, Minuit, 1967, p.24.

222 Clay Jean, *L'impressionnisme*, Hachette, 1971, p.15.

223 Ibidem, p.19.

224 Ris Clément de, op. cité, p.89.

225 Balzac Honoré de, *Le cousin Pons,* Booking International, Paris, 1993, p.21.

226 Benjamin Walter, *Écrits français*, Gallimard, 1991, p.325.

227 Bompiani-Laffont, *Dictionnaire des personnages*, Paris, S E D E, Firmin-Didot, 1960, p.447.

LIVRE IV. 1

Cabinet de curiosités,
Mode d'emploi moderne et contemporain.

Rarement les termes de cabinet et de collections ont été autant utilisés qu'aujourd'hui. Le dernier pic d'intérêt pour le cabinet de curiosités date de 1908 : Julius Von Schlosser, conservateur des collections viennoises rédigea, alors, un essai sur les chambres de merveilles. C'est lui qui exhuma le cabinet de curiosités au moment des mutations picturales du début du siècle. Sans doute cela permit à l'histoire de l'art de fourbir des outils efficaces d'érudition, pour l'approcher en savant, à partir de zones jusque-là inexplorées, comme le dit Patricia Falguières dans sa thèse. Le cabinet de curiosités semble aujourd'hui cité pour des raisons comparables. Cette forme apparemment désuète engage-t-elle une nouvelle approche critique des formes artistiques ?

LE CABINET DE CURIOSITÉS SELON JULIUS VON SCHLOSSER

Peu d'historiens s'étaient intéressés avant Julius Von Schlosser aux cabinets de curiosités. Patricia Falguières analyse le texte de ce conservateur des musées impériaux de Vienne qui publia, ce petit volume illustré, intitulé : *Die Kunst und Wunderkammern der Spätrenaissance :*

> « [...] Il se voulait un praticien, un expert des objets et il n'avait accepté qu'au terme d'une longue répugnance la fonction universitaire, pour prestigieuse qu'elle fût, qu'on lui avait offerte à plusieurs reprises ; il y succède ainsi en 1921 à Loïs Riegl et Frank Dvorak, mais il se considère comme un homme de musée, en grand amateur maniant les objets auxquels il accorde une priorité ontologique sur le discours, se fiant à la finesse de son tact et à l'abondance, à la diversité des choses : c'était là ce qu'il nommait la vraie, la saine tradition de l'école de Vienne » [228].

Pour Patricia Falguières, Schlosser va privilégier les formes marginales d'une histoire de l'art jusque-là triomphante, grâce aux principes de Wickelmann et Burckardt archéologues de formation qui l'avait bâtie dans l'héritage des idéaux antiques. Julius Von Schlosser entreprend l'histoire du collectionnisme qu'on ne peut saisir qu'à partir de la réalité culturelle et institutionnelle de l'Allemagne où fut créé à l'Université, en 1852, une chaire d'histoire de l'art. Cette formation nouvelle permettra les recherches de l'école de Vienne, où l'étude des textes est propédeutique à la réflexion sur l'art.

> « À toutes ces disciplines, le XIXe siècle veut imposer un rajeunissement décisif : conséquence du choc de l'Exposition Universelle de 1851, une série de grandes réformes universitaires promues par la haute administration viennoise font entrer la muséographie dans l'ère positive. Les innovations institutionnelles se succèdent, c'est en particulier la création en 1852 d'une chaire

d'histoire de l'art à l'université de Vienne [...] Tous les conservateurs auront une formation d'historiens et de philologues. C'est là un de leur caractère spécifique »[229].

Patricia Falguières explique qu'en 1910 :

« Le dispositif institutionnel est arrivé à maturité, qu'il secrète ses propres voies de recherche et ses problématiques. On privilégie, dans cette optique, les formes marginales de l'art, les textiles, les ornements archaïques, l'orfèvrerie. La plus grande attention est apportée aux formes d'art sans artistes, aux patterns décoratifs et aux constituants matériels des pratiques artistiques. La volonté de dégager une histoire du langage artistique en deçà des performances individuelles de quelques grands artistes amène les Viennois à explorer des phases historiques de faible prestige : époques bâtardes de transition et de décadence qui vont disloquer les cadres chronologiques canoniques de la *Kulturgeschihte* »[230].

Ainsi, l'école de Vienne aura été la première à questionner l'âge baroque et le maniérisme. Schlosser en s'élevant contre l'organisation rigide des musées prussiens, désire restaurer la jouissance érudite des curieux et la passion du collectionneur. Il se déclare « contre la tendance à transformer en livres illustrés l'histoire de la culture »[231]. Schlosser va donner aux objets et aux textes un statut de témoins. Schlosser va s'émanciper d'une histoire de l'art moulé sur l'Antique et se pencher sur l'histoire des collections septentrionales. C'était, pour l'époque, une rébellion caractérisée contre le classicisme de Winckelmann et Burckardt que se pencher sur les petits maîtres maniéristes, qui ont depuis connu une certaine fortune : Arcimboldo, Palissy et Jamnitzer. On a vu combien le XIXe siècle français avait porté haut le flambeau d'un patriotisme collectionneur dont Julius Von Schlosser offre une version septentrionale. Il fera lui aussi l'inventaire des collections germaniques, s'intéressant à Samuel von Quicchelberg, antiquaire du duc de Bavière, auteur d'un traité de muséographie au XVIe :

« Ces collections sont constituées des *sacra* des familles princières, des insignes de la dignité impériale, dont l'exemple fameux est le grand camée impérial, joyau de la collection des Habsbourg. Elles contiennent également les reliques dynastiques les plus diverses : les clés du sarcophage de la famille impériale à Vienne, un os du bras du duc Hermann, ancêtre des Habsbourg à Ambras, des portraits sous toutes ses formes, de la miniature aux émaux, en passant par la cire. Trésor, garde-robe princière et sacristie, la *Wunderkammern* est tout cela à la fois. Viennent ensuite les aiguières d'onyx,

> les noix des Indes, les œufs d'autruche, les parures de plumes des princes aztèques côtoyant les reliques de la foi des ancêtres, les œuvres d'art les plus prisées, la pacotille, les armes de parade, les bibelots, la quincaillerie [...] Cette confusion gagne jusqu'aux objets, méconnaissables dans leur extravagance Kitschig, comme les tabourets que l'on taille dans la patte embaumée d'un éléphant ou la petite table constituée des os du premier éléphant jamais vu à Vienne »[232].

Schlosser s'intéresse aux scories de l'art officiel, des masques funéraires romains en cire, aux boti des mannequins, en passant par les ex-voto florentins du XVIe siècle. Il montre leur importance jusqu'en Italie même, « terre burckardienne de culture, de soleil et de raison, on pouvait trouver semblables étrangetés »[233] Ce choix rendait évidentes les coupes franches d'une histoire faite moins pour l'art que pour les idéaux qu'elle servait. Il fallait donc plonger aux sources écrites des programmes iconographiques pour une lecture plus scientifique ; l'art allait se déchiffrer par les sources écrites et demander aux historiens d'art une érudition étendue. Né des controverses et interrogations sur les musées et sur l'art officiel, le travail de Schlosser se nourrit de l'étude des textes et d'une ouverture à des champs jusque-là méprisés. Cela a engagé l'histoire de l'art sur de nouvelles voies où l'enquête historienne était préférée à la posture esthétique qui avait jusque-là prévalu avec l'idéalisme triomphant. Ce fil critique fut suivi par des historiens, tel Haskell qui apporta un lot d'informations croustillantes sur une Antiquité inventée selon les besoins de chaque période avec son ouvrage, *Pour l'amour de l'Antique*. Le come-back du cabinet de curiosités a aujourd'hui une fonction similaire, il esquisse une ouverture de l'acte artistique à ses contingences socio-économiques, à ses fondations intimes selon des pratiques qui peuvent être qualifiées de régressives ou de critiques. Cette ouverture peut faire naître ou enterrer des instruments critiques. Certaines citations contemporaines du cabinet de curiosités ordonnent de telles confusions qu'elles ne sauraient fourbir des outils critiques : c'est le cas de l'exposition permanente appelée « *Curios et Mirabilia* » du Château d'Oiron ordonnée en 1990 par Jean-Hubert Martin.

LE CABINET DE CURIOSITÉS SELON JEAN-HUBERT MARTIN

C'est un véritable programme que Jean-Hubert Martin, alors directeur du Centre d'art Georges Pompidou, énonce à grands traits dans un article du journal « Le Monde », daté du 4 avril 1990. Le musée du XXe siècle trouverait son modèle dans le cabinet de curiosités. Jean-Hubert Martin vient alors de réaliser, en 1989, l'exposition au centre Pompidou : *Magiciens de la terre*. Viendront ensuite *Africa explores*,

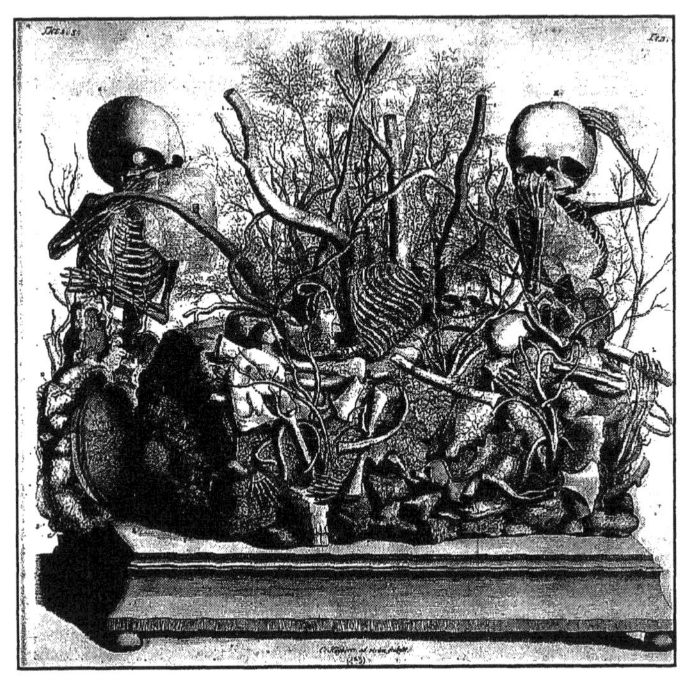

RUYSCH *Thesaurus anatomicus octavus*
Bibliothèque interuniversitaire de médecine, Paris

L'image dans le tapis de la biennale de Venise. Il sera commissaire français de la première biennale de Johannesburg en 1995, puis celui d'une exposition, en 1997, au Musée des arts africains et océaniens, il continue en 2001 en collaborant à la cinquième biennale d'Art contemporain de Lyon, *Partage d'exotismes*, en juin 2000. Toutes ces expositions sont fédérées par le souci d'articuler les arts aux sciences, les arts occidentaux aux non-occidentaux. Pour mettre son programme en œuvre, Jean-Hubert Martin installe, en 1993, dans un des châteaux Renaissance les mieux conservés, un cabinet de curiosités composé d'une collection de pièces contemporaines. Il a l'intention de redorer le blason des objets, les reconfigurer à la hauteur des lieux qui les abritent, de leur donner l'aura dont le musée les avait privés. Le musée d'art moderne, selon lui, répète un modèle mettant en scène une succession convenue de mouvements d'avant-gardes. Le terme est emprunté à un lexique utilisé par la pensée marxiste. Il souhaite sortir de cette « phase militante dépassée » [235]. Il propose, pour répondre à cette revendication, un nouveau musée qui cherche à renouer avec l'ancienne tradition de cabinets de curiosités, celle « des musées de merveilles avec leurs classements quantitatifs. Il veut réconcilier l'art et la science, la sensibilité et la connaissance par le contact direct à l'objet :

> « Tout en évitant l'écueil de l'encyclopédisme, on peut restituer une appréhension générale par toutes sortes de liens transversaux. Les phénomènes et réalisations ne se présenteraient pas comme des connaissances spécialisées et autonomes, mais dans un contexte de correspondance » [236].

Ou bien encore :

> « Ce nouveau modèle de musée cherche à renouer avec l'ancienne tradition des cabinets de curiosités, de « musées de merveilles » [...] il peut tenter de réconcilier l'art et la science, la sensibilité et la connaissance par le contact direct avec l'objet » [237].

L'idée d'une réconciliation entre art et science sensibilité et intelligence par le contact direct avec l'objet peut sembler naïve. L'art et la science ont partagé un fonds commun, au temps lointain de la première Renaissance, mais leurs visibilités respectives obéissent aujourd'hui à des principes divergents. L'art, quand il s'intéresse à la science, se penche sur l'archéologie de ses représentations ou sur ses oripeaux esthétiques. Citons les exemples d'Hubert Duprat rééditant les expériences de Fabre et de Paul Armand Gette celles de Linné. Les sciences contemporaines, quant à elles, se protègent de toute visibilité propre à susciter les convoitises de laboratoires concurrents. L'idée d'un contact « direct » avec l'objet, produit de cette rencontre scientifico-artistique est étrangère aux pratiques des sciences contemporaines. Seul le scientisme est lisible

« directement » par ses lieux communs et stéréotypes. De lourdes confusions égrènent le discours de Martin concernant le métissage culturel, principe agité pour envelopper des politiques commerciales. La présence d'artistes africains dans les musées peut aussi cautionner le principe d'un musée dont on peut contester l'universalité :

> « Il serait archaïque de n'envisager un Musée d'art moderne que dans le cadre de la culture occidentale. [...] Les arts premiers ont joué un rôle déterminant pour la réévaluation de nos critères esthétiques. Mais on ne peut plus montrer ces objets simplement comme des sources pour nos grands créateurs. Ils témoignent, en fait, du génie d'autres cultures. Outre les rapprochements formels, c'est la charge spirituelle ou magique de ces objets qui compte. Et les artistes et collectionneurs qui mêlaient dans leur demeure l'avant garde et le primitif ne s'y trompaient pas »[238].

Mais le musée n'est-il pas précisément l'institution de l'arrachement et convient-il à d'autres cultures qui jusqu'à présent s'en passait aisément ? Breton lui-même n'était pas dupe ; selon lui, ce que les surréalistes puisaient chez les Mayas et les Aborigènes pêchait par un manque de contact organique avec la base et laissait une impression de déracinement. Jean-Hubert Martin en conviant le visiteur à une « vraie pédagogie des facultés sensorielles et visuelles » poursuit, tout en le déniant l'oeuvre de pillage de ses ancêtres collectionneurs.

UN NOUVEAU MUSÉE

La période actuelle, appelle du musée sa préhistoire. De multiples études sur l'origine des musées ont été faites ces dernières année. Le musée est né dans sa conception moderne au milieu du XVIIe siècle. Il transmet, par une taxinomie avérée et ordonnée, la légitimation d'un discours d'ordre. Il range, sépare et hiérarchise pour ordonner et instruire. La fonction du musée était de sélectionner, selon les critères conçus par la société civile l'accueillant, les productions artistiques valides et de rejeter les autres. Les modulations de ces critères, voire leur inversion n'ont pas bouleversé ce fonctionnement. Le musée n'est pas né de la Révolution, par contre celle-ci assura aux arts une fonction éloignée de la seule délectation. Le musée pouvait contenir en un seul lieu tous les signes des savoirs que les recherches et fouilles et quelquefois les pillages avaient rendus innombrables. Il devenait l'instrument de la nation et constituait un patrimoine composé de musées spécifiques. Dans, *L'essai sur la méthode à employer pour juger les arts du dessin,* paru en 1790 et édité par une société d'artistes, il est écrit que les musées :

> « [...] présentent sans cesse à l'industrie de nouveaux moyens d'étendre, perfectionner ou faire naître quelque nouvelle branche du commerce » [239].

Nous insistons sur le ressort économique, doublé de valeurs éminemment viriles et militaires, sur lesquelles le musée s'est constitué. Les travaux de Dominique Poulot et Édouard Pommier montrent comment ce modèle appelait déjà sa critique. C'est une des pierres de touche de l'édifice encyclopédique et une idée récurrente de la philosophie des Lumières. Il s'agit de se faire entendre par les générations futures, instruites de vraies valeurs. La postérité sera :

> « [...] apte à reconnaître l'héritage universel des principes et à redresser les torts et les oublis. Dans cette perspective, le patrimoine à forger est ce qui du passé, répare l'ignorance pour mieux fonder une mémoire nouvelle, vertueuse et éclairée » [240].

L'Antiquité sera appelée pour restaurer cette vertu oubliée. Jean-Jacques Rousseau écrit que les précieux monuments de l'Antiquité nous montrent ce que les hommes peuvent être en nous montrant ce qu'ils ont été [241]. Le musée patrimoine a été érigé pour instruire la postérité selon des valeurs héroïques. L'édification morale à laquelle correspond le progrès des sciences doit frapper les imaginations. Le musée est l'espace où la fusion du vrai et du beau opère en un spectacle que l'on saisit d'un coup d'œil et l'Antiquité reste le modèle de l'alliance entre la science, l'art et la vertu. Le musée aura la charge d'illustrer la vertu par la morale publique, comme l'énonce un panneau établi à Auch, le 26 frimaire An II [241] Dans cette logique, les arts libéraux se verront substitués aux arts de l'histoire, terme plus qualifié pour montrer que les arts ont une finalité : celle de prolonger le souvenir des actions utiles. L'héroïsme est la valeur phare de ce programme qui doit rendre meilleurs les citoyens par l'exemple et l'émulation. Les amateurs sont encouragés dans le dictionnaire de Watelet à constituer des galeries privées propres à moraliser le public grâce à des tableaux représentant des actions vertueuses. Ces peintures exaltent la justice, la bonté et la générosité. Il est précisé que :

> « Si le sens de ces actions étaient difficiles à faire entendre, des inscriptions simples les expliqueraient » [243].

Ainsi le musée doit-il être utile :

> « Il prétend être le tribunal des choses, il leur confère l'immortalité du chef-d'œuvre ou les rejette dans les ténèbres de l'univers non muséal » [244]

Les critiques de ce musée doctrinal fondé sur des valeurs morales ne se sont pas fait attendre et Quatremère de Quincy en apporte un témoignage virulent dans *Lettres sur le projet d'enlever les monuments d'Italie* – lettres à Miranda. C'est au nom de la république des lettres et de ses idéaux universaux que Quatremère écrit :

> « En effet vous savez que les arts et les sciences forment depuis longtemps en Europe, une république dont les membres liés entre eux par l'amour et la recherche du beau et du vrai qui sont leur pacte social tendent beaucoup moins à s'isoler de leurs parties respectives qu'à en rapprocher les intérêts sous le point de vue si précieux d'une fraternité universelle »[245]

La vocation idéale de principes universaux incarnés par la culture et l'art se heurte aux impérialismes qui justifieront les pillages : Napoléon récupère les œuvres spoliées par l'Italie, et Goering affirmera que l'art, cette instance supérieure, appartient de droit à la race des seigneurs. Pour Quatremère, la culture ne pouvait appartenir au plus fort, mais le musée va dénaturer ce projet philanthropique : il serait plutôt son cimetière. Il est d'essence mortifère si l'on en croit Jean Clair qui pioche dans *La recherche du temps perdu* une accusation du musée dont on pourrait aussi accabler les pommes de terre :

> « [...] c'est une indigestion que m'ont donnée ces pommes de terre pas assez cuites, ce n'est rien. Un nouveau coup l'abattit, il roula du canapé par terre où accoururent tous les visiteurs et gardiens. Il était mort »[246]

Le musée est un testament. Quatremère de Quincy en fait une forteresse et un mouroir des pratiques artistiques et Jean Clair, deux siècles plus tard, surenchérit :

> « De même les musées de folklore, les musées des arts et traditions populaires sont-ils apparus dans ces années où mouraient dans les campagnes, les dernières traditions populaires [....] l'ouverture d'un Musée de l'homme coïncide avec l'idée de la mort de l'Homme »[247]

Le musée est un orphelinat d'État. Tout ce qui a vécu entre en glaciation au musée et Paul Valéry utilise cette métaphore dans *Le problème des musées* :

> « Au premier pas que je fais vers les belles choses, une main m'enlève ma canne, un écrit me défend de fumer. Déjà glacé par le geste autoritaire et le sentiment de contrainte, je pénètre dans quelque salle de sculpture où règne une froide confusion [...] Je suis dans un tumulte de créatures congelées, dont chacune exige, sans l'obtenir, l'inexistence de toutes les autres »[248]

Si l'on en croit Jean Clair le musée et la gare sont les deux monuments du XIXe siècle :

> « Mais sans doute le Musée et ses collections devaient-ils connaître le destin de toute la *bildung* occidentale : périr de ce même mouvement de conquête qui avait présidé à leur naissance. Inscrit dans le corps de l'Empire le musée répète par son inscription, un projet semblable ; il est dans l'ordre de la *res*

cogitans ce que la gare est dans l'ordre de la *res extensa*. Et s'il capitalise le temps comme l'autre capitalise l'espace, ce qui le définit en tant que musée c'est aussi sa frontière : le *limes* qui sépare le même de l'autre, ce qui déjà lui revient de ce qui ne lui appartient pas encore »[249].

Le musée serait le point d'ancrage, la forteresse d'une société avide de conquête qui pour subir les foudres de nombreux détracteurs, n'en reste pas moins monument. Au XIXe siècle, il est conspué : n'engendre-t-il pas ces relations désincarnées, ces approches sans amour qui se pâment sur des pièces arrachées à un terroir originel ? Le musée, orphelinat d'État, n'est bon qu'à emprunter ses modalités au sacré. Ernst Jünger écrit :

> « On thésaurisa dans les musées ce qu'on avait ravi aux tombeaux. On ne vit pas seulement croître des musées à la place des églises. Les églises se muèrent en musées. Ce qu'on entassait de substance morte, dans les cabinets et les vitrines rappelait les reliques du Moyen Âge à cela près que l'esprit de cette époque se façonnait des reliquaires de style rationnel »[250].

Les impressionnistes voulaient entrer au musée, sa porte leur fut fermée : « faire de la peinture un art de musée » dit Cézanne, alors que la bourgeoisie n'était pas encore convaincue de la nécessité d'orienter vers les arts, les spéculations pourtant florissantes sous Napoléon III. Peu à peu, la classe dominante s'ouvre à l'idée d'un art qui rapporte. Grâce à l'idée de faire de l'art un marché, le musée devient la surface publique d'une économie de l'art. Le musée et le marché ont bâti une succession de plus en plus accélérée de mouvements qui, inscrite dans la logique de l'institution muséale, prenait sa cotation financière. Ainsi, les mouvements artistiques ont-ils historiquement obéi à cette logique. Ce sont les artistes du début du XXe, en jouant sur les limites de cette institution vénérable et vieillotte, qui poursuivent la relance mercantile. Ce jeu des limites exprimé en acte (ce fut le ready-made), en mot d'ordre, en manifestes, en pamphlets et en invectives diverses contre la loi muséalo-académique forgée par les pères, a permis de réactiver le marché. Le musée est bien l'édifice du paradoxe. Maurice Blanchot l'exprime en écrivant :

> « Il y a quelque chose d'insupportablement barbare dans l'habitude du musée »[251].

Le musée, ce Janus est bâti sur la double idée de la gloire et de la barbarie. Sa gloire fut d'exalter une civilisation qui nommait, classait en pensant ainsi s'éloigner de la barbarie. Rien de moins sûr selon les mouvements de décolonisation des années 1960 qui approchèrent le musée comme l'acte arriéré d'une déportation abusive d'objets :

> « La barbarie est certes liée à la déportation des objets que stigmatisait déjà Quatremère de Quincy qui dénonçait le pillage des œuvres arrachées

à leur sol natal, c'est bien sur l'arrachement, le déracinement, mais c'est aussi sa fluidité extrême qui suit les lois du marché qui le sous-tend » [252].

Jean-Joseph Goux explique combien l'économie crée de valeur avec l'art et ses institutions. Les valeurs sur lesquelles le musée fondait sa sélection se sont délitées, d'autres sont apparues, l'argent est resté. Il fait perdurer le musée et installe les pratiques familières et intimes du quotidien en acte artistique. Les formes rituelles du banal s'installent au musée, au grand dam des concitoyens : n'est-il pas inutile et dispendieux de catégoriser leurs petites manies ? Ainsi venu d'idéaux universaux, le musée promeut des démarches pour la plupart absconses. Jean Clair dresse un réquisitoire assez sévère, dans *La responsabilité de l'artiste*, contre le paradoxe de plasticiens tirant leur moyen de subsistance de déni des structures qui les engagent. Il fait la généalogie d'une perversion de la modernité qui, des futuristes aux artistes conceptuels, parodie l'existence du musée. En effet, le musée est la figure de tous les paradoxes et le ventre de toutes les ironies : « Les spectateurs avalent n'importe quoi » disait Duchamp. Le musée expose une mise en abîme, une parodie pervertie par le tout possible du royaume de l'économie. Jamais un cadavre n'aura été si prolifique. C'est sur ce champ miné que réapparaît le cabinet de curiosités. Sorte d'enfance du musée, exhibant un bric-à-brac de classements et d'objets, le cabinet d'amateur qui devint de curiosités fut à la fois le laboratoire des premiers humanistes, un bassin de confrontations de différentes techniques, de connexions disciplinaires qui ont permis la création de nouveaux instruments d'analyse et quand ils seront depuis longtemps oubliés un réservoir d'imaginaire pour leurs héritiers. Le paradoxe du musée se poursuit dans cet appel à la mémoire devenu paradis perdu des savoirs mêlés. On se souvient que Vivant-Denon, suivant en cela le programme de l'Encyclopédie, proposait pour le Louvre des collections variées. La structure ouverte du cabinet de curiosités qui habite l'origine du musée permet de relier ces deux structures que tout semblait opposer : le cabinet en était l'ancêtre impensé. Au château d'Oiron, l'exposition *Curios et Mirabilia* permet à chaque artiste d'occuper une pièce pour laquelle il met en place un dispositif propre à évoquer le cabinet de curiosités, mais il en est un dévoiement puisque chacun appose sa griffe patronymique sur la salle qu'il occupe. L'entrecroisement est confondu avec la juxtaposition de pratiques artistiques nominales. Seul le lieu un château, fleuron de la Renaissance française, et le commissaire en sont les rassembleurs. L'intention du conservateur est de rendre visible à la fois l'œuvre architecturale et les œuvres contemporaines en un destin momentanément et superficiellement maillé. Seul le lieu qualifie les œuvres contemporaines de cette aura, dont Walter Benjamin signalait la perte avec les arts de masse issus du XXe siècle. On renoue ainsi avec les temps anciens où la production d'images était le plus souvent ordonnée pour un lieu, un château, une église ou un couvent. L'utilisation actuelle de l'*in situ* montre une volonté de faire voir le cadre par l'objet. Le locus est aujourd'hui restauré pour opposer au musée clinique, qui neutralise ses murs afin de ne pas troubler l'émotion intrinsèque de l'œuvre, la patine de l'histoire ; ainsi l'idée de l'œuvre d'art, transcendantale et formaliste a transité vers une concordance des temps. La neutralité muséale inventée au XIXe siècle et employée au XXe constituait une histoire de l'art vidée de toute appartenance à un lieu et une histoire. Les arts d'aujourd'hui sont qualifiés en histoire par la formule magique de l'*in situ*. De nouvelles tendances artistiques s'orientent vers un retour du récit pourvoyeur de poésie. Un dialogue a lieu, non plus entre le spectateur et l'œuvre accablée de transcendance, mais entre les productions contemporaines et anciennes, entre les monuments historiques et les arts, entre les objets scientifiques et les productions plastiques. Les réseaux reliant les différentes connaissances marquent la volonté de qualifier les objets artistiques par leur appartenance à un lieu. La revendication de l'*in situ*, apparu au moment où les musées se transformaient en maisons de verre, se double d'une volonté d'inscrire l'objet artistique dans une dimension savante héritée de l'École de Vienne. Le discours d'un art frôlant le merveilleux, la fable et les sciences, montre une certaine nostalgie vis à vis des collectes primitives. De fait, le métissage des arts, des sciences et de la fable des arts occidentaux et non occidentaux justifie bien souvent une approche plurielle voire chaotique dont se nourrit le marché. Pour infirmer les propos de Martin mettant en scène l'internationalisation de l'art, Alain Quemin dans le numéro spécial d'Art Press consacré aux écosystèmes du monde de l'art explique que l'internationalisme revendiqué, le *Partage d'exotismes,* pour reprendre le titre de la biennale de Lyon de l'année 2000 n'est qu'illusion. Les artistes non occidentaux présents dans les biennales sont bien souvent résidents des pays traditionnellement en charge du marché de l'art. De la même façon, l'exposition permanente du cabinet d'Oiron joue de confusions même si elle présente l'intérêt réel de mettre un fleuron du patrimoine au service de l'art contemporain, mêlant des publics jusque-là « amphibies » : s'il est bon, en effet, de rappeler qu'aux sources des discours artistiques logent, oubliés, les guides de voyageurs, il existe des manières moins artificielles de le faire. La citation du cabinet de curiosités semble reposer sur deux courants : le premier très puissant dans les arts plastiques d'aujourd'hui semble se fixer un devoir de mémoire et quelques plasticiens s'affirment en héritiers conscients d'une tradition aussi fortement énoncée aujourd'hui qu'elle était dénoncée hier. Le second est l'éclectisme sans hiérarchie des courants artistiques jetés par le marché de l'art, dans l'institution muséale. Pour le premier courant, la pratique artistique n'est pas un arrachement mais un héritage et une dette. La dette va aux collectionneurs, les amateurs, « les petits, les obscurs, les sans grade ». Ils réapparaissent en qualité d'acteurs de cette histoire glorieuse qui les avait délaissés. Le paradoxe est de montrer, au sein du patrimoine d'État, cette fascinante répulsion pour les archéologues des savoirs privés, confits dans des châteaux ou des hôtels particuliers. L'héritage désigne une idée continue de l'histoire après que l'inflation des ruptures a envahi le marché de la modernité. La métaphore d'une avant-garde guerrière apportant ses lumières au monde enténébré se délite au profit d'une histoire qui préfère au changement brutal de cap, les plis dans lesquels il semble, en effet aujourd'hui, que l'on s'attache à renouer une mémoire nourricière.

CONCORDAT SCIENCE ET ART

Il semble que l'on veuille aujourd'hui restaurer l'idée d'un musée dont les pratiques artistiques sont soudées au vaste champ des connaissances. Dans le cabinet de curiosités reconstitué d'Oiron, nous voyons des artistes utiliser des méthodes empruntées aux sciences. Paul-Armand Gette et Hubert Duprat exposent des pièces artistico-naturalistes, en créant des œuvres qui ont toutes les caractéristiques de la recherche scientifique mais dont la destination finale est artistique. C'est ce glissement qui produit un :

> « [...] charme poétique parce qu'il stimule le regard et renouvelle la perception, est un effet de distanciation qui exerce une influence dynamique sur la pensée... »[253].

C'est dire combien ces emprunts formels ne font pas avancer la science mais permettent d'en visualiser l'histoire. La fonction poétique de cette relation des arts et des sciences s'installe sur la perte de leurs fonctions initiales. Les qualités poétiques ne peuvent intégrer des critères scientifiques. Déjà, au temps où les cires anatomiques montraient les efforts communs des chirurgiens et des céroplasticiens, on ne cessait dénigrer cette association : Sander, naturaliste allemand, exprimait fortement, dans *Le guide des curiosités de Paris* en 1783, le dégoût que lui procuraient les pièces de Fragonard tant elles étaient faites pour le badinage. Il estimait bien entendu cette :

> « [...] passion amoureuse qu'ont les Français à montrer plutôt qu'à démontrer. La frivolité de cette nation se manifeste quand elle entreprend quelque chose de grand et noble qui devrait effacer son caractère badin et volage »[254]

Sander prêtait à la culture allemande une pureté, née d'une prétendue hostilité au mélange des genres que les cours germaniques pratiquaient pourtant avec un certain talent. Le chirurgien allemand Rumpelt, vétérinaire en chef des Écuries Royales du Prince électeur de Saxe, concède en 1779 que les anatomistes ont exécuté avec une surprenante habileté des préparations difficiles mais :

> « Toutes les préparations satisfont seulement à la vue, peu d'entre elles peuvent servir à la démonstration de nouvelles vérités, à la réfutation de vieilles erreurs. Partout ce sont des raffinements qui ne sont pas instructifs et qui témoignent seulement de l'application de leur auteur » [255]

Fragonard dans les pièces qu'il confectionne pour ses cours utilise des thèmes de l'iconographie septentrionale : *Le chevalier de l'apocalypse* est une statue anatomique comportant un écorché de cheval que monte un écorché humain plus nourricier de fantasmes que d'apports médicaux. De nombreuses légendes sont nées de cette écorchée : elle aurait été une cavalière aimée de Fragonard que les parents de celle-ci lui refusaient. La sphère poétique se nourrit des reliquats d'une science abandonnée et d'un passé perdu : la nostalgie est au pied de la lettre le retour de la douleur ; les intentions démonstratives des pièces, devenues fables, n'ont plus d'autre fonction que d'exhumer la mémoire de la période renaissante où les arts élaboraient des savoirs scientifiques. Depuis que ces liens sont rompus, les artistes contemporains en exaltent la mémoire. La pratique artistique cite la science qui, elle, s'en défait, le mouvement des sciences avançant en effaçant leurs traces, comme l'explique Jean-Pierre Changeux dans le catalogue de l'exposition, *L'âme au corps* [256]. Selon Georges Canguilhem, il faut pour que la science s'énonce, qu'elle ait élaboré des méthodes. L'histoire des sciences est la prise de conscience explicite, exposée comme théorie, du fait que les sciences sont des discours critiques et progressifs pour la détermination de ce qui, dans l'expérience, doit être tenu pour réel. L'objet de l'histoire des sciences est un objet à qui l'inachèvement est essentiel. Canguilhem expliquait que l'objet, en histoire des sciences, n'avait rien à voir avec l'objet scientifique [257]. Celui-ci, constitué par un discours méthodique, est second, bien que non dérivé par rapport à l'objet naturel initial qui en est le pré-texte. On ne peut montrer l'objet scientifique. La séparation est faite et l'art ne peut que mettre en scène une science déjà désuète. Les artistes qui exposent des pièces scientifiques au château d'Oiron appartiennent à deux catégories : ceux pour qui la science prête ses outils, les Hologrammes de Kowalsky, le pinceau électronique de Jacquet, le magnétisme de Tom Shannon et ceux qui utilisent la science en citation pour évoquer des glissements poétiques de leurs pratiques artistiques. Ces derniers empruntent beaucoup à la tératologie humaniste : la corne de licorne de James Lee Byard, les monstres de Thomas Grunfeld et Joan Fontcuberta. Paul-Armand Gette trouve ses références chez Linné, ce naturaliste du XVIIe siècle, concepteur d'une clarification tabulaire. Une volonté démonstrative de l'artiste s'expose dans des cadres hétérogènes à sa propre pratique. Certaines pratiques artistiques utilisent la figurabilité scientifique, précisément parce que la science s'en est absentée et le fameux concordat art-science évoqué par Martin opère par nostalgie, sur fond de sciences anciennes. Une exception pour Hubert Duprat qui avec ses bestioles poursuit les expériences de Fabre qui déplaça la phrygane lui ôtant son étui pour l'étudier dans un aquarium ne possédant que des radicelles de cresson. Duprat part de l'austérité minimaliste du scientifique pour amener l'expérience à ses limites esthétiques. Faisant acte scientifique il fait enregistrer un brevet d'invention au n° d'enregistrement : 83 02024 et au titre suivant : *Confection de fourreaux par des larves aquatiques de trichoptères à l'aide de matières précieuses.* Le concordat entre les sciences et les arts fait beaucoup rêver au temps où les disciplines avaient un tronc commun, avant que chacune ne gagne son autonomie par section, notion comptable de deux occurrences : la coupure et la spécialisation. Les arts plastiques opèrent aujourd'hui un retour analytique vers le moment où s'est faite la césure, pourvoyeuse à la fois d'autonomie et de mélancolie, à l'endroit d'une fusion projetée en paradis perdu, au point de sa fascination, vers cette acmé précédant la coupure d'avec une matrice imaginée. Le musée a incarné ce cloisonnement à la fin du XVIIIe siècle, bien que les collections originelles fussent éclectiques. Les arts plastiques, débiteurs vis-à-vis du musée, retracent leurs épopées croisées et retournent aux sources vives de leur mémoire commune, promettant de fabriquer par ce truchement, un bouillon de futur.

Nous avons suivi cette hypothèse en considérant les arguments plaidant en sa faveur. Le premier argument est la volonté de placer l'œuvre d'art dans sa dimension de savoir. L'œuvre d'art est connaissance, nous avait dit l'École de Vienne. Erwin Panofsky explique, non sans humour, qu'il a réhabilité le mot iconographie tombé en désuétude et comment le mot iconologie, prononcé en 1939, avait de telles connotations ésotériques, voire suspectes que le Directeur du Métropolitan Museum l'accueillit fort mal. Pour lui, l'iconologie consacrait un anti-humanisme conduisant les étudiants allemands, de manière inéluctable à la doctrine hitlérienne. Dans l'introduction de ses *Essais d'iconologie*, Erwin Panofsky explique que l'œuvre est étudiée par l'historien d'art et confrontée avec les documents portant un témoignage sur elle :

> « L'historien de l'art devra confronter ce qui lui paraît la signification intrinsèque de l'œuvre (ou du groupe d'œuvres) qui occupe son attention avec ce qui lui paraît la signification intrinsèque d'autres documents culturels his-

> toriquement liés à cette œuvre en aussi grand nombre qu'il lui sera possible de les prendre en main : documents portant témoignage sur les tendances politiques, poétiques, religieuses, philosophiques et sociales de la personnalité, l'époque ou le pays d'étude. Cette étude met en relation les significations intrinsèques de tous les documents culturels »[258].

L'histoire de l'art, avec les travaux de Panofsky, ira chercher ses significations dans l'interaction d'autres disciplines et ce dernier aura besoin du terme vieilli d'iconologie, pour désigner, de sa désuétude, de nouvelles catégories artistico-muséologiques. L'herméneutique panofskienne se définissait :

> « [...] en quête des significations intrinsèques des diverses disciplines humanistes se réunissent sur un plan commun, au lieu de se traiter mutuellement en servantes »[259].

Elle fut aussi alléchante pour l'esprit que difficile à appliquer et nombreux sont ses détracteurs. Jean Wirth, après Robert Klein en 1963, met en doute la distinction des outillages intellectuels du chercheur et les correctifs dont il dispose. Les outils sont pour eux d'emblée interprétatifs. Georges Didi-Huberman, dans *L'Histoire de l'art dans les limites de la simple raison,* texte de *Devant l'image*[260], pose des questions au mode d'interprétation panofskien. Le découpage est problématique dans l'objet de l'interprétation : comment séparer les niveaux d'interprétation secondaires et intrinsèques ? Outre l'érudition supposée impossible qu'elle requiert, elle suscite des questions sur la nature de l'art. Le contenu iconologique relève de l'essence par opposition à l'apparence. Cet antagonisme est fortement ancré dans la tradition de la pensée allemande. L'ambition d'Erwin Panofsky n'était pas restreinte à une méthode interprétative mais plutôt à l'engendrement d'interprétations plurielles. Les œuvres ne se définissaient plus dans la limite de leurs significations cachées, de leur énigme, de leur contenu mais montraient le syncrétisme de la pensée humaniste. Encore fallait-il une érudition extraordinaire pour traiter des informations et des modalités de recherche aussi diverses. Devant l'inflation des énigmes iconographiques et des démarches, aucune n'arrive à s'imposer. Les multiples interprétations se substituent à une réponse unique, idéale. L'histoire de l'art selon Panofsky définit ses concepts à partir de Ernst Cassirer et de ses théories sur les formes symboliques. Il cherche, à travers l'analyse des thèmes artistiques, à reconstituer l'histoire des représentations humaines, qu'elles soient de pensée ou d'imagination. Il fonde l'histoire de l'art plus comme une enquête épistémologique que comme une science d'interprétation dont l'iconologie serait la pièce maîtresse. Le cabinet de curiosités, cité aujourd'hui avec le parfum de désuétude qui l'accompagne, rappelle qu'en art toute fonction euristique s'est déjà engagée sur des territoires méprisés. Le kitsch, parce qu'il est objet de dégoût, put offrir à des artistes soucieux d'incongruité comme Jeff Koons, un champ d'exploration vierge. Il met en tension les limites circonvenant le goût, entre la critique et l'approbation. On se souvient qu'Aldrovandi avait déserté la philosophie qui l'amenait devant les tribunaux de l'Inquisition et qu'il avait trouvé dans la botanique une neutralité le protégeant de sulfureuses questions théologiques. Le mauvais goût montre la puissance occulte d'un bon goût implicite et questionne le dogme artistique. Dans un article de 1939, Clement Greenberg, peint le kitsch comme une :

> « [...] forme d'arrière-garde faite de chromos, de couvertures de magazines de bandes dessinées, de musique de guinguette, de danse à claquettes [...] Le kitsch est le produit de la révolution industrielle qui en urbanisant les masses populaires en Europe occidentale et en Amérique a établi ce qu'on appelle l'alphabétisation universelle. [...] il est expérience par procuration et sensations fausses »[261].

Il diabolise le kitsch, forme tératologique du monde industriel, au profit de la pureté du formalisme qu'il défend. L'impureté consiste à voir se côtoyer le dérisoire et l'important, l'art et le kitsch, la boule bleue et sa neige plastique et une toile de Barnett Newman, ou des formes extra-européennes. Le kitsch, sous-culture des pauvres, est sans doute une forme d'hybridation de plusieurs cultures, une forme répugnante, reproduite en masse, comparable par certains aspects aux monstres exposés dans les cabinets de la Renaissance qui exercent une fascination commune issue d'un dérèglement brutal. Mais les hommes ont eu accès à une forme de pensée détachée grâce à leur passion pour les hybrides et les formes analogiques, nous expliquait André Leroi-Gourhan, en nous invitant en 1961 à réfléchir à cette question dans *Le langage des formes :*

> « [...] l'insolite dans sa forme, ressort puissant de l'intérêt figuratif, n'existe qu'à partir du point où le sujet confronte une image organisée de son univers de relation aux objets qui entrent dans son champ de perception. Sont insolites au plus haut point les objets qui n'appartiennent pas au monde vivant mais qui en exhibent les propriétés ou le reflet des propriétés. Le monde vivant des animaux et des plantes, des astres et du feu, figé dans la pierre, est encore pour l'homme actuel une des sources un peu troubles de son intérêt pour la paléontologie, la préhistoire ou la géologie. Les concrétions, les cristaux qui jettent des feux touchent directement les fonds de la pensée réfléchie de l'homme, ce sont dans la nature comme des mots ou des pensées, des symboles de forme ou de mouvement, ce qu'il y a de mystérieux et d'inquiétant même à découvrir dans la nature une sorte de reflet figé de la pensée est le ressort de l'insolite »[262]

Le kitsch est utilisé aujourd'hui par certains courants d'art contemporain, comme un des ressorts de l'insolite, permettant formellement de pénétrer une conscience élargie du monde comme l'étaient, en leur temps, les monstres et « ydoiles », objets sauvages des cabinets de curiosités. De fait, les productions kitsch de l'art contemporain apparaissent comme autant de dérèglements destinés à valider la norme. Qui prise les animaux de Jeff Koons sinon les tenants d'une culture savante, simplement amusés de leur agrandissement et déplacement dans l'antre de la culture des édiles ?

EXOTICA - OBJETS « SAUVAGES »

Les objets exotiques placés dans les cabinets de curiosités faisaient peur car aucune détermination ne leur donnait de signification. Les objets « ydoiles » n'étaient pas des objets d'études qualifiés. Ils le deviendront seulement avec l'entrée officielle de l'ethnologie dans les sciences humaines, au début du XXe siècle. Ni Aristote ni Pline n'ont reconnu leur existence. À la Renaissance, ces objets sont des choses sans mot et forment une partie énigmatique du monde dont on ne sait si elle exalte ou infirme la gloire dorénavant partagée de Dieu et des hommes. Les sauvageries, « estrangetés », et « ydoilles » sont venues d'Afrique, comme l'écrit Rabelais :

> « Cette contrée coustumière de toujours produire des choses nouvelles et monstrueuses »[263]

Leur existence est énigmatique et le restera jusqu'au milieu du XVIIe siècle. Les sauvageries africaines n'auront pas droit aux mentions écrites du catalogue de Claude du Molinet, au XVIIe siècle, lequel les range au chapitre des étrangetés sans leur donner de signalement plus précis. Pour exemple, les poteries funéraires Any ne sont pas mentionnées dans les inventaires du cabinet du roi. Le comte de Caylus reproduit un pendentif Koulango dans son *Recueil d'Antiquités*, rare exemple de la connaissance que l'on pouvait avoir de ces idoles. Un projet de musée unique, proposé par l'Abbé Barthélemy à la fin du XVIIe siècle, aurait rassemblé toutes les idoles éparses dans les établissements d'État. Ce projet verra le jour grâce à Ernest Théodore Hamy, anthropologue et ethnologue français, fondateur du musée d'ethnographie du Trocadéro de Paris. Le « capital » épistémologique des cabinets de curiosités sera transféré dans les musées spécialisés du XIXe siècle tandis que certains objets, talismans sans destination particulière, iront bien plus tard occuper les musées d'ethnographie. Tous les objets recueillis dans les musées au XVIIIe siècle ont trouvé une place dans les musées selon leur qualification et leur famille. Le premier Louvre de Vivant-Denon intégrait les exotiques à cette vision du monde, mais leur détermination était imprécise et ils ne trouveront de destination qu'avec l'ethnologie faite science permettant aux

intellectuels occidentaux de décentrer leur point de vue et de refuser la hiérarchie du civilisé sur le sauvage. Les théories d'André Leroi-Gourhan et de Claude Lévi-Strauss vont donner une crédibilité à ces objets, renforçant l'intérêt qu'ils revêtaient déjà pour les artistes du début du siècle. André Breton, parmi les surréalistes, sera fasciné par les masques océaniens et les relations qu'ils entretiennent avec les collages et peintures de l'époque. C'est pour eux un laboratoire de rêves, rempli de métaphores, un lieu où l'esprit créateur puise comme à une source. Les cabinets de curiosités intégraient jadis, dans un souci de complétude, les objets exotiques à leurs collections, les plaçant selon l'ordre de préséance : Dieu avait créé la nature, l'art et le génie des hommes européens poursuivaient son œuvre. Mais que faire des idoles, sinon les ranger dans l'innommable de l'homme "civilisé" ?
William Rubin réalisa au MOMA de New York en 1984 une exposition dont le titre était *Le primitivisme dans l'art du XXe siècle* et le sous-titre « Les artistes modernes devant l'art tribal ». Dans le catalogue de 1984, traduit en français en 1987, seuls les artistes européens avaient un nom, assez logiquement puisque l'art africain puise son existence dans une fonction rituelle ne nécessitant pas de signature individuelle. L'ethnocentrisme des pays riches, dénoncé, par Martin avec l'exposition, *Les magiciens de la terre,* montrait à juste titre les stéréotypes selon lesquels "haïtien" était associé à peinture naïve et "africain" à masques angoissants, lesquels fabriqués en quantité et brunis par des bains d'huile de vidange, s'acharnaient à rendre les mystères de l'Afrique conformes aux goûts occidentaux. D'autres stéréotypes consistent, aujourd'hui à utiliser, pour présider des biennales du marché de l'art occidental, des ressortissants de pays qu'ils ont depuis longtemps quittés pour les capitales américaines ou européennes. La diversité des pratiques multi-culturelles donne crédit au modèle européen et nourrit un marché de valeurs exotiques comme elle le fit déjà, grâce aux cabinets de la Renaissance. Si le discours accompagnant l'intégration de ces objets dans le marché a changé, les lois du marché du capitalisme cannibale restent identiques : afin d'assurer de moindres coûts, le marché de l'art délocalise et chante la gloire des valeurs patronymiques et individuelles des productions.

VALEURS INDIVIDUELLES

Cela nous rappelle que le cabinet de curiosités fut un culte de l'individu pour l'individu et que son invocation actuelle confirme la réhabilitation d'une esthétique du sujet, par la voie traditionnelle du goût. Ce retour signé par de nombreuses études et dont Francis Haskell est le pionnier, redonne à l'histoire du goût ses lettres de noblesse. Qu'elles soient vagues régressives ou mouvement en ressac des méthodes et des outils d'interprétation, elles montrent l'irréductibilité d'une pensée de l'art fondée sur une position subjective. Jean Clair affirme que la figure et l'appropriation individuelle sont les vertus capables de dissoudre l'idéalisme dogmatique appliqué, entre autre discipline, à l'histoire de l'art. Dans, *Élevage de poussière*, ce dernier insiste sur l'importance de l'émotion esthétique cousine de curiosité, de secrets et d'inattendus :

> « [...] quelle plus forte émotion que de découvrir, perdu dans un quartier populaire derrière le palais Pitti, le musée que les Florentins entre eux appellent encore la Specola ? Ici un artiste de génie, Clémente Susini, passa seize ans de sa vie, de 1775 à 1791 sous la direction du docteur Tomaso Bonicoi, à façonner ces milliers de figures de cires anatomiques qui semblent nous attendre encore. Allongées dans des vitrines comme Blanche Neige dans son cercueil, de jeunes mortes ou bien de tendres endormies mesmérisées naguère exhibent délicatement les mystères de leur corps, le regard chaviré et errant sur les lèvres, le sourire extatique des martyres ; des fleurs d'entrailles naissent de leur ventre, des circonvolutions blêmes se dévoilent sous la calotte ouverte de leur front, des écheveaux de nerfs se gonflent sous leur épiderme. Dans ces tissus cireux circulent, comme sur une peinture de Dosso Dossi, des bleus, des rouges et des carmins, montent à travers les glacis des bruns et des mordorés. On songerait au délire macabre d'un Ligier Richier, à l'érotisme froid d'un Canova. Mais il s'agit d'autre chose ; la précision maniaque du détail et le terrible frémissement ont fait de ces statues craintives et qui fuient la lumière les sœurs des suppliciées de Sade »[264].

Cette émotion constitue les prémisses d'une démarche rationnelle, comme Panofsky la définit comme l'étape indispensable du premier niveau dit expressif, dans la construction des significations :

> « [...] On la saisit [...] en percevant certaines qualités expressives, par exemple le caractère de deuil que comporte une attitude ou un geste, l'atmosphère intime et paisible d'un intérieur »[265].

Le désir subjectif a fabriqué le cabinet d'amateur, le goût individuel en était le principe actif, ordonnateur d'une genèse domestique et de classements. La manie des nomenclatures est utilisée aujourd'hui par les artistes du côté des débordements pathologiques du sujet. Sophie Calle engage un détective privé pour enregistrer ses circulations quotidiennes donnant à l'archivage du banal un statut esthétique. La collecte devient fondatrice de toute pratique et est invoquée pour ses vertus critiques. L'artiste est devenu un amateur, posture que Duchamp incarna, sans qu'elle prît chez lui les formes d'une cueillette narcissique. La collection est constitutive d'une définition de la culture européenne, des cabinets d'amateurs aux multiples pratiques artistiques constituées dans la fascination répulsive du lieu muséal. L'emploi récurrent du « cabinet de curiosités » marquerait autant la fascination de l'origine, que son versant nostalgique refuge contre le contemporain, cette tarte à la crème de guerre pichrocoline entre ancien et nouveau, consacrée par Catherine Millet [266]. En tout état de cause elle affirme une filiation historique. La désuétude de la dénomination a été reprochée à Panofsky concernant l'emploi du mot iconologie, mais la peur de la régression ne saurait être une régression de la peur, laquelle est servie à toutes les sauces de notre frileuse époque. À la crainte de l'archaïsme que suscite ce retour à des formulations désuètes, peut se substituer une reformulation des catégories de l'art où sont reliées des pratiques jusque-là, pensées antagonistes. Cette filiation collectionneuse montre le sujet dans une dimension de désir, comme l'affirme le terme d'amateur, celui qui aime, qui transfère les objets résiduels d'une société débordante qu'il qualifie en les montrant. Il introduit dans l'espace muséal des objets in-vus. Il va déplacer, comme le fait Christian Boltanski, les objets de famille dans un lieu destiné à classer des familles d'objets, selon une logique du désir. L'amateur faisait venir le monde à lui. Il en était le centre, le miroir, l'organisateur, à la fois seul dans son obsession et relié par sa collection à un réseau social. Il était l'enfant d'un monde de jouets. Certes son cabinet obéissait à des conventions lui assurant d'appartenir à une caste où il trouvait la notabilité, mais elle le laissait à ses prédilections, objets de reconnaissance et quelquefois de moqueries. Le comte de Caylus se fait railler par le Président des Brosses pour l'intérêt qu'il porte à ses guenilles. Le cabinet de curiosités ne peut se comprendre sans cette relation individuelle de possédant, sans cet amour de l'objet qui installe l'irrationalité au cœur du désir de rationalité du théâtre des connaissances. Cette relation sensuelle que l'on pourrait qualifier d'amoureuse est décrite par Jean Clair à propos de la figure et peut s'adapter au cabinet qui, comme la figure, ressemble et rassemble. Le cabinet est une figure du monde donnant au-delà d'une forme métaphorique d'un monde clos, un nom aux éclats, à la dissémination :

> « En Europe, la sollicitation des sens demeurait continue, tempérée, modulée par les siècles, d'une infinie profusion. Mille choses relançaient le regard, l'oreille, le goût. Un principe d'*horror vacui* avait ainsi gouverné l'origine et le développement de son art. Nommer chaque chose, décrire chaque forme, bourrer l'espace, ne rien laisser au vide, à l'innommé, à l'irreprésentable. Ne rien laisser à l'inhumain » [267].

Que ce nominalisme aussi obsessionnel que jouissif soit figuratif est une évidence pour Clair qui voit dans la non-figure une forme du vide. Parlant de la peinture américaine de l'après-guerre :

> « Plus d'une fois je l'avoue j'avais aimé cette raréfaction, ce dépouillement d'une peinture de réforme, cette esthétique de la pellicule nue et de l'utilitaire strict, qui refuse la profondeur, le trouble comme elle refuse le sang et la sanie. Mais j'avais fini par suffoquer. Il me fallait à nouveau goûter à la jouissance d'errer, de succomber à la confusion des sens, de se perdre, enfin de se laisser aller aux apparences » [268].

La figure est la garantie de notre mémoire. L'esthétique du sujet incarnée par le goût et la figure permet certainement de qualifier un lieu et autorise une sensualité individuelle que Clair veut voir opposer à l'utopie totalitaire d'une pensée globale. Le *locus* serait la meilleure arme contre la « montée de l'insignifiance » décrite par Cornelius Castoriadis [269]. Elle peut aussi engendrer le pire. Cette fascination nostalgique de l'avant, indice de meilleur, l'intérêt hypertrophié pour le sujet et sa définition identitaire est comme l'a montré Jean Luc Nancy dans *Le mythe nazi* [270], une possible moëlle nostalgique pouvant nourrir les pires tyrannies. Nous sommes aujourd'hui dans le maelström d'un fantasme de la perte constituant notre nouvelle identité. Nous avons perdu, écrit Régis Debray dans *Vie et mort de l'image*, une logique de totalisation de l'image projetée avec la logique de l'image diffusée faite de fragmentations. La télévision propose un réel syncopé par des gros plans et perd une vision d'ensemble. Cette vision de corps en morceaux disséminant l'image du spectateur en bribes n'est certes pas nouvelle et n'a pas attendu la télévision. Le musée de la Specola comme ses cousins parisiens, les collections Garreta de l'hôpital Saint-Louis, ou les collections de Dupuytren de la Faculté de Médecine offrent un inventaire assez éloquent, d'une fragmentation d'objets réunis par un discours positiviste. Aujourd'hui, le fragment est devenu totalité car le discours n'en assure plus l'assise. Le fragment flotte sur la réalité comme un tout auquel on peut s'identifier ; comme l'écrit Mondzain dans, *L'image peut elle tuer ?* : “Si le spectateur d'un crime devient criminel c'est parce qu'il n'est justement plus spectateur”. Cette identification au fragment visible désole le discours dont la totalité n'est plus pensée que du côté de la perte. Tout ce qui restaure un rassemblement ordonnateur des signes épars est donc le bienvenu et c'est le cas du cabinet de curiosités. Il semblerait que cette fonction fédératrice, contrepoint de l'idée d'avant-gardes artistiques soit construite en dehors d'un idéal de progrès assimilé aux idéologies totalitaires. Pourtant le désir de quitter une idéologie de la totalité a fait prévaloir une autre idéologie : celle du flux des individus et des marchandises. La fluidité est, aujourd'hui, la clé de voûte d'un système économique dont l'artiste est un des agents migrateurs. Il recueille et inscrit des pratiques humaines en formules ; en quelque sorte il renomme. N'était-ce pas le travail des amateurs de l'ancien régime ? L'artiste obtient un statut en adhérant aux valeurs d'un groupe qui s'est détourné de la technicité des savoir-faire ; aujourd'hui il serait plutôt un cueilleur d'in-vus, un héritier direct des collectionneurs et de ce dispositif nommé cabinet éprouvé pour sa mise en espace de domaines hiérarchisés. Ces agencements sont convoqués pour mémoire et restaurent une représentation héritière de l'humanisme qui s'accommode assez bien avec l'actuel nomadisme de l'artiste consacré par le libéralisme planétaire. Depuis que l'entreprise est devenue "créatrice" et utilise le lexique artistique, l'artiste guerrier des avant-gardes est mort et lui a survécu l'amateur, ramasseur de choses déjà faites, collectionneur devant l'éternelle valeur en mouvement. Déjà l'amateur était la figure que revendiquait Duchamp en ouvrant la porte d'un territoire de doutes, d'énigmes et de sciences amusantes mais aussi d'irrationnels enchevêtrements en mal de définitions. Se déplacer dans la place de l'amateur c'est arracher l'art à son appartenance jusque-là évidente à la matière, pour lui préférer la fluidité des transferts :

> « [...] je voulais m'éloigner de l'acte physique de la peinture. Pour moi le titre était très important. Je m'attachais à mettre la peinture au service de mes objectifs et à m'éloigner de la physicalité de la peinture » [271].

L'artiste pourra devenir collectionneur, arrangeur et disposeur de ready made. Le post-modernisme, somme des définitions de la modernité, est le courant incarnant le mieux cette sensibilité collectionneuse. Force est de constater que les termes de post-moderne et d'anti-moderne, utilisés par Catherine Millet pour qualifier le cabinet de curiosités, in « Art-Press » n° 190, accumulent les préfixes désignant le concept fondateur de « modernité » comme référence à la fois absolue et floue. Pour l'historien, la modernité correspond à la Renaissance, pour l'historien d'art, elle signe la radicalité formelle de l'autonomie assumée par les arts plastiques depuis le début du XXe siècle. Quant aux principes définissant cette modernité, c'est tantôt la mode selon Baudelaire et Jean Clair, tantôt une boulimie d'expériences et d'apprentissage de la distance, selon Bell :

> « Cela signifie que par l'abolition de la distance esthétique on vise à l'immédiateté, l'effet d'impact, la simultanéité et la sensation en tant que telle. En réduisant la distance esthétique, on supprime la contemplation et l'on enveloppe le spectateur dans l'expérience. En supprimant la distance psychique on met l'accent sur ce que la terminologie freudienne appelle le processus primaire du rêve et de l'hallucination, de l'instinct et de la pulsion. Dans tout cela, le modernisme rejette la cosmologie rationnelle qui fut introduite dans les arts à la Renaissance et codifiée par Alberti, le premier

plan et l'arrière-plan dans l'espace du tableau, le début, le milieu et la fin ou la succession des événements dans le temps. Cette éclipse de distance, en tant que syntaxe formelle traverse tous les arts ; en littérature c'est le courant de conscience, en peinture l'élimination de la distance intérieure dans la toile, en musique le bouleversement de l'équilibre de la mélodie et de l'harmonie, en poésie la dislocation du mètre classique. Dans le sens plus large cette syntaxe commune répudie la mimesis comme principe de l'art »[272].

Le modernisme, impensable sans la guerre froide, est une révolte contre la morale et la discipline bourgeoises. Il est incarné par la notion d'avant-garde et l'utilisation d'un lexique issu de la pensée politique ; cette stratégie de la pensée conduira *in fine* aux appareils idéologiques d'état d'Althusser et aux machines désirantes de Lyotard, instrumentalisation d'une conquête du pouvoir. La post-modernité amorce un tout autre virage. Elle a marqué les deux dernières décennies en proposant une critique ouverte de tous les mouvements. Elle est plus la collection des oscillations de l'époque et des multiplicités de points de vue qu'une révolte contre un ordre établi. Cette mouvance rassembleuse, privilégiant la nomenclature à la hiérarchisation, est cousine de la curiosité dont on a vu l'émergence dans les périodes de transition. À la Renaissance, les guerres de religion participent à l'éclosion des cabinets. Quand une société ne croit plus aux effets du développement économique sur lesquels elle a fondé ses valeurs, elle conserve, compte, préserve, « muséographie » et dresse bilan. L'énumération précède le naufrage et anticipe un nouvel ordre. Noé, Démetrios de Phalère et Raymond Queneau peuvent en témoigner :

> « [...] il faut aussi souligner que ces deux formes d'esprit, l'universalisme et l'encyclopédisme, naissent de la conscience de la multiplicité des langues [...] Ils n'apparaissent que dans des grands empires aux populations diverses, eux-mêmes héritiers d'autres empires ou d'autres royaumes. On constatera que les encyclopédies semblent être le fruit de civilisations finissantes. Elles sont comme de lourdes pierres tombales sous lesquelles s'étendent les cultures agonisantes et qui crépiteront bientôt sous le sabot des chevaux des Barbares. Elles sont aussi comme ces trésors enfouis, dont le possesseur craintif ne sait qui, bien plus tard, en fera usage »[273].

Le cabinet de curiosités, matrice dans laquelle se puise l'enfance, offre cette profusion mythique, sorte d'âge d'or. La rationalité n'a pas apporté le bonheur dont elle était primitivement chargée, la promesse n'a pas été accomplie. L'avenir est livré aux incertitudes ou à la prophétie de Duchamp pour lequel les arts plastiques avaient l'horizon bouché pendant vingt-cinq ans. Si vingt-cinq ans sont le temps d'accomplissement d'une génération, Duchamp proféra un discours de père du rien, de l'infra-mince, figure équivalente de celle du célibataire. Les grands doutes ont succédé à l'enthousiasme d'une société industrielle dont le développement chaotique a produit une histoire de l'art soumise à ses turbulences. L'image glorieuse se fragmente, on en a aujourd'hui une conscience morcelée. Le vaisseau, tenu auparavant par un gouvernail ferme, est à la dérive. Voilà le discours autorisé du temps. L'aporie annoncée ne serait-elle que réminiscence des crises dont les cabinets de curiosités offrent une mémoire ? Le temps où les savoirs communiaient encore dans un placenta unique est devenu, presque naturellement, un objet nostalgique :

> « De même qu'au début du siècle, en une période d'incertitude, les artistes se sont tournés vers les arts archaïques pour renouveler leur inspiration, nous-mêmes muséologues ou simples visiteurs, ne devrions-nous pas nous retourner vers les origines du musée, nous inspirer à notre tour des musées archaïques, quand ils étaient encore *Wunderkammer*, accumulations capricieuses, désordres d'un goût, mais qu'ils étaient aussi, à travers tant de hasards et de discernements entrecroisés, la manifestation d'un chef-d'œuvre singulier qui nous enchante encore ? »[274]

Les formes délicieuses de la collection individuelle mettent en valeur la fantaisie solitaire d'un arrangement personnel de la pensée. Cette voie individuelle permet de se débarrasser d'une forme dominante et prévaricatrice de la rationalité, du dogme des avant-gardes qui, selon Jean Clair est née d'une nébuleuse ésotérique aussi inquiétante que la forme désuète du cabinet de curiosités :

> « [...] où se retrouvent la croyance des pouvoirs paranormaux, le goût des palingénésies et des eschatologies, mais aussi la croyance à la manipulation des masses par le pouvoir occulte de quelques initiés, mages, maîtres et « chefs », obscurcit l'éclat des Lumières que la modernité était supposée augmenter »[275].

Il convient d'envisager les mutations actuelles à la lumière d'une histoire où les périodes collectionneuses sont des zones de triage où se fourbissent des outils d'analyse. Nos sociétés post-industrielles fonctionnent sur des mythes. Nous savons ne rien pouvoir envier aux autres civilisations. Mais celui sur lequel nous avions fondé le plus d'espoir, le progrès, s'est écroulé. Il nous faut, comme le Petit Poucet, retrouver le chemin de nos imaginaires établissant des passerelles de mémoire.

Ce chemin passe aujourd'hui par le cabinet de curiosités, avec ses ordres croisés de savoirs et de mythes. Il nous apporte la forme prolifique d'une antériorité permettant de dominer notre paysage théorique en affirmant que l'art n'est plus à verser à la création d'œuvres mais à leur circulation. Les œuvres ne sont plus sacralisées et leur circulation est devenue pour nous contingente des interrelations mouvantes qu'elles entretiennent entre elles et avec leurs spectateurs. C'est une victoire du marché en même temps qu'une réactivation de la mémoire (sauf pour celle des artistes hors murs qui ont, dans les années 1980, retrouvé le chemin du centre d'art. Certes, comme le dit Cueco :

> « L'humanité se divise en deux catégories : les jeteurs et les gardeurs » [276].

Notre époque appartient aux gardeurs d'un monde mouvant où l'artiste est devenu amateur et le *curator* artiste, selon la posture amoureuse de l'*amator* qui glisse sur le monde pour en prélever des signes. La pulsion collectionneuse donne une identité au rassembleur d'énigmes, plus bricoleuse que créatrice. Elle est éphémère dans son essence, puisque liée par la fantaisie de la personnalité du curieux. Le curieux veut toujours réaliser le cabinet des cabinets, celui qui inclut les autres. Chaque objet contient un monde d'hypothèses, aucun n'est définitif. Le véritable babélisme de la pensée s'y rencontre. Dans une nouvelle de Borges, *La bibliothèque de Babel*, le monde est une bibliothèque indéfinie à l'architecture répétitive. Le narrateur, vieux bibliothécaire aveugle qui a passé sa vie à chercher un livre, le livre des livres ou le catalogue des catalogues, raconte la vaine tentative de l'humanité – en voie d'extinction – de déchiffrer l'énigme de la bibliothèque univers. La quête du catalogue des catalogues est un paradoxe à la Russel : si le catalogue s'inclut dans la somme des autres, il se comprend lui-même et ne peut en être un autre, c'est un objet impossible et la quête est foncièrement vouée à l'échec. Chaque curieux a tenté de constituer le cabinet des cabinets, de donner à la matrice sa complétude encyclopédique. Or, l'entreprise était tout aussi impossible que le souhait de l'amoureux disant : « Pour toi, j'irai décrocher la lune » montrant, dans un même temps, son immense désir et l'aveu de son impuissance. La position d'amateur, de curieux-artiste requalifie l'entreprise individuelle du fait de nommer comme le font les Dieux et les enfants. Le désir le place dans le voisinage de l'immortalité et de l'impossible complétude que souligne Werner Muensterberger dans, *Le collectionneur, anatomie d'une passion.* Le collectionneur possède des objets dans le sens où il vit en eux, et vit en proie à un enchantement profond analysé par Walter Benjamin :

> « Pour le collectionneur, les objets, réels ou imaginaires permettent de s'évader magiquement dans un monde à la fois privé et lointain » [277].

L'impossible complétude est comparable à la faim. Le désir peut s'installer, la collection ne s'achèvera pas et donnera de l'infini au temps. Le collectionnisme apaise les angoisses de mort. La suite d'objets, étant par nature incomplète, n'a pas de fin.

La quête dure. De plus, le collectionneur ne connaît pas la solitude tragique de l'artiste. Ainsi, la collection est-elle à la fois symptôme et réponse aux discours d'aporie artistique. L'univers de la collection est une réplique à la vacuité qui nous place dans un monde excentré, relié à des rhizomes interminables de légendes maillées en réseau offrant une structure ouverte aux lectures multiples. Cette manière désigne l'œuvre en creux, pour en magnifier les connexions. Les cabinets d'amateurs ont permis de fourbir des instruments de classement quand les cabinets de curiosités penchaient vers la monstruosité explique P. Falguières pour laquelle les amateurs sont bien souvent confondus avec les curieux. Si l'on reconnaît la place importante du principe collectionneur dans les arts d'aujourd'hui, on peut en considérer les problématiques distinctes. Le goût du kitsch n'est pas pour rien dans le retour du cabinet de curiosités. Les emprunts du mauvais goût, version moderne des *lubria*, ont envahi le marché de l'art avec Koons, et ses monstruosités kitsch. Ces pratiques de l'art contemporain questionnent la socialité du goût : les scintillements d'un monde faux rappellent les illusions du vrai monde.

Les dispositifs des cabinets sont des fantômes évoquant tout ce qui est faux et tout ce qui nous manque : un lieu des énigmes, des esquisses de définition. Pensons que les cabinets se sont vidés au moment où il n'y avait plus rien à y accrocher, moment où les énigmes migraient en littératures romanesques ou en problèmes de laboratoires scientifiques. Si la fonction du cabinet fut, historiquement, de nourrir l'énigme majeure, celle de l'existence de Dieu, demandons nous de quelle énigme la citation du cabinet est, aujourd'hui, dépositaire ?

On a vu que les cabinets servaient à poser des questions, à opérer des mutations. Au XVIe siècle, ils ont déplacé les formes du mystère chrétien, lesquelles ont été avalées ensuite par le musée qui les a restituées. Le mystère de l'existence de Dieu n'est plus l'objet énigmatique des musées-cabinets actuels, même si Jean Clair note qu'on se comporte au musée avec le même souci de ne pas irriter une puissance occulte et même si les valeurs de la peinture sont restaurées en de médiatiques processions obligatoires : les grandes expositions. L'art contemporain trouve dans le cabinet de curiosités l'expression de ses manques : une forme fédératrice de pratiques éclectiques que le spectateur peut consommer légèrement. Sans doute faut-il alors du religieux prendre le lien de son étymologie – *religare* : relier – pour comprendre ce que des formes artistiques cherchent d'énigmatique dans les sciences ou les arts oubliés, méprisés ou étrangers. L'énigme est celle d'une définition muséale des pratiques artistiques actuelles. James Putnam en dresse un inventaire conséquent dans *Le musée à l'oeuvre, le musée comme médium dans l'art contemporain*". Le centre d'art a quitté la faconde guerrière et l'aspect martial des avant-gardes, pour un nouvel art de la légèreté, prisant les discours politiquement corrects d'un nouvel exotisme vertueux, (voir *Les magiciens de la terre)* ou la facilité adolescente de contestations tant reproduites qu'elles sombrent dans lė dogmatisme injonctif du : "jouis sans entrave !"des années 68. Le marché de l'art veut du neuf. Nous dépendons aujourd'hui d'une mondialisation du commerce, assistée de technologies adaptées et l'ouverture des marchés ne correspond plus à l'universalisation des savoirs dont le cabinet d'amateur était l'instrument. Le cabinet de curiosités contemporain est comparable à la part monstrueuse d'une standardisation de la marchandise, elle même indice d'une mondialisation qui semble aussi inéluctable qu'effrayante.

NOTES

228 Falguières Patricia, *Invention et mémoire, aux origines de l'institution muséographique. Les collections encyclopédiques et les cabinets de merveilles dans l'Italie du XVIe siècle*, Thèse nouveau régime, Paris, 1988, p.1
229 Ibidem, p.3.
230 Ibidem, pp.4-5.
231 Ibidem p.5
232 Ibidem p.10.
233 Ibidem p.19
234 Ibidem p.19
235 Martin Jean-Hubert, « Le Monde » du 4 avril 1990, p.2.
236 Ibidem, p.2.
237 Ibidem, p.2
238 Ibidem, p.2.
239 Pommier Édouard, *L'art de la liberté*, Gallimard, 1991, p.18.
240 Poulot Dominique, *Musée. nation, patrimoine*, 1789-1815, Gallimard, 1997, p.52.
241 Leduc-Fayette D., *Jean Jacques Rousseau et le mythe de l'Antiquité*, Paris, Vrin, 1974.
242 « Au nom du Peuple français : Considérant qu'un peuple libre doit sans cesse encourager les arts qui font la gloire et dont l'influence peut servir à propager l'esprit républicain, en retraçant les actions des héros et les images des grands hommes considérant que la prospérité publique naît souvent de la splendeur des arts et l'émulation des honneurs rendus au génie, arrête ce qui suit : Article premier. Il sera établi à Auch, dans un édifice public désigné par l'administration du département, un muséum provisoire. »
243 Watelet Claude-Henri, *Dictionnaire des beaux-arts*, article Galerie, Paris, Panckoucke, 1788-1791.
244 Clair Jean, *Beaubourg*, in la Revue « l'Arc », n°63, 1975, p.47.
245 Quatremère de Quincy, *Considérations morales sur la destination des ouvrages de l'art et Lettres ou de l'influence de leur emploi sur le génie*, Paris, Crapelet, 1815.
246 Proust Marcel, *A la recherche du temps perdu*, Bibliothèque de la Pléiade, T. III, p.187.
247 Clair Jean, *Élevage de poussière*, L'échoppe, 1992, p.19.
248 Valéry Paul, *Le problème des musées,* Pièces sur l'art, N.R.F, 1938.
249 Clair Jean, opus cité, p.13-14.
250 Jünger Ernst, *Heliopolis*, traduction H. Plard, Paris, Bourgeois, 1975, p.255.
251 Blanchot Maurice, *Le mal du musée*, in L'amitié, Gallimard, 1971, p.57.
252 Goux Jean-Joseph, *Vers une nouvelle économie*, in Art Press, n°165, janvier 1992, p.35.
253 « Art Press », N°190, avril 1994, p.44.
254 Sander Henrich, naturaliste allemand, auteur du *Guide des cabinets de curiosités de Paris* en 1783, cité in *Artistes et mortels*, Michel Lemire, Chabaud, 1990, p.171. Ses propos nous permettent de suivre le cabinet scientifique de Maison Alfort, dont il fait la description suivante : « Charenton, pour visiter ce château je dus d'abord me faire déposer sur l'autre rive de la Seine. L'ancien château s'appelle ici château Alfort. Je crois qu'il est entièrement affecté à l'École vétérinaire et c'est justement ce qui m'avait amené ici. En contrebas de l'entrée on trouve :
La salle de dissection. De nombreuses tables y sont dressées pour les exercices de zootomie des élèves – dont le nombre est actuellement supérieur à 80. L'amphithéâtre est contigu, plus beau certes que celui de bien d'une école ducale en Allemagne, où l'on est couvert de poussières et l'on risque quelquefois sa vie. Au-dessus le cabinet vétérinaire est chose digne d'être visitée et qui approche de la perfection. Il occupe deux salles garnies de vitrines, beaucoup de superbes injections des organes internes des animaux

domestiques, dans la deuxième salle sont exposés des squelettes de chevaux, cerfs, bœufs, ânes, moutons et boucs. Des spécimens entiers aussi bien que des morceaux qui me semblaient être recouverts d'une couche de vernis trop épaisse. Il y a aussi des bézoards et des monstres, par exemple un cheval à trois membres dont celui de devant possédait un sabot courbé en faucille. Beaucoup d'estomacs, d'intestins, foies, reins, rates, verges, le tout superbement injecté, conservé et numéroté. Les squelettes des chevaux portaient des cavaliers de petits squelettes de garçons tenant les rênes en soies bleues passées dans les mâchoires des chevaux et le fouet à la main.

255 Cité par Michel Lemire, in *Artistes et mortels*, Chabaud, p.171.

256 Catalogue de l'exposition des Galeries nationales du Grand Palais « l'âme au corps », Arts et Sciences, 1993-1993, RMN, Paris, Gallimard, 1993.

257 Canguilhem Georgès, *Objet de l'Histoire des Sciences*, in Études d'Histoire et de Philosophie des Sciences, Paris, Vrin, 1989, p.17.

258 Panofsky Erwin, *Essais d'iconologie*, traduction de Bernard Teyssèdre, Paris, Gallimard, 1967, p.29.

259 Ibidem, p.29

260 Didi-Huberman Georges, *L'histoire de l'art dans les limites de la simple raison*, in Devant l'image, Ed. de Minuit, 1990, p.149.

261 Greenberg Clément, *Avant Garde et kitsch*, in Art et culture, Macula, Paris, 1988, p.16-17.

262 Leroi-Gourhan André, *Le Geste et la parole II, La mémoire et les rythmes*, Albin Michel, Paris, 1964, p.215

263 Rabelais, *Œuvres complètes*, Seuil, 1973, p.798.

264 Clair Jean, *Élevage de poussière*, L'Échoppe, 1992, p.25-26.

265 Panofsky Erwin, *Essais d'iconologie*, Paris, Gallimard, 1967, p.17.

266 In Art Press n° 190 d'avril 1994

267 Clair Jean, *La responsabilité de l'artiste*, Le Débat, Gallimard, 1997, p.88.

268 Ibidem, p.90.

269 Castoriadis Cornelius, *La montée de l'insignifiance,* Paris, Le Seuil, 1996, p.134.

270 Nancy Jean-Luc, *Le mythe nazi*, Tour d'Aigues, Ed. de L'Aube, 1991.

271 Duchamp Marcel, *Duchamp Du Signe*, écrits présentés par Michel Sanouillet, Flammarion, 1975, p.170.

272 Bell Daniel, *The cultural contradiction of capitalism*, préface citée in Art en théorie, 1900-1990, direction Anne Bertrand, Anne Michel, Paris, Hazan, 1997, p.1081.

273 Queneau Raymond, *Bords*, Présentation de l'Encyclopédie, Hermann, 1963, p.97.

274 Clair Jean, *Élevage de poussière*, Échoppe, 1992, p.23.

275 Clair Jean, *La Responsabilité de l'artiste, Les avant-gardes entre terreur et raison*, Gallimard, 1997, p.18.

276 Cueco Henri, *Le collectionneur de collections*, Seuil, Point Virgule, Paris, 1995, p.10

277 Muensterberger Werner, *Le collectionneur, anatomie d'une passion*, traduction M. Leroy Batistellli, Paris, Payot Rivage, 1996, p.30.

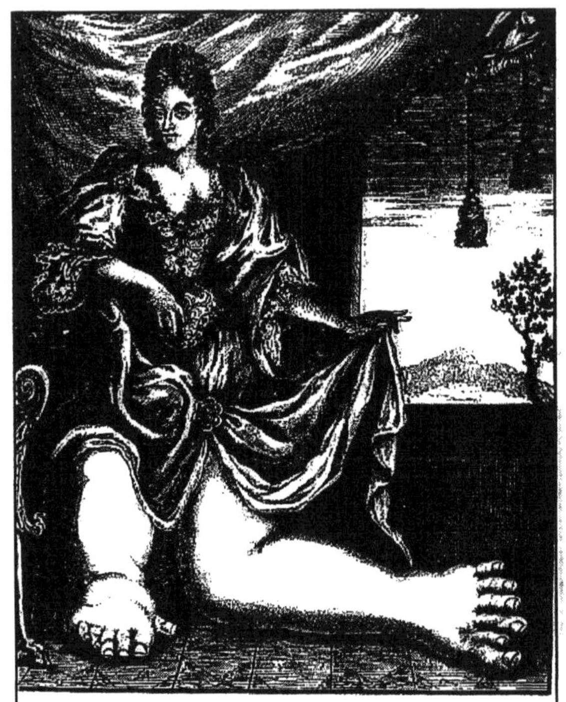

F. LICETUS *De monstris, Amsterdam,* 1665
Bibliothèque interuniversitaire de médecine, Paris

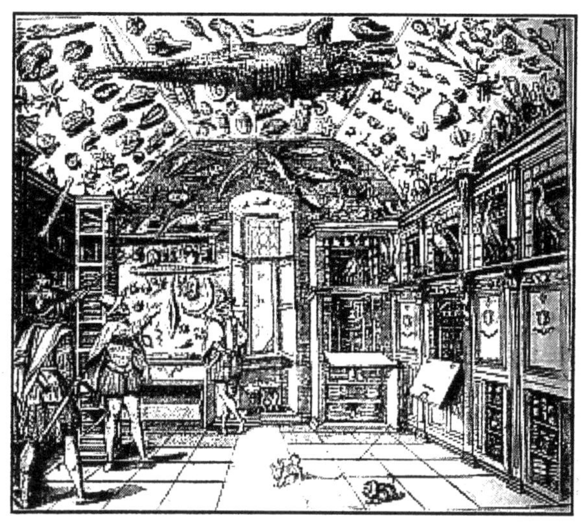

FERRANTE IMPERATO *Xylographie tirée de Dell'historia naturale,*
Bibliothèque interuniversitaire de médecine, Paris

« Une chose importante pour vous est que vous sachiez combien je dois à Raymond Roussel qui m'a délivré en 1912, de tout un passé « physico-plastique » dont je cherchais déjà à sortir. Une représentation au théâtre Antoine, d'*Impressions d'Afrique* à laquelle j'assistai avec Apollinaire et Picabia [...] fut une révélation pour nous trois, car il s'agissait d'un homme nouveau à ce moment-là. Encore aujourd'hui je considère Raymond Roussel d'autant plus important qu'il n'a pas fait école »

Marcel DUCHAMP, Lettre à Jean Suquet,
25 décembre 1949.

LIVRE IV. 2

Le cul-rieux Marcel Duchamp par le fil de la filiation.

Il y a des similitudes entre la production de Marcel Duchamp “enfant phare” de l’art moderne et le dispositif du cabinet de curiosités. Marcel Duchamp partage avec les curieux du passé un désir de totalisation du Grand Œuvre, perceptible dans l’embrassement d’un regard. En effet la notion d’œuvre complète est importante, pour celui qui photographie ses productions et les installe ensemble : la Boîte-en-Valise rassemble quatre-vingt-trois photographies d’une œuvre, pour lui insécable, qu’il ne supporta donc pas de démembrer. Les curieux avaient pour leurs cabinets le même souci d’intégrité. L’avertissement du catalogue de Pierre Rémy pour le cabinet de M. Savalete de Buchelay est éloquent :

> « [...] Il est encore nécessaire que l’on sache que j’ai pris toutes les précautions possibles pour ne point démembrer et diviser les matières dont le mérite essentiel est la réunion des objets qui mettent sous les yeux des amateurs les principes et les conséquences : par exemple, que l’on avait ramassé avec soin tout ce qui pouvait avoir rapport au soufre, les différentes formes sous lesquelles on les trouve dans les mines, les différents états par lesquels on le fait passer pour le mettre en usage, enfin les différents emplois » [279].

Pierre Rémy, organisateur des ventes explique que :

> « [...] la collection a été faite avec le plus grand soin et il est aisé de voir que M. de Buchelay, n’était pas seulement un curieux admirateur de la nature mais qu’il voulait en étudier la marche et connaître l’utilité que les arts pouvaient en retirer » [280].

La suite était un terme très utilisé par les curieux. Il permettait de définir la chaîne de transformations, partant du matériau brut naturel, les cristallisations allant vers les artificielles, par voie de classement hiérarchisé. Ce classement se poursuivait, des pierres traitées artificiellement, gravées ou montées, jusqu’aux figures de terre cuite faites par des sculpteurs célèbres. Ce grand tout, relié aux autres suites, faisait figure et était censé traduire la marche de la civilisation. Souvent, les catalogues de vente de cabinets font figurer des avertissements, contre le démembrement, comme celui de la vente du Cabinet Papillon :

> « Le possesseur de ce cabinet désirerait ne pas voir démembrer une collection aussi intéressante. Il donnera conséquemment des facilités à ceux qui voudraient l’acquérir en entier » [281]

On trouvera ce souci chez Marcel Duchamp qui ne pouvait souffrir l’idée de se séparer de ses objets comme l’affirme Jean Suquet dans *Le miroir de la mariée* :

> «[...]Duchamp plus que personne a vécu dans le souci de mettre son œuvre en sécurité. Il en a conservé les moindres croquis ou brouillons,

recueilli les plus minces échos. Toute sa vie de créateur a été une minutieuse prise de précautions contre les atteintes du temps. Très tôt, il proscrivit la toile périssable. Nickel, platine, métaux voisins, resserrés autour de la forteresse d'une infracassable densité, lui promettait une éternité inaltérable. Or pour immortaliser la mariée, il choisit le verre. L'immortalité était la passion de Duchamp et il l'a confia cette passion, il voua cette immortalité à la fragilité par excellence. Contradiction dont le Grand Verre tire le plus grand éclat »[282].

Cette visée totalisante, sans être totalitaire, est à l'ordre du jour du *Grand Verre* qui est aussi Grand Œuvre, comme l'écrit Jean Suquet. Les boîtes et les valises s'imposent au voyageur et à l'alchimiste. Marcel Duchamp fut le collectionneur de ses productions, le curieux de ses œuvres, non par fétichisme mais plutôt pour lui donner la forme d'un corps inséparable. La Boîte-en-Valise correspond à cette intention. A partir de 1914, il met en boîte et cette activité le tiendra jusqu'en 1941. La "mise en boîte" de Duchamp évoque autant l'ironie que le rassemblement muséal. Dans l'entretien qu'il eût avec James Johnson Sweeney en 1955 et qui fut l'objet d'un film, Duchamp explique au sujet de la valise :

> « Encore une nouvelle forme d'expression. Au lieu de peindre quelque chose, il s'agissait de reproduire ces tableaux que j'aimais tellement, en miniature et sous un volume très réduit. Je ne savais comment m'y prendre. Je pensais à un livre mais je n'aimais pas cette idée. C'est alors que me vint l'idée de la boîte dans laquelle toutes mes œuvres se trouveraient recueillies comme un musée en réduction, un musée portatif, et voilà pourquoi je l'installai dans une valise »[283]

Le Grand Œuvre est, au sens alchimique, une totalité et une indivisibilité, comme le gaz ou le corps humain. Le dispersement est vécu comme une amputation. En 1955, il déclare :

> « [...] J'ai toujours senti que montrer une peinture ici, une autre ailleurs, c'était comme si à chaque fois, on vous amputait d'un doigt ou d'une jambe »[284].

Le grand œuvre est un corps et La Boîte-en-Valise de Duchamp s'offre tout en un – UN-NU. Les objets réduits sont installés dans un dispositif scénique. La mise en boîte est un redoublement miniaturisé du musée. La *Boîte verte* sera le catalogage systématique de ses productions réduites. La *Boîte-en-Valise*, réalisée de 1936 à 1941, est contemporaine de plus grandes migrations et déplacements forcés dont la valise est le condensateur. Celle de Duchamp contient des répliques en miniature. L'existence d'un catalogue écrit, étayant les collections visibles, introduit cette idée de la somme, mais ausssi celle d'un voyage du liquide du texte au solide de l'objet. Le catalogage systématique est aussi validation de la bêtise et créance aux sophismes. Marcel Duchamp "met en boîte" ses œuvres et les dote d'un catalogue conçu sur le modèle du catalogue des armes et cycles de la manufacture de Saint-Étienne. Ce catalogue servira à la conception du *Grand Verre*. Le catalogue n'enseigne pas il signale. Il transfert par correspondance. La vérification, le contrôle, la comparaison est un travail « d'apprenant » et de détective. Le catalogue permet des lectures plurielles, le « regardeur » y fait son chemin. Le temps consacré à l'épluchage détourne la fascination de son objet. Duchamp privilégia l'effort intellectuel portant vers la non-délectation et l'a-jouissance esthétique :

> « [...] Pour la boîte de 1913-1914, c'est différent. Je n'en ai pas eu l'idée en tant que boîte mais comme notes. J'ai pensé pouvoir réunir dans un album, comme le catalogue de Saint-Étienne, des calculs, des réflexions sans rapport entre eux. Ce sont parfois des morceaux de papiers déchirés [...]. Je voulais que cet album aille avec le Verre et qu'on puisse le consulter pour voir le Verre parce que selon moi, il ne devait pas être regardé au sens esthétique du mot. Il fallait consulter le livre et les voir ensemble. La conjonction de deux choses enlevait tout le côté rétinien que je n'aime pas. C'était très logique » [285].

Le catalogue tient le verre qui tient le catalogue ; ce sont les deux versants du même édifice que le spectateur sillonne selon son humeur. Dans l'histoire de la littérature, le catalogue expose toutes les interprétations, sans qu'aucune n'apparaisse valide en exclusivité. Pline le jeune, dans son catalogue naturaliste, donnait déjà à cette exhaustivité le statut de science. Marcel Duchamp serait-il un naturaliste issu de la tradition renaissante, ne privilégiant aucune interprétation puisqu'elles perdent toute validité d'être versées ensemble ?

> « On a donné plusieurs interprétations du Grand Verre. Quelle est la vôtre ?
> M. Duchamp : Je n'en ai pas parce que je l'ai fait sans avoir d'idée. C'était des choses qui venaient au fur et à mesure. L'idée d'ensemble, c'était purement et simplement l'exécution, plus des descriptions genre catalogue des armes de Saint-Étienne sur chaque partie. C'était un renoncement à toute esthétique dans tous les sens du mot. Ne pas faire un manifeste de peinture nouvelle de plus » [286].

Le catalogue suscite des lectures multiples et Marcel Duchamp y puise pour le Grand Verre, dont l'intérêt est de ne souscrire à aucune résolution. Les plus grandes précautions sont prises pour mettre à sa place le miroir de l'interprétation :

« Que pensez-vous des interprétations qu'ont données Breton, Michel Carrouges, Lebel ?

M. D : Chacun d'eux donne à son interprétation, sa note particulière, qui n'est pas forcément fausse ni vraie, qui est intéressante en considérant l'homme qui a écrit cette interprétation » [287]

La poésie des possibles énumérés propulse les sujets dans un imaginaire où tout est valide, car rien ne l'est. Elle est utilisée en truculence huileuse chez Rabelais. Marcel Duchamp l'applique sans huile, en ascète. Rabelais, Céline et Duchamp apparaissent comme des médecins ou « gai-risseurs » soignant la langue de ses congestions. Ce désir d'ensemble qu'ils expriment par leur suite, les objets se suivent et les suivent, ce corps d'objets attachés au propriétaire dessinent une pulsion d'a-vidité. Les curieux pouvaient voyager avec leurs objets chéris, ils les installaient dans des boites enfermées dans des meubles :

« [...] le recueil des desseins peut s'installer dans les boîtes format in 40, les curiosités sont destinées pour servir d'amusement à la campagne comme depuis quelque temps parmi les amateurs sous le nom de pochique » [288]

Le président De Brosses signale leur existence dans *Lettres d'Italie* :

« [...] Un autre cabinet fait en médaillier contenant des cadres sur chacun desquels sont cinq petits tableaux à bordures d'argent. Ce cabinet servait au Cardinal de Médicis qui le faisait porter partout où il voyageait et en un moment il avait sa chambre tendue en tableaux [...] » [289]

Le cabinet-meuble accompagne ceux qui, comme le Cousin Pons, donne chaque moment de sa vie à sa collection. Il y a cette passion commune entre l'amateur des cabinets et Marcel Duchamp pour son œuvre. Ils sont amateurs, dans le sens étymologique d'amoureux. L'amour étant transport, ils en font profession par les deux occurrences du mot : désir et voyage.

BOÎTE -DÉMON-TABLE

La dernière œuvre de Duchamp est en « kit » : Étant donnés : 1) la Chute d'eau, 2) le Gaz d'éclairage (1946-1966) ; elle est pourvue d'un mode d'emploi illustré, d'une pièce livrée en éléments détachés où il donne les instructions de montage, lesquelles sont réunies sous le titre complet de : *Approximation démontable, exécutée entre 1946 et 1966 à New-York.* Par approximation, j'entends écrira-t-il une marge *ad libitum* dans le montage et le remontage. Marcel Duchamp, le voyageur, l'alchimiste, l'héritier saltimbanque (celui qui saute), se devait à la suspension et au « kit ». Il réitère en cela l'aspect paradoxalement éphémère des collections encyclopédiques qui se montent et se démontent au gré des successions. Ces collections mouvantes, connues par d'occasionnels inventaires après décès, tiennent l'expansion comme principe régulateur. Ces constructions imaginaires s'achètent, se promènent et se désagrègent plus vite en France qu'ailleurs, les collections françaises n'étant pas comme les italiennes facilitées par la *fideicommis* facilitant la filiation familiale du patrimoine.

LA FILIATION

Les notions de filiation et d'appartenance sont étrangères à Marcel Duchamp qui oppose l'idée de faire partie de l'art ou d'une famille :

> « [...] Il fallait choisir entre faire de la peinture et autre chose. Être l'homme de l'art ou se marier, avoir des enfants, une maison de campagne » [278].

Alors même qu'il traite ses œuvres comme une famille et qu'il est soucieux de la totalité de son œuvre, Marcel Duchamp se méfie d'une postérité aveugle quand il écrit à Jean Crotti :

> « [...] la postérité est une belle salope qui escamote les uns et fait renaître les autres, [...] quitte d'ailleurs à changer d'avis tous les 50 ans » [290].

L'héritage culturel des musées ne peut, pour Marcel Duchamp, être pris au sérieux. Pourtant la « belle salope » soumettra l'incendiaire à la figure institutionalisée et paradoxale d'un patriarche célibataire et prolifique :

> « Qu'il s'agisse d'un urinoir signé R. Mutt ou d'un objet trouvé tout objet peut être élevé au statut d'œuvre d'art. L'artiste définit cet objet de telle façon que son futur réside essentiellement dans le musée » [291].

Marcel Duchamp était fils de notaire dont la fonction consiste à gérer les filiations – testament et testicule ont la même racine. En posant en Rrose, il n'est plus fils mais oscille entre deux définitions sexuelles, montrant l'arrogance des hasards de naissance par le moyen du travestissement autre mode du transfert :

> « [...] L'artiste n'existe que si on le connaît. On peut envisager l'existence de cent mille génies qui se suicident, qui se tuent, qui disparaissent, parce qu'ils n'ont pas su faire ce qu'il fallait pour se faire connaître, pour s'imposer et connaître la gloire » [292].

Cet aléa sera la pierre angulaire des réflexions de Duchamp, l'emportant à la fois à se défier du non-sens des sélections muséales et à utiliser le ready-made, pour la première fois en 1914 avec la *Roue de Bicyclette*, puis avec *Fontaine*, en 1917 qui ébranlera l'entreprise muséale. L'urine symbolique que reçoit à ce moment-là le musée le désigne en ruine métaphorisée par l'équivalence anagrammatique de ces deux mots. L'oscillation de la posture du fils à celui de pendu au hasard se retrouve dans le pendre se mettant à la place du peindre, jeu de mots sur lequel s'engage l'avenir incertain des arts pendus et livrés, par-là même, à la double expérience de la mort et de la jouissance. L'étymologie de fils est le latin *filius* ; ce mot fut prononcé « fi » jusqu'au XVIIe siècle pour éviter la confusion avec le mot fil qui, lui, vient du latin *filum*. Les fils qui suspendent et les fils des pères sont mêmes par la graphie et les œuvres pendues de Duchamp. *In Advance of the Broken Arm* de 1915, *Le porte-chapeau* de 1917 et la *Sculpture de Voyage* de 1918, mettent en scène le doute du fils héritier pour celui qui a beaucoup pendu et inscrit le célibat comme une référence décisive de son œuvre. Citons au registre des pendus :

> « Le pendu femelle du Grand Verre, qui n'a pas le droit de satisfaire aux lois de l'équilibre pesant, néanmoins une potence en métal brillant pourra simuler l'attache de la pucelle à ses amies et parents, ceux-ci et celles-là correspondent à une base solide sur terre ferme » [293].

Le fils Duchamp joue avec les fils, histoire de pendre la généalogie par les pieds, de la retourner, histoire de pendre plutôt que de peindre. Il est certes question de déranger la pesanteur traditionnelle de la sculpture et, *le ready-made malheureux* de 1919 et le ready-made de 1917 s'y emploient, comme les 1200 sacs de charbon remplis de paille que disposa Duchamp pour l'exposition surréaliste de 1938 où il occupait la fonction de "technicien bénévole" et proposait à chaque spectateur de pénétrer par le faisceau d'une lampe électrique dans l'exposition : « J'avais eu l'idée de la grotte centrale » [294].

Pour rendre efficace le souci de découverte, il avait préalablement occulté la lumière naturelle de la verrière. Une faible lumière artificielle guidait donc le spectateur vers cette pesanteur renversée. Cette a-pesanteur file le travail de Duchamp ; elle est perceptible dans la transparence du verre préférée à la lourdeur de l'huile :

> « [...] il a élu domicile au plus intact de la transparence, au milieu de cette plage déserte du Verre du Haut que les fêlures épargnent étrangement comme s'il y régnait une infracassable densité » [295].

L'oscillation est la marque d'un caractère sacré dans de nombreuses religions, et Roger Caillois le relève en Inde Védique :

> « [...] le sacrifiant se balance dans une escarpolette pour aider le soleil à remonter dans le ciel. Le trajet de la balançoire est censé relier le ciel et la terre » [296].

Cette balance opère selon une ligne de démarcation entre deux mondes :

> « [...] Si donc l'art est intimement lié à la religion, c'est parce que l'expression graphique restitue au langage la dimension de l'inexprimable, la possibilité de

multiplier les dimensions du fait dans les symboles visuels instantanément accessibles. La liaison fondamentale de l'art et de la religion est émotionnelle, mais elle ne l'est pas de manière vague, elle tient étroitement à la conquête d'un mode d'expression qui restitue la véritable situation de l'homme dans un cosmos où il s'inscrit comme centre et qu'il ne tente pas encore de percer par le trait d'un raisonnement où les lettres font de la pensée une ligne pénétrante, de longue portée, mais mince comme un fil » [297].

On suspendait à qui mieux mieux dans les cabinets du XVIe siècle et le plus imposant des animaux de plafond était chargé d'énigmes : le crocodile. Interrogé par Aristote et Pline, cet animal occupe les annales naturalistes. Au XVIe siècle, le missionnaire José d'Acosta, Révérend Père jésuite, est inquiet de ne pas trouver le crocodile dans le texte biblique. Dans *Histoire naturelle et morale des Indiens* [298] éditée à Séville en 1590, il écrit que Noé avait pu assurer l'embarquement de loups, tigres et bêtes de nul profit et dommageables ; le crocodile, n'y étant pas mentionné, ne devait pas exister à cette époque : avait-il été sauvé par Noé et dans ce cas pourquoi le taire, ou bien était-il né des limons du déluge ? La Bible, fondée en histoire, ne pouvait mentir. Où était donc le crocodile pendant la classification ordonnée par Dieu à Noé ? Comment était-il possible d'advenir au monde puisque tout était déjà créé ? L'énigmatique crocodile oscillait donc dans l'incertitude de son état. Outre sa nature hybride, minérale et animale, il possédait une dentition menaçante : de quoi le suspendre au firmament du mythe. On connaît par Jean Céard et François Secret, l'amour que nourrissait la seconde Renaissance pour les énigmes, les rébus et les jeux de cour. Le cabinet ne fut-il pas l'instance d'exposition de ces énigmes, permettant de spéculer sur leur résolution ? L'exposabilité engluait les questions dans des mythes et leur suspension était à prendre au pied de la lettre, souspendre : arrêter, interrompre. Le cabinet fut un dispositif du retard et Duchamp réactive cette mémoire en qualifiant les arts avec des termes empruntés au temps. Il dit, par exemple, vouloir employer retard au lieu de tableau ou peinture, tableau sur verre devient retard en verre, mais retard en verre ne veut pas dire tableau sur verre. Le temps échappe, hormis les lourdes traces que nous gardons, que nous élevons même, puisque l'*Élevage de poussière* pose la question biblique d'une poussière "élevée" conjugué au laisser-faire d'un dépôt inéluctable du temps, enregistré par une photo réalisée pendant que Man Ray et Duchamp déjeunaient en ville. Le temps archéologique rencontre la fugacité du temps nécessaire aux parcours du titre à l'oeuvre :

« [...] le nom vole au-dessus de la chose en plomb. Les formes sont en retard sur le mot qui les désigne » [299], écrit Suquet.

LE FIL DE FILIATION

Comme il a fixé le temps, Duchamp va fixer l'espace à travers son unité de mesure étalon : le mètre. En 1913, il fabrique avec les *Trois Stoppages-Étalon*, du hasard en conserve. Trois chutes seront organisées, de trois fils d'un mètre, tombant sur une toile enduite de vernis. Les règles à dessin, découpées selon cette loi, donneront trois mètres étalon souples comme des cheveux. La nouvelle loi sera conservée dans un écrin (boîte à croquet), rappel lointain de cette séance du 22 juin 1799 à Paris, où le conseil des Cinq cents et celui des anciens sont réunis en grande pompe pour présenter la barre de platine sur un coussin de soie : le mètre étalon est annoncé solennellement :

> « Citoyens, voici le nouvel étalon de mesure, le mètre ! Sa grandeur est de trois pieds et 11 296 lignes de la toise du Pérou, à la température de 16° un quart » [300].

Le mètre, du grec *metron* : mesure, porte un caractère d'universalité. La nouvelle mesure sera offerte à tous les peuples, comme en témoigne le choix du grec pour les multiples – hecto, kilo, myria – et du latin pour les sous-multiples – deci, centi, milli. Ces mesures vont évidemment favoriser l'équité des échanges commerciaux. En effet, les cahiers de doléances de 1788 établissaient l'injustice que les mesures différentes engendraient sur le territoire : il en existait plus de 800. La société issue de 1789 voulut avec force se doter de mesures communes, de moules républicains que furent les grandes écoles et les musées, elle créa l'uniformité. La transmission nécessitait une mesure. Le mètre étalon permit la circulation des marchandises, le patrimoine mesura la culture à la taille du peuple. L'échange des marchandises s'est accru grâce au mètre qui en constituait un outil efficace. C'est à cette rigidité que s'en prend Duchamp qui produit un mètre au dos rond. Le symbole se met en boule comme la Joconde, rasante à force d'être vue, devient poilue.

> « L'idée de la fabrication : si un fil droit horizontal de 1 mètre de longueur tombe de 1 mètre de hauteur sur un plan horizontal, se déformant à son gré, il donne une figure nouvelle de l'unité de longueur » [301].

Le fil Duchamp tombe et projette trois vagues bafouant la rigueur coïtale de l'étalon. Au sol est une nouvelle lignée, jetée par terre.

> « Ah ! Monsieur le savant, ne pourriez-vous point me dire comment les enfants se font ? Non mon ami, mais si vous voulez, je vous dirai ce que les philosophes ont imaginé, c'est à dire comment les enfants ne se font point » [302].

écrit Voltaire dans *L'homme aux quarante écus*. Le fils se défile et fait des vagues à l'ordre du père. Freud, dans *Totem et tabou*, pense que toute société est fascinée par l'acte parricide qui l'a engendrée. L'hymne au père en est l'écho. À l'art seront dévolues, depuis le Romantisme, les fonctions implicites et infantiles de bousculer l'ordre. Les impressionnistes n'auront de cesse de secouer sa tutelle écrasante, incarnée par l'autorité des maîtres aux Beaux Arts, (Édouard Manet sous la férule de Thomas Couture), ou par la réalité de la dépendance financière exercée par les pères. Le célibat, forme saltimbanque d'un contrat social est une réponse de non-demeure :

> « J'ai compris que le mariage était embêtant comme tout, j'étais vraiment plus célibataire que je ne le pensais » [303].

Marcel Duchamp, fils de notaire, disait ne pas vouloir d'héritage :

> « J'essaie constamment de trouver une chose qui ne rappelle pas ce qui s'est passé précédemment. J'avais cette hantise de ne pas me servir des mêmes choses. Il faut se méfier parce que malgré soi, on se laisse envahir par les choses passées. C'était la lutte constante pour faire une scission exacte et complète » [304]

La curiosité de Duchamp est géographique : il parcourt tous les territoires à la manière d'un encyclopédiste bouffon, d'un amateur et engendre un monde sans femme ni enfant, selon une filiation philosophique. Les collectionneurs dans leur désir de totalité se mesurent à la domination du père éternel et à l'engendrement maternel. De ce défi naîtront les monstres. Pour Nicole Loraux, l'excès féminin tant craint par les Grecs, se convertit en figure de gardienne de justice. La crainte de l'homme fabrique des femmes d'ordre et de vertu. Une mère imaginaire s'impose en ogresse invisible d'être énorme, comme la baleine de Jonas. Mélanie Klein explique comment le corps de la mère peut être inconsciemment vécu, comme un objet angoissant, menaçant et dangereux car l'homme cesse d'avoir contrôle sur la semence qu'il dépose dans la femme. De cette perte de contrôle naissent les monstres et Gilbert Lascault, dans son ouvrage *Le monstre dans l'art occidental*, nous indique que les fantasmes d'engendrement viennent d'une mère, non-finie, ou infinie, déjà présente dans la théorie aristotélicienne :

> « [...] Pour Aristote les monstres résultent d'une résistance de la matière qui ne s'est pas laissée adapter, ils sont contraires à la-nature et ce à cause de leur matière. Or chez lui le mâle donne la forme et la femelle, la matière, la production d'une femelle est déjà une monstruosité : une dissemblance avec le générateur » [305]

Le cabinet, fondé sur le principe célibataire d'une germination première, avant la femme, était un lieu composé d'hommes, pensé comme un réconfort contre les tourments de l'existence qu'il métaphorisait sous la forme d'un ventre des con-naissances. On a vu également combien le cabinet avait pris en charge l'intendance de la création pour disputer un territoire au Dieu puissant, à la figure de Kronos mangeant ses enfants pour les empêcher d'accéder aux femmes. Combien, en saturant leur espace de monstres de contes de fées, ils remaniaient d'une manière ou d'une autre, les traits du père et de la mère, déformés et fantastiques. Selon André Green, la sphynge d'Œdipe est une figure de condensation qui intervient dans l'histoire du héros entre le meurtre du père et l'accouplement avec la mère. La sphynge serait la figure condensée du désir et de l'interdit mêlés en des formes contraires. Les curieux, dont Duchamp est l'héritier en organisant des suites transportables, en pensant l'ensemble de leurs productions, arrangeaient leurs collections en une frayeur figurant la puissance mythique à laquelle elle tentait d'échapper : celle du père, créateur ou/et celle de la mère nourricière. La collection n'organise-t-elle pas symboliquement un corps de connaissances dont toutes les parties attachées restaurent l'intégrité du corps de son propriétaire ? Ainsi le collectionneur se placerait entre un défi et une régression *ad uterum* l'autorisant à rester dans un monde d'enfant où il demeure en à-venir, comme Rrose Sélavy, anagramme de val (Y) se, est installée dans la promesse du voyage.

NOTES

278 Duchamp Marcel, *Ingénieur du temps perdu*, Entretiens avec Pierre Cabanne, nouvelle édition, Paris, Belfond, 1977, p.55.

279 Rémy Pierre, *Catalogue de Savalete de Buchelay*, Paris, Didot Lainé, 1764.

280 Ibidem, non paginé.

281 Catalogue de la vente d'un cabinet d'Histoire Naturelle appartenant à Melle Papillon, vente février 1782, Bibliothèque Nationale.

282 Suquet Jean, *Miroir de la mariée*, Paris, Flammarion, 1974, p.112.

283 Duchamp Marcel, *Duchamp du signe*, Flammarion, 1975, p.184.

284 Interview, réalisée pour le Philadelphia Museum par James Johnson S. Weeney ; Cité par Ecke bonk, Marcel Duchamp, the portable museum, the making of the Boîte-en-Valise de ou par Marcel Duchamp ou Rrose Sélavy, Londres, Thames et Hudson, 1989, p.19.

285 Duchamp Marcel, *Ingénieur du temps perdu*, Entretiens avec Pierre Cabanne, Paris, Belfond, 1977, p.72.

286 Ibidem, p.70-71.

287 Ibidem, p.70-71.

288 Gersaint, *Catalogue, Coypel des tableaux, dessins, marbres, bronzes, modèles estampes et planches gravées ainsi que des bijoux, porcelaines et autres curiosités de prix*, 1753.

289 Brosses Charles de, dit le Président de, *Lettres d'Italie*, texte établi par Frédéric d'Agay, Mercure de France, 1986, Tome I, p.49.

290 Extrait d'une lettre à Suzanne Duchamp et Jean Crotti, 17 août 1952, in *Ingénieur du temps perdu*, Entretiens avec Pierre Cabanne, Belfond, Paris, 1977.

291 Broodthaers Marcel, « Méthode, section des figures », Düsseldorf Städtishe Kunstalle, mai-juillet 1972, Vol.1, cité in Catalogue « Marcel Broodthaers », Galerie nationale du jeu de Paume, RMN, 1991, p. 217.

292 Duchamp Marcel, *Ingénieur du temps perdu*, Entretiens avec Pierre Cabane, Belfond, Paris, 1977, p.122.

293 Duchamp Marcel, *Marchand du sel, Écrits de*, présentés par M. Sarnouillet, Ed. du terrain vague, 1958, p.54.

294 Duchamp Marcel, *Entretiens avec Pierre Cabanne*, opus cité, p.152.

295 Suquet Jean, *Miroir de la mariée*, Paris, Flammarion, 1974, p.186.

296 Caillois Roger, *Les Jeux et les hommes - le masque et le vertige*, Gallimard, 1967, p.128.

297 Leroi-Gourhan André, *Le Geste et la parole I/Technique et langage*, Albin Michel, Sciences, 1964, p.275.

298 D'Acosta José, *Histoire naturelle et morale des Indes Occidentales*, Jacques Rémy-Zéphyr, Payot, Paris, 1979, p.405.

299 Suquet Jean, *Miroir de la mariée*, Flammarion, Paris, 1974, p.22.

300 Guedj Denis, *La révolution des savants*, Découvertes, Gallimard, 1988, p.51.

301 Suquet Jean, *Miroir de la mariée*, Paris, Flammarion, 1974, p.33.

302 Voltaire, *L'homme aux quarante écus*, in Romans et contes, Paris, Gallimard, Pléiade, 1979, p.79.

303 Duchamp Marcel, *Entretiens avec Pierre Cabanne*, Belfond, 1967, p.142.

304 Ibidem, p.67.

305 Lascault Gilbert, *Le monstre dans l'art occidental*, Paris, Kliensieck, 1973, p.371.

LIVRE IV - 3

Comment les objets du cabinet
deviennent objets du patrimoine.

Les grandes maisons aristocratiques possédaient des collections, pas de patrimoine, notion inventée par la République. Celle-ci, en implantant ses musées dans les demeures patriciennes ou dans les palais des rois prendra soin des collections de l'Ancien Régime. La République française va répandre l'idée qu'elle est gardienne de l'Histoire, laquelle sera entretenue par la presse et quelques grands fonctionnaires de la première République tels que Marigny et Dangevilliers. L'érudition sera encouragée pour les mêmes raisons : les collections doivent être accessibles au public. L'idée du progrès des connaissances défendues par les Lumières donne aux œuvres d'art une destination démocratique : l'art ne saurait dépendre du caprice des possédants. Le garde-meuble royal et les pièces de collection sont disposés dans des salles sous l'appellation Muséum. L'idée de patrimoine, conduite sous l'autorité de l'Antiquité, était peu utilisée avant la Révolution française, on invoquait le génie de chaque pays et de chaque siècle. Quatremère de Quincy, royaliste intervenant pour défendre la Fontaine des Innocents et sauver de la destruction le cimetière attenant, évoquera le génie propre au lieu. Le génie, sorte d'état gazeux, marque l'aristocratie alors que la transmission de la propriété, plus terrienne, emblématise la bourgeoisie. La propriété étant *ipso facto* une évidence aristocratique elle ne se revendique pas, comme le note Jean Clair :

> « [...] Il fallait semblablement qu'aller au musée fût cette communion laïque des dimanches après-midi où, sous le regard mort des gardiens vêtus de noir et d'or, le silence, la lenteur obligée des mouvements et la patiente procession d'œuvre en œuvre marquassent la dévotion à ce corpus d'objets précieux, les uns confisqués à la royauté déchue et les autres acquis par guerre et pillage. Et c'est sans doute parce que la bourgeoisie n'avait en droit rien possédé de ces objets, mais se les était appropriés de fait qu'il fallut inventer l'histoire et, avec elle, la fiction humaniste de la culture »[306].

Le patrimoine est l'idée née de la frustration d'une classe élaborant une culture à partir des reliquats de la classe dépossédée. La bourgeoisie aura horreur du barbare incarné par les Goths. Le patrimoine construit une anti-barbarie pour enterrer le vandalisme révolutionnaire. Grégoire, célèbre conventionnel voulait garder les livres, les tableaux et les monuments de l'ancien régime. Il se fit copieusement conspuer, en qualité de sauveteur des trophées de la superstition, emblèmes de féodalité, de royauté ou de religion. Il fit un rapport sur les destructions vandales et sur les moyens de les réprimer. Le vandalisme apparut alors comme un crime contre le patrimoine qui, de fait, naquit de ses cendres. La politique des musées défendue par Mathieu, président de la commission des arts fut d'inventorier, d'identifier, de reconnaître et d'inscrire au crédit de la nation des ouvrages qui n'avaient fait l'objet d'aucun inventaire. Les musées investirent des bâtiments, palais, couvents et châteaux désaffectés en en déportant les missions :

> « Il serait beau que ce lieu si longtemps consacré à une indolente et superstitieuse contemplation, si longtemps le tombeau d'inutiles, devienne la vie du génie et du talent »[307].

Au nom de cette rationalité, Alexandre Lenoir, directeur du musée des monuments français, prit les plus grandes libertés archéologiques. La génération du romantisme naquit de cette cuisine muséale. En 1827, Quatremère de Quincy dénonça ces transferts, propices à l'inintelligibilité des œuvres. Le Moyen Âge devint, grâce à son éloignement dans le temps et à la profusion de ses monuments sur le territoire, l'incarnation d'un nationalisme fervent. Les objets des cabinets princiers subirent une opération de transsubstantiation pour constituer un patrimoine, de *patrimonium* : héritage du père. Un transfert nominal s'était effectué des collections privées, royales, aristocratiques aux collections publiques. Ce transfert des collections individuelles aux collections républicaines constituera une opération en force dont le musée gardera les cicatrices qui apparaissent à sa naissance :

> « [...] J'ai été toujours touché d'un sensible déplaisir que des amateurs de ces curiosités les cachent avec tant de soin qu'au lieu d'en faire libre communication, ils font connaître qu'ils ne les ont cherchés que pour les ensevelir dans les tombeaux de l'oubli et les faire passer des sépulcres d'où on les retire dans d'autres sépulcres plus obscurs encore »[308].

écrira La Font de Saint Yenne qui, aidé de Jules Michelet bâtira malgré tout, l'idée de patrimoine :

> « [...] le Moyen Âge nous a laissé de lui un si poignant souvenir que toutes les joies, toutes les grandeurs des âges modernes ne suffiront pas à nous consoler »[309].

LA CULTURE NATIONALE

L'article « Louvre » de l'encyclopédie de Diderot et D'Alembert dressait un plan de l'établissement scientifique. On ne trouve pas de solution administrative à un musée qui regrouperait la bibliothèque royale, le cabinet d'histoire naturelle, les collections royales et les sociétés savantes. Marigny et d'Angevilliers s'attachent au problème. La grande galerie est proposée comme gigantesque conservatoire de l'art universel. La nation impose l'image de son patrimoine à travers le musée idéal, fantasme de toute l'Europe. Cet idéal avait été élaboré par le premier musée en titre : celui d'Elias Ashmole à Oxford dont le règlement, *Instituta*, fut présenté en 1714. Il se donnait avant tout une vocation pédagogique. On réunit les chefs-d'œuvre de l'art antique pour former le goût des contemporains. Le patrimoine s'adressait à une génération éblouie par le spectacle de la transmutation sociale qu'elle trouvait incarnée dans la peinture. En Allemagne, le *denkmalkultus*, culte des grands monuments fut la clé de l'affirmation nationale. Les deux attitudes coexistèrent pendant tout le XIXe siècle : l'amour de la ruine et la restauration du monument ; la nostalgie était conjuguée à l'exaltation du présent. La pensée patrimoniale a donné à la génération de l'après Révolution française le Romantisme, fait de rêveries sur le passé, balisé par des ruines et des figures médiévales. La bourgeoisie avait choisi sa mémoire dans le corpus qui renforçait ses préférences nationales tout en affirmant une identité. La même quête de mémoire préside aujourd'hui : sans aïeux, les familles cherchent leur mémoire dans les musées et un certain éclectisme règne en la matière. Le patrimoine s'agrandit avec de nombreux musées étranges remplissant les promenades dominicales : le musée du pain, musée de la pipe, des jouets. Le moindre peigne ou rasoir de nos grands-pères en fournit le prétexte. Ces musées dérisoires, dans la presque-ironie d'eux-mêmes, fétichisent la moindre parcelle de notre mémoire proche. Cette entreprise de sauvetage par le tout et le rien est sans doute à traiter comme un symptôme accompagnant la déliquescence des liens sociaux. L'abri d'une mémoire déposée, transférée, propose des objets dont l'exposabilité apaise davantage des inquiétudes qu'elle ne renforce des certitudes. Le porte-bouteilles, la pelle à neige sont dignement exposés dans ces musées, pour des touristes qui arpentent nos provinces. L'histoire porte ses griffes sur tout ce qui déjà, n'est plus là. Le porte-bouteilles que Duchamp choisit, pour l'ironie qu'il y avait à le voir travesti d'une autorité muséale, peut être élevé aujourd'hui à la double dignité d'objet d'art et d'histoire. Marcel Duchamp se méfiait d'un musée transubstantiateur de tout ce qui y entrait ; il répond à Charbonnier :

> « Est-ce que vous visitez les musées ?
> Presque jamais. Je n'ai pas été au Louvre depuis vingt ans. Cela ne m'intéresse pas à cause de ce doute que j'ai sur la valeur des jugements qui ont décidé que tous ces tableaux seraient présents au Louvre au lieu d'en mettre d'autres dont il n'a jamais été question et qui auraient pu y être. Au fond on se satisfait très bien de cette opinion qu'il existe une sorte d'engouement passager, une mode basée sur un goût momentané. Ce goût momentané disparaît et malgré tout, certaines choses durent encore. Cela ne s'explique pas très bien, et cela ne se défend pas forcément non plus »[310].

Le musée est une suite de hasards rationalisés. La transmission est enflée à la mesure du vol qu'elle tente de faire oublier. Jean Delumeau explique dans *Histoire des pères et de la paternité* [311] que la nouvelle puissance du père, à la fin du XVIIIe siècle, repose sur un régicide. Dieu et Louis ont été mis à mort ensemble, par les fils. Effrayés de leur geste, ceux-ci installent un père majuscule dans le fantasme de la puissance. Sigmund Freud l'analyse dans *Totem et tabou,* Franz Kafka l'évoque dans *La lettre au père* et James Joyce, dans *Ulysse.*

> « Un père, dit Stephen, luttant contre le découragement est un mal nécessaire. Le cadavre de John Shakespeare ne se promène pas dans la nuit. Il va pourrissant d'heure en heure. Il repose déchargé de paternité ayant transmis à son fils cet état mystique [...] la paternité en tant qu'engendrement conscient n'existe pas pour l'homme. C'est un état mystique une transmission apostolique, du seul générateur au seul engendré. Sur ce mystère et non sur la madone que l'astuce italienne jeta en pâture aux foules d'occident, l'église est fondée. [...] La paternité est une fiction légale » [312].

La bourgeoisie a mis le père à la place centrale et aveugle du pouvoir absolu. Elle fut soucieuse d'éduquer ses fils dans le sens du devoir et de la gestion du patrimoine. La valeur patrimoniale est essentielle pour une bourgeoisie voulant restaurer le symbole agissant du père. Il s'agit d'oublier le geste parricide inaugural. Le musée-patrimoine en est le monu-ment, celui qui ment. Le père, celui qui nomme, habite le musée. Le musée doit instruire les enfants de la République, dans cette fétichisation du nom qui trouvera un prolongement logique dans la question de Duchamp : puisque les collections aristocratiques deviennent patrimoine, pourquoi l'urinoir ne deviendrait-il pas Fontaine ? Le musée a le pouvoir de transmutation nominale. En introduisant un objet étranger, le ready-made, Duchamp apporte une ironie décisive, d'être à la fois dans le sillon de cette tradition, au-dedans d'une continuité historique et l'exténuant cette tradition par la répétition des transferts. En un dandysme fondamental, le *Porte-bouteilles* entre au musée pour montrer ce qu'est le musée. La circulation des objets insolites symbolise une société riche. En injectant des objets d'une banalité voire d'une trivialité ridicules dans le marché de l'art, le symbole se renverse, la fierté tourne au vinaigre. Puisque le faire de la bourgeoisie incarne les valeurs de la réussite sociale, Duchamp trans-fait en transférant un objet manufacturé appartenant à une catégorie de marchandise dans le champ des pratiques artistiques, il jette sur le faire artistique un discrédit fondamental. Faire devient équivalent de défaire. Le déplacement d'un objet déjà fait vaut pour l'objet fabriqué. Si l'équivalence est possible, elle montre le continent noir du faire artistique et fait apparaître son « petit rien ».

Marcel Duchamp nous rappelle aussi qu'il est un collectionneur organisant des transferts et qu'il reconduit le principe même sur lequel s'érige le musée, principe vilipendé par Antoine Chrysostome, dit Quatremère de Quincy qui s'offusquait dès la fin du XVIIIe siècle du pillage que représentaient ces collections. Celles-ci fournirent pourtant le renouvellement des fonctions esthétiques et critiques de l'art occidental. Grâce à de nombreuses vitrines, foires internationales et musées ethnologiques, les artistes purent renouveler leur répertoire formel en puisant dans les rêves d'origine des sociétés primitives. Celles-ci incarnaient la puissance de l'invisible et de l'inconscient et accroissaient leur perception. Gauguin, Matisse, Picasso iront puiser aux sources vives d'un exotisme que l'Europe avait économiquement et culturellement exploité. Breton le constate avec une pointe d'amertume en 1955, dans *Le surréalisme et la peinture,* en écrivant que :

> « Malheureusement l'ethnographie ne pouvait aller à si grands pas qu'elle réduisît, au gré de notre impatience, la distance qui nous sépare de l'ancien Maya ou de l'actuel Aborigène australien, du fait de ce qui nous reste étranger dans leurs aspirations comme de notre très partielle intelligence de leurs mœurs. Ce que nous puisions dans leur art péchait malgré tout par un manque de contact organique à la base, laissait sur une impression de déracinement »[313].

L'art primitif, s'il restait mystérieusement étranger avait l'avantage pour Breton de n'avoir pas subi les influences néfastes du christianisme. L'écrivain va sillonner les réserves des indiens d'Amérique et assister aux cultes vaudous à Haïti. Breton voulait recréer les expériences primitives au sein des pratiques artistiques destinées à se diluer dans la vie même. Il suivait en cela les enseignements de Frazer, dont l'ouvrage *Le rameau d'or*, expliquait les coutumes, les croyances et les mythes des peuples primitifs : leur univers de forces spirituelles les amenaient à une communion spirituelle à leur environnement :

> « C'est en exerçant cette audacieuse imagination et cette crédulité systématique qui sont communes à l'enfant et au sauvage qu'on retrouverait le paradis perdu du « surréel » [314]

Le surréel permettait la rencontre de domaines apparemment éloignés et le Christ pouvait être comparé à un fétiche par Apollinaire en 1912 :

> « Tu marches vers Auteuil tu veux aller chez toi à pied, dormir parmi tes fétiches d'Océanie et de Guinée. Ils sont les Christ d'une autre forme et d'une autre croyance. Ce sont des Christ inférieurs des obscures espérances » [315]

Le transfert comme principe fut le levier des transformations. Marcel Duchamp démontra avec *Fontaine* qu'un urinoir, signé R. Mutt, refusé par une société puritaine aux arguties moralisantes contredisait le contrat d'exposition. Tout prête à penser que Duchamp écrivit un article paru dans la revue « Blind man », intitulé : « Le cas Richard Mutt » pour mettre en évidence ce paradoxe :

> « On dit que tout artiste s'étant acquitté d'un droit d'entrée de six dollars peut exposer. Mr Richard Mutt a envoyé une fontaine. Cet article a disparu sans la moindre explication et n'a jamais été exposé. Pour quelles raisons la fontaine de Mr Mutt a-t-elle été refusée ?
>
> 1) Certains ont prétendu qu'elle était immorale, vulgaire.
>
> 2) D'autres que c'était du plagiat, une simple pièce d'appareil sanitaire. La fontaine de Mr Mutt n'a absolument rien d'immoral, c'est absurde pas plus qu'une baignoire. C'est un objet qu'on voit tous les jours à la devanture des boutiques d'installations sanitaires. Que Mr Mutt ait fabriqué ou non la fontaine de ses propres mains n'a aucune importance, il l'a CHOISIE. Il a pris un objet de la vie quotidienne, l'a mis en simulation de façon à faire oublier son caractère utilitaire par un nouveau titre et un nouveau point de vue et il a créé une conception nouvelle de cet objet. Quant au fait qu'il s'agisse d'une installation sanitaire, l'argument est absurde. Les seules œuvres d'art produites par l'Amérique sont ses appareils sanitaires et ses ponts »[316].

La circulation d'un objet entre deux territoires amphibies montrait la puissance des frontières construites sur une anamnèse. L'ironie de Duchamp déplaça d'un coup l'art dans une nouvelle orbite. Duchamp engendra, sur verre, ce matériau des vitraux des cathédrales qui incarnait la virginité féconde de Marie filtrant la lumière, sans que sa surface en fût altérée :

> « La transparence du verre autorise précisément tous les aléas d'une démarche conceptuelle qui sera complétée par une foule de notes de gloses et débouchera sur l'invisible, l'extra-rétinien »[317].

Marcel Duchamp se place au-delà du monde sérieux des producteurs et des transformateurs de matières, du côté de l'inorganique, des machineries broyeuses, des mutations de matériaux par le feu, le gaz, la poussière. Le verre matériau très utilisé par Duchamp pour le *Grand Verre*, les *Trois Stoppages-Étalon* de 1913-14, la *Rotative Plaque Verre* de 1920, l'ampoule d'*Air de Paris* de 1919 est un équivalent physique de l'eau courante de l'urinoir-fontaine à la chute d'eau d'Étant donnés [...] Cet esprit sans matière autre que celle de son contenant n'est pas sans faire écho à celui des transmutateurs de la Renaissance évoqués précédemment. L'état gazeux évoque la rapidité diffuse des déplacements, caractéristique des pratiques de Duchamp, encore à l'oeuvre quand de fils, il se fait fille, pour rire et dévier l'héritage :

« J'ai voulu changer d'identité et la première idée qui m'est venue, c'est de prendre un nom juif, je n'ai pas trouvé de nom juif qui me plaise ou qui me tente, et tout à coup, j'ai eu une idée : pourquoi pas un nom de femme ? Superbe. Mieux encore que de changer de religion changer de sexe. Rose était à l'époque le prénom français le plus bêta qui soit, et Sélavy bien sûr c'était c'est la vie » [318].

Donc, Marcel Duchamp se déguise, le garçon devient la fille et s'appelle Rrose Sélavy, elle est ignorante comme le « c'est la vie » d'une philosophie populaire qui ponctue ou achève la conversation. Ce *mantra* du peuple au prénom de fleur ironise pour débusquer la pédanterie. Elle fait la sotte dans un costume taillé pour le ridicule. Une petite photographie réalisée par Man Ray en 1921 nous montre le portrait de Rrose. Cette photo est légendée et signée par son auteur, au dos et au crayon : Rrose Sélavy by Man Ray, Paris. Cette photo a été retouchée par Marcel Duchamp à l'encre noire pour souligner la féminité du sujet. Les mains et le chapeau appartiennent à Germaine Everling, l'amie de Picabia. Le travestissement, c'est être un autre dans le même. Comme le travesti excède sa féminité à partir de ses caractères masculins, on trouve le fils sous la fille et l'ironiste sous l'idiot. Le dandy montre sa distinction (ce qui le distingue) qui est la preuve visuelle d'une « utilisation excessive des convenances » [319]. Duchamp fils a donné une fille à son père, a stoppé la transmission du nom. Le dédoublement permet de se garder de l'anéantissement. Sigmund Freud et Otto Rank pensent le double comme une assurance contre la disparition du moi, un démenti de la puissance de la mort. Otto Rank explique que les images que l'on trouve, aussi bien dans les cultures égyptiennes que romaines, sont nées d'un amour illimité de soi qui se trouve encore dans le narcissisme primaire des enfants et des primitifs. Après le dépassement de cette phase, le signe dont est affecté le double se modifie, d'assurance-vie il devient inquiétant, avant- coureur de mort. Si l'on accepte la comparaison du philosophe pratiquant l'ironie comme le dandy, on comprend qu'ils sont liés par le thème du dédoublement. Ils sont tous deux à la fois le même et l'autre. Le philosophe met dans sa bouche des mots qui ne lui appartiennent pas ; pour être cet autre qu'il n'est pas, le dandy met dans ses gestes des affectations qui le distinguent. L'emprunt désigne l'origine car il reconstitue un temps primitif où la vie psychique était sans séparation, comme l'homme et la femme du *Banquet* de Platon, délibérément installés dans une eau confuse, mi-homme, mi-femme, ni homme ni femme. Le dandy n'est entendu que dans la forme de son excès, il pousse les vertus jusqu'à leurs extrémités, il est celui dont on ne sait s'il appartient au monde qu'il dédaigne ou à un autre inadvenu. Il semble qu'il se place à une distance entre qui convient au dandy, du travestissement qu'il inflige à son personnage, de la mélancolie qui accompagne le travail testamentaire de son encyclopédique entreprise, Marcel Duchamp désigne avec l'insolence de l'ironiste, la pratique artistique par son double, le non-faire. A la fin du XIXe siècle, Baudelaire avait défini le dandysme comme une posture stoïque et cynique à la fois, permettant de préserver une dignité héroïque parmi le naufrage des systèmes : « le dernier éclat d'héroïsme dans la décadence », dit-il. L'insolence vis-à-vis du monde, les ruses excentriques, le souci d'être installé sur les frontières d'un espace fortement centré seraient une morgue affichée à la surface du deuil. Le dandy, scénographe de l'ironie, signe tous les pastiches avec dédain et il annonce ainsi une mort, signe de sentiments mêlés. Le symptôme de mort s'installe dans la survie. Comme l'écrit Baudelaire :

> « Un dandy peut être un homme blasé, un homme souffrant, mais dans ce dernier cas il sourira comme le lacédémonien sous la morsure du renard » [320].

Le dandysme est une ballade sur les limites sociales ; il appartient à l'intermédiaire. Il est entre la femme et l'homme, ni l'un ni l'autre mais l'un et l'autre (dévoré par l'angoisse de castration, il oscille entre vénération et mépris). Il est entre implicite et explicite et tient de l'indécision du franchissement. Ni femme, ni homme, ni dedans, ni dehors mais sur les frontières des convenances, le dandy est distingué, dans le sens d'une toilette soignée et d'une originalité évidente. Éternel oscillant, il ne peut se poser nulle part dans la passion qui le possède. Bien « fol » qui veut avoir des certitudes. Le dandy professe de ne pas en avoir, il lui préfère le divertissement d'une « science amusante » que l'on trouve aussi bien dans les cabinets sous les formes d'expérimentations « scientifiques » que dans les roto-reliefs de Marcel Duchamp. Le dandy est copiable. Il établit une filiation célibataire. Il engendre du même, sans copulation, vestige du virginal chrétien, selon une position d'effroi et de maîtrise du temps. Le dandy regarde en arrière et annonce le futur. Il louche entre avenir et passé. Marcel Duchamp, parangon d'une posture prophétique, annonce la débâcle et le renouveau : les arts plastiques n'ont pas d'avenir pour le quart de siècle à venir. Le dandy est Cassandre et son oracle est un geste hérité d'une posture stoïcienne, préfigurant la fin comme l'écrit Baudelaire :

> « [...] soleil couchant, comme l'astre qui décline, il est superbe, sans chaleur et plein de mélancolie Le dandysme se sait condamné à mort, et la mélancolie est l'illustre compagne de la beauté » [321].

Opérant sur un air de dépôt de bilan, le dandy montre, sans désir de convaincre, la part occulte, le double ignoré, les hasards sur lesquels se bâtissent des théories selon des montages logiques et des rationalisations forcées. Ainsi Duchamp n'a pas inventé le ready-made puisque toute notre culture est entièrement bâtie sur ces hasards, ces découvertes fortuites d'objets transférés et leurs déplacements symboliques. Les curieux et amateurs humanistes exposaient déjà dans leurs cabinets des ready-mades. Notre relation à l'acquisition des savoirs est fondée sur cette cueillette boulimique de signes qu'on assemble pour leur donner un système où chacun trouve une place. Mais il reste que cette entreprise canular est prise au sérieux et qu'on y a bâti notre culture. Le dandy, lui, connaît la farce, son excentricité la lui fait voir. Duchamp a attaqué le patrimoine du côté de sa bêtise. La bêtise l'a intégré au patrimoine. La culture n'est-elle pas qu'un collage immense ? L'histoire de l'art n'édifie-t-elle pas ses théories justificatives en organisant des hasards agglomérés ?

> « Le XXe siècle n'aura été qu'un siècle futile, ironique qui pour beaucoup évoque le XVIIIe siècle » [322].

Le latin *futilis* qui signifie petit vase, duquel tout s'échappe et d'où est issu le terme futilité désigne le transit tout comme sa collègue l'ironie et l'on comprend que ces deux notions dessinant des transports soient convoquées ensemble par le prince du transfert.

NOTES

306 Clair Jean in revue « L'arc », n°63, 1975, p.147

307 Poulot Dominique, *Musée, nation, patrimoine*, 1789-1815, Gallimard, 1997, p.119.

308 La font de Saint Yenne, *Réflexions sur quelques causes de l'état présent de la peinture en France exposée au Louvre le mois d'août 1746*, La Haye, J. Neaulne, 1747, p.155.

309 Chastel André, *Le patrimoine*, in Tome II « Lieux de mémoire », dirigé par Pierre Nora, Gallimard, 1994, p.410.

310 Duchamp Marcel, *Entretiens avec Georges Charbonnier*, Marseille, André Dimanche, 1994, p.123.

311 Delumeau Jean, Daniel Roche, *Histoire des pères et de la paternité*, Larousse, 1990.

312 Joyce, Paris, Livre de poche, 1948, p.198.

313 Breton André, *Le surréalisme et la peinture*, Gallimard, 1965, p.133.

314 Clifford.H.Browder, André Breton, *Arbiter of Surrealism*, Genève, Droz, 1967, p.61.

315 Cité in *Le primitivisme dans l'art du XX*e Sous la direction de W Rubin, Flammarion, 1987.

316 Duchamp Marcel, *Le cas Richard Mutt*, cité dans « Art en théorie », 1900-1990, traduction française dirigée A. Bertrand & A. Michel, Paris, Hazan, 1997, p. 284.

317 Méredieu Florence de, *Histoire Matérielle et immatérielle de l'art moderne*, Bordas, 1994, p.77.

318 Duchamp Marcel, *Ingénieur du temps perdu*, Entretiens avec Pierre Cabanne, Paris, Belfond, 1967, p.118.

319 Hamon Philippe, « L'ironie » in Atlas des littératures, Encyclopedia Universalis. 1990, p.56-57.

320.Baudelaire Charles, *Curiosités esthétiques- le peintre de la vie moderne*, chap. IX « Le dandy », Paris, Garnier, 1962, p.485.

321 Baudelaire Charles, *Journaux intimes, Fusées*, Gallimard, Pléiade, Tome I, 1975. p.656.

322 Duchamp Marcel, *Entretiens avec Georges Charbonnier*, Marseille, André Dimanche, 1994, p.27.

L'art, au bout du compte n'est peut-être pas plus sérieux que le jeu de quilles. Tout n'est peut-être qu'une immense blague, j'en ai peur.
Gustave Flaubert, Correspondance du 3.11.1851

Mieulx est de ris que de larmes escripre
Pour ce que rire est le propre de l'homme. François Rabelais

La simple analyse des rêves pourrait indiquer, enfin, que l'amusement est le besoin le plus criant et, bien entendu le plus terrifiant de la nature humaine.
Georges Bataille, Documents, 1968.

Bouvard et Pécuchet m'emplissent à tel point que je suis devenu eux. Leur bêtise est mienne, et j'en crève ! Il faut être maudit pour avoir l'idée de pareils bouquins.
Gustave Flaubert, Lettre à Madame des Genettes.

LIVRE IV. 4

Où l'on voit combien le cabinet de curiosités s'amuse.

Au XVIIIe siècle, les amateurs s'amusaient, travestissements et expériences scientifiques se succédaient dans les cabinets de curiosités. Il faut dire que la science était amusante dans ces salons où l'on prisait la physique et où la passion du merveilleux menait les curieux. Castel, jésuite de son état, invente un clavecin oculaire pour donner à l'âme des sensations d'harmonie et des mélodies de couleurs. L'abbé Poncelet se lance dans la fabrication du clavecin des saveurs, constitué d'un buffet d'orgue mis en jeu par deux soufflets envoyant des courants d'air dans des rangées de tuyaux remplis de liqueurs odorantes pendant que Vaucanson fabrique des automates dont la pièce exceptionnelle digère ce qu'elle a mangé. L'abbé Mical exécute des têtes parlantes. Le clavecin électrique et le drap à aigrettes électriques de Laborde, le cerf volant de Franklin, permettront l'exploitation du paratonnerre qu'en fera Bertholon[323]. Le mouvement scientifique est né d'une volonté de parfaire la vie des hommes. Toutes les formes d'un charlatanisme de salon s'y rencontrent également ; que ce soient l'ordre d'harmonie du mesmérisme ou le commerce avec les génies élémentaires mené, entre autres, par le Chevalier Saint Maur qui faisait écrire les vœux sur du papier qu'il brûlait afin qu'ils s'exauçassent. Joseph Basalmo s'établit à Paris en 1705 pour guérir les maladies de l'esprit et pour donner l'immortalité grâce à un élixir magique. Il constitua à cet effet une loge de la maçonnerie égyptienne dont il fut le grand copte. Les baguettes divinatoires de Bleton, les traversées de la Seine en marchant sur l'eau ou les cabriolets volants étaient très prisés des spectateurs, dupés par des phénomènes optiques. L'Abbé Nollet[324] électrise une congrégation de trois cents chartreux réunis en une chaîne humaine qu'il fait, à proprement parler, sauter en l'air grâce à une décharge électrique. Il fera subir la même déflagration à cent quatre-vingts gardes français réunis à Versailles. Ses divertissements se poursuivent en desserts avec des figurines en pâte de verre dans lesquels il installe des cascades. Le même abbé, devenu chef de laboratoire de Réaumur, mettra des culottes à bretelles aux grenouilles pour recueillir leur semence. Cette science amusante se répand en Hollande, en Angleterre, en Italie et participe à l'esprit de jeu du cabinet de curiosités qu'analyse Horst Bredekamp dans *La nostalgie de l'antique* :

> « Ils ne pratiquent pas ces choses par nécessité, mais dans l'intention de maintenir un concours artistique perpétuel. Afin que la raison ou plutôt l'étincelle divine demeurée en nous, ait la possibilité d'illuminer magnifiquement tout ce qui contient chaque matériau dont nous disposons »[325]

Il peut en outre affirmer que :

> « Si le plaisir ludique de créer des objets artificiels échappant à la loi de

l'utilité correspondait à l'image de Dieu en l'homme, l'instinct de collectionner, de former son propre monde en petit, prenait le caractère d'une imitation du jeu divin. Pour pouvoir être un Dieu absolu, le démiurge devait avoir créé quelque chose de gratuit et de ludique, car s'il avait poursuivi un but, il n'aurait été que l'agent exécutant d'une instance supérieure. La ressemblance de l'homme avec Dieu n'était parfaite que poussée dans la catégorie suprême du jeu associée à la collection. À l'image du *Deus ludens*, le collectionneur maintenait lui aussi, dans l'accomplissement de la création, l'alternance d'utilité pratique et de gratuité, afin d'acquérir la connaissance en jouant »[326].

C'est dans l'intention de comprendre la création divine, de nature ludique, que les amateurs jouent à simuler le désordre du monde, à mettre en évidence les fantaisies de la nature. Anasthase Kircher (1601-1680) évoque dans l'introduction de son *Museum kircherarium* les jeux de la nature. Les amateurs partagent avec les artistes de ne pas livrer de recherches seulement utiles. En 1596, Francis Bacon utilise le terme « jeu » à propos d'une nature qui joue à ses œuvres. Francis Bacon ne voit pas de différence notable entre l'œuvre de nature et l'œuvre humaine. La collection entreprise dans les cabinets de curiosités inclut l'art au titre du jeu auquel il se livre. Cette opération pourra être comprise de manière péjorative et le cabinet de curiosités, vitrine de ces jeux et hasards sera bientôt fustigé par la rigueur scientifique des encyclopédistes. Alors le jeu ne sera plus qu'emploi du temps d'oisifs. Marmontel écrit :

> « Je savais bien moi, ce qui me déplaisait en lui. C'était la valeur qu'il – le comte de Caylus N.D.R. – attachait à ses recherches minutieuses et à ses babioles antiques ; il accostait les gens instruits, se faisait composer par eux des mémoires sur des breloques que les brocanteurs lui vendaient ; faisait un magnifique recueil de ces fadaises, qu'il tenait pour antiques ; proposait des prix sur Isis et Osiris pour avoir l'air d'être initié dans leur mystère et avec cette charlatanerie d'érudition, il se fourrait dans les académies sans savoir ni grec, ni latin. Par ses relations avec les dilettanti, il se faisait passer en Italie et dans toute l'Europe pour l'inspirateur des beaux-arts »[327].

La bourgeoisie a installé au pouvoir le sens du devoir et du sérieux contre une légèreté qu'incarnait la curiosité aristocrate. Le Président de Brosses écrit :

> « Quant au cabinet de Settala, si célébré dans toutes les relations de Milan, il a le sort de tous les cabinets, qui est de dépérir peu à peu. Les héritiers du Chanoine Settala ont vendu ou donné une partie des raretés qui le composaient. On peut pourtant s'amuser encore des quelques bonnes choses qui restent dans les huit ou dix salles qui sont remplies de beaucoup de chiffonneries »[328].

Et plus loin :

> « Savez vous bien, que c'est à crever de rire que de voir comment à l'appui du titre d'académicien que porte Sainte Palaye et de quelques vieux rogatons de manuscrits sur lesquels on nous a vu renifler dans les bibliothèques, nous passons pour de très scientifiques personnages ? Ce qu'il y a de plus original c'est que nous avons poussé l'impudence jusqu'à tenir conversation chez nous, où les érudits de tous les ordres avaient la bonté de se rendre » [329].

Le comte de Caylus ne semble pas prendre sa tâche plus au sérieux, mais cette modestie n'est sans doute que de convention. Il confie dans une lettre du 25 novembre 1759 :

> « [...] En effet, des morceaux mutilés et des fragments de toutes les nations ne sont regardés ni par le marchand, ni par l'acheteur. Le connaisseur vrai et l'amateur de bonne foi trouvent leur compte dans les objets qu'ils négligent. Somme toute, les balayures de la place Navone et toutes les guenilles me conviennent. Vous ne sauriez croire qu'elle est la ressource d'un songe creux et d'un ermite qui regarde un objet sans distinction et qui enfin ne le quitte qu'après qu'il est persuadé qu'il en a connu l'usage. Tel est mon amusement principal » [330].

Marcel Duchamp s'amuse lui aussi. Le soigneur de gravité guérit parce que gai, il rit : « Tout cela est un jeu, une vraie fête » [331].

Le cabinet de curiosités, instance aussi éphémère que le jeu de mot ou le divertissement philosophique, aussi divertissante que les chaînes électriques de l'abbé Nollet, trouve un héritier en Marcel Duchamp. Si le jeu est le mode de construction de la culture, comme le dit, en 1938, Johan Huizingua dans *Homo ludens*, Duchamp instruit l'art de s'amuser en ironiste. Il va s'amuser avec la bêtise comme put le faire Gustave Flaubert avec Bouvard et Pécuchet. Duchamp, amateur de bêtise, s'exprima sur celle des peintres : « Aussi bête qu'un peintre » pouvait être le mot d'ordre de sa gaie-guerre. La gaieté de Duchamp s'exprimera par une ironie d'obédience philosophique. En effet, l'ironie, comme son ancêtre l'yronie, terme de la fin du XIIIe siècle issu du latin *ironia*, signifie l'interrogation ou action d'interroger en feignant l'ignorance. Ce sens est dû à la méthode de Socrate qui, en interrogeant ses interlocuteurs visait à déjouer la suffisance de certains d'entre eux et à faire apparaître leur ignorance. L'ironie apparaît comme le contrepoint du sophisme. À la suffisance et au caractère définitif des affirmations des sophistes correspondent la légèreté et le piquant des saillies de l'ironie. Le sophisme peut-il d'ailleurs se priver de son double ? Il jouit de ses possessions secrètes sans que nul ne soit convié. La bêtise aura intéressé Marcel Duchamp plus que tout. Rrose Sélavy est bien celle de qui on ne peut entendre qu'un propos de bistrot. La pédanterie est débusquée par l'aphorisme populaire et être ironique, pour Duchamp, signifie peut-être – on ne sera jamais trop prudent – n'avoir de forme arrêtée qu'en excès, comme le travesti et l'ironie qui exacerbent l'un la féminité à partir de ses caractères masculins, l'autre la bêtise à partir de l'intelligence. L'autre se montre sous le même. Quand Marcel Duchamp se travestit en Rrose, il cherche la forme d'un autre et il nous surprend à peine quand il dit avoir cherché cet autre chez le juif puis chez la femme. Est-ce le double qu'évoque Freud, le définissant comme une assurance contre la disparition du moi, comme un démenti de la puissance de la mort ? Le signe dont est affecté le double se modifie : d'assurance-vie, il devient inquiétant avant-coureur de mort ; si l'artiste se travestit en ironiste, en femme, est-ce pour montrer qu'il est à la fois le même et l'autre, qu'il n'est pas arrêté dans une forme le définissant ? Il peut mettre dans sa bouche des mots qui ne lui appartiennent pas pour être cet autre qu'il n'est pas et qu'il est. L'artiste, en ironiste et en dandy, met dans ses gestes des affectations qui le distinguent. Il emprunte à l'un pour faire voir les effets de l'autre. Le dandy et l'ironiste pratiquent la maîtrise de la distance. Le dandy est excessivement loin, l'ironiste semble proche. Quand on pratique les deux, il faut une certaine dose d'élasticité. En témoignent ses propos :

> « [...] Je ne peux pas faire un tableau ou un papier ou une sculpture. Je ne peux absolument pas. Il faudrait que je réfléchisse deux ou trois mois avant de me décider à faire quelque chose qui ait une signification [...] Il faudrait que je le trouve ce sens avant de commencer »[332].

Affirmation contredite par l'exécution de ce qui sera son œuvre ultime et qu'il vient de terminer : Étant donnés 1) la Chute d'eau, 2) le Gaz d'éclairage. Certes, on peut dire que Duchamp ment car il fait en disant qu'il ne fait pas. Veut-il signifier que faire et non-faire sont des équivalences, comme la femme et l'homme mêlés en Rrose Sélavy ? Peut-être joue-t-il sur les mots puisque, effectivement, il n'a fait ni sculpture, ni dessin, ni tableau, mais bien les trois ensemble dans cette dernière œuvre. Ainsi peut-il affirmer sans mentir qu'il ne peut faire ni l'une ni l'autre de ces opérations. Il peut seulement faire les trois. Duchamp ne dit jamais la vérité car il n'y croit pas. Il est Witz, au plus près du mot dans ses nœuds, ce qui lui permet d'être amusé de folie insolite. Il qualifie de la sorte *Impressions d'Afrique* de Raymond Roussel dont il vit une représentation, pour lui mémorable, au théâtre Antoine en 1912. Le paradoxe élastique de Duchamp s'entend encore dans les entretiens avec Pierre Cabanne de 1967, où il répond :

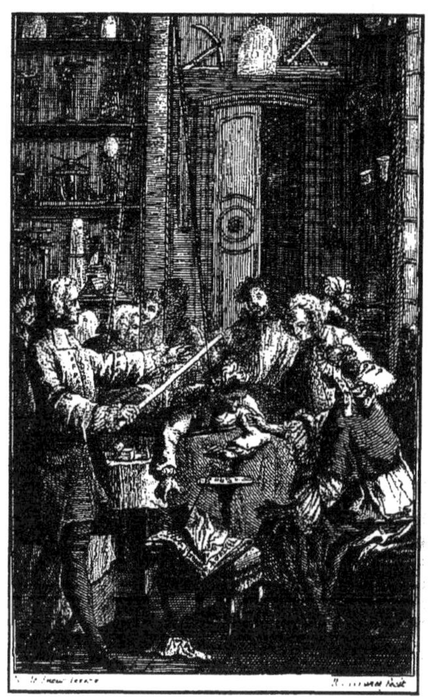

NOLLET ABBÉ *Essai sur l'électricité,* Guerin, 1746
Bibliothèque interuniversitaire de médecine, Paris

« On a l'impression que chaque fois que vous vous engagez à prendre une position vous l'atténuez par l'ironie ou par le sarcasme.

M.D. – Toujours. Parce que je n'y crois pas.

P.C. – Mais à quoi croyez-vous ?

M.D. – Mais à rien, le mot croyance est une erreur lui aussi. C'est comme le mot jugement, ce sont des données épouvantables sur laquelle la terre est basée. J'espère que sur la lune, ce ne sera pas comme cela !

P.C. – Vous croyez à vous tout de même !

M.D. – Non.

P.C. – Même pas.

M.D. – Je ne crois pas dans le mot « être » » [333].

L'important n'est pas de croire ni de juger, mais réside dans le fait d'être ailleurs, de ne pas être là où il est attendu, d'où cette allusion à la lune, et ce paradoxe de ne croire ni en lui ni en le mot être. Duchamp connaît une communauté d'esprit avec les aventuriers de l'extra-terrestre, les Cyrano de Bergerac, Fontenelle et Jules Verne qui nourrissent de poudre de lune l'imaginaire des enfants, alternative aux épouvantables valeurs qui régissent la terre. Marcel Duchamp, en aventurier, porte défi à la bêtise ; c'est sa lune et il la conquiert en chevalier du dérisoire et en saltimbanque, que l'étymologie désigne comme celui qui saute du masculin au féminin, du dehors au dedans, d'une pratique à une autre de la terre à la lune ; les objets manufacturés deviennent dard et se signent, l'urinoir devient fontaine, frappée par la fée Duchamp. Le même est l'autre. L'urinoir est urinoir – sophisme – il est aussi fontaine – ironie. L'ironie ne peut quitter la bêtise du sophiste. Il – l'urinoir – se fait elle – fontaine – comme Duchamp se fait « Rrose Sélavy » par l'opération photographique due à Man Ray. Que voit-on ? À regarder Duchamp on voit Duchamp, à regarder Rrose on voit Rose et, si le visible est une expérience de l'entre-deux, on peut difficilement voir les deux à la fois. Ce double – fontaine-urinoir, Marcel et Rrose – qui est aussi un couple, comme celui de l'ironiste et du sophiste, n'existe pas. Le mélange de deux êtres ne montre que la zone d'ambiguïté qui les sépare. Duchamp va donner à l'art cet espace élastique entre deux états définissant celui du monstre. Même ses jeux de mots, toutes les formes de jeux de langue l'intéressent car ils rapprochent ou dilatent l'espace des mots par transfert, renversement. Aussi sera-t-il le gardien de la nomenclature des sophismes, et des monstres qu'ils engendrent, ainsi sera-t-il leur encyclopédiste. Les jeux de mots de Duchamp relèvent d'un aspect ésotérique et d'une pratique secrète du langage, ils puisent également à la langue verte de l'almanach Vermot. C'est une collection d'homonymie – objet dard –, d'homographies – savon aux amendes honorables – de paronymies – ovaire toute la nuit, belle haleine – d'adjonctions ou de suppressions d'une lettre – Fre (n) sh Wi (n) dow – de substitutions d'une lettre à un autre – cuisse enregistreuse – de déplacements ou inversions – ruiner/uriner – d'adjonctions de syllabe – fosse (ette) d'aisance, (ba) garre d'Austerlitz, (ca) leçons de musique de chambre, (orch) idées fixes. Figurent dans cette collection le palindrome – anémic cinéma – la lecture phonétique – LHOOQ – M-É-TRO – le chiasme paronymique – l'aspirant habite à Javel et j'ai la bite en spirale – et toutes les variétés du contrepet – sels de bains, belle de seins, bains de gros-thé pour grains de beauté. La plupart seront des contrepets irréguliers. La filiation obscène ne peut que réjouir le dandy qui est étranger à cette langue et donc plus prêt à la distiller en quelques bouchées crues dans le monde policé des bonnes manières artistiques. La veine rabelaisienne se déploie sans gêne, sinon celle qu'elle produit : ses jurons, ses énumérations grossières ou grivoises, ses procédés montrant une langue déshabillée, défaite de ses voiles en une exubérante énumération. Les grands dévoileurs de langue ont été des médecins (Rabelais, Céline) et Duchamp, dans sa gai-rit-son, est un soigneur de gravité. Il soigne la gravité des apparences. L'art n'est-il qu'une blague se demandait Flaubert et imagine-t-on qu'il l'ait cru ? L'étendue de la bêtise amène Duchamp à proposer une direction la contrariant :

> « [...] Voilà la direction que doit prendre l'art : l'expression intellectuelle, plutôt que l'expression animale. J'en ai assez de l'expression *bête comme un peintre* »[334].

Et comment contrarier la bêtise qui déjà taraudait Flaubert : comme Bouvard et Pécuchet font l'inventaire de toutes les sciences en une encyclopédie imbécile, Duchamp donne à la catégorie art une lisibilité inédite :

> « [...] Je m'intéresse aux idées et pas seulement aux produits visuels. Je voulais remettre la peinture au service de l'esprit. Et ma peinture fut, bien entendu, immédiatement considérée comme intellectuelle, littéraire »[335].

La pratique de l'ironiste traverse les champs de savoirs, mais est-elle pour autant encyclopédiste par nature ? Flaubert était fasciné par les encyclopédies qu'étaient les œuvres d'Homère et de Rabelais :

> « Les livres d'où ont découlé les littératures entières, comme Homère, Rabelais sont des encyclopédies de leur époque. Ils savaient tout ces bonnes gens-là ; et nous nous ne savons rien »[336].

Flaubert écrivait dans une lettre à que son époque n'avait pas la moelle pour voir l'ensemble. De cette faillite naissait à la fois une ignorance monstrueuse et un encyclopédisme de la bêtise. Le lecteur ne peut plus donner une place à une vérité stable ni à une cible nommable, ni à une voix d'auteur autorisée. Flaubert le montre dans

Bouvard et Pécuchet, Lautréamont avec ses pastiches, Gide et ses soties, Beckett par la polyphonie des sources d'énonciation. Aujourd'hui la référence au cabinet de curiosités appelle les croisements par la filiation encyclopédiste et ironique, pour réhabiliter, à la suite de Duchamp, l'esprit du jeu pour gai-rire de ce qui est encore gai-rissable par le risible. Mais l'ironie peut se mettre elle aussi en cage et renforcer les dogmes. Certains lieux d'art institutionnels affichent pour pratiques artistiques des simulacres d'œuvres dont l'ironie égratigne légèrement la surface des stéréotypes. Ils font référence à Duchamp, sans rire. Ainsi la madone de Frisch, statue sulpicienne peinte en jaune peut faire frémir quelques rangées de prie-dieu bordelais ; rien d'autre.

NOTES

323 Lacroix Paul, dit le bibliophile Jacob, *Lettres, sciences et arts*, 1700-1789, Paris, Firmin-Didot, 1878, p.243.

324 Nollet donne des leçons de physique au Dauphin dans le cabinet des médailles de Versailles. La physique est à la mode et les cabinets se multiplient, à Paris et en province. Citons ceux des ducs de Luxembourg, de Luynes, de Chaulnes. Amisson Duperroux, Menage, Pressigny, Bonnier de la Mosson furent parmi les plus importants de ce milieu de siècle.

325 Bredekamp Horst, *La Nostalgie de l'antique*, traduction Nicole Casanova, Diderot, 1996, p.100.

326 Ibidem, p.100.

327 Marmontel, *Mémoires*, Tome II, notes de Maurice Tourneux, Librairie des bilbliophiles, Flammarion, 1891, p.105.

328 Brosses Charles de, dit le Président de, *Lettres familières écrites en Italie en 1739 et 1740*, édition revue et annotée d'un essai sur la vie et les écrits de l'auteur par R. Colomb, Paris, Didier & Cie, 1858, p.146.

329 Ibidem, p.402.

330 Caylus comte de, *Correspondance inédite du comte de Caylus avec le Père Pacciaudi*, Paris, Nisard, 1887, p.133.

331 Suquet Jean, *Miroir de la mariée*, Paris, Flammarion, 1974, p.207.

332 Duchamp Marcel, *L'ingénieur du temps perdu*, Entretiens avec Pierre Cabanne, Paris, Belfond, 1977, p.186.

333 Ibidem, p.155-156.

334 Duchamp Marcel, *L'ingénieur du temps perdu*, Entretiens avec Pierre Cabanne, Paris, Belfond, 1977, p.174.

335 Duchamp Marcel, *Duchamp du signe, Écrits*, Flammarion, 1975, p.172.

336 Flaubert Gustave, *Lettre à Louise Collet*, Gallimard, 1998, p.285.

Le faux nous met à l'abri des aventures malheureuses de la vérité.
Hannah Arendt

LIVRE IV. 5

Où l'on s'amuse encore avec le faux.

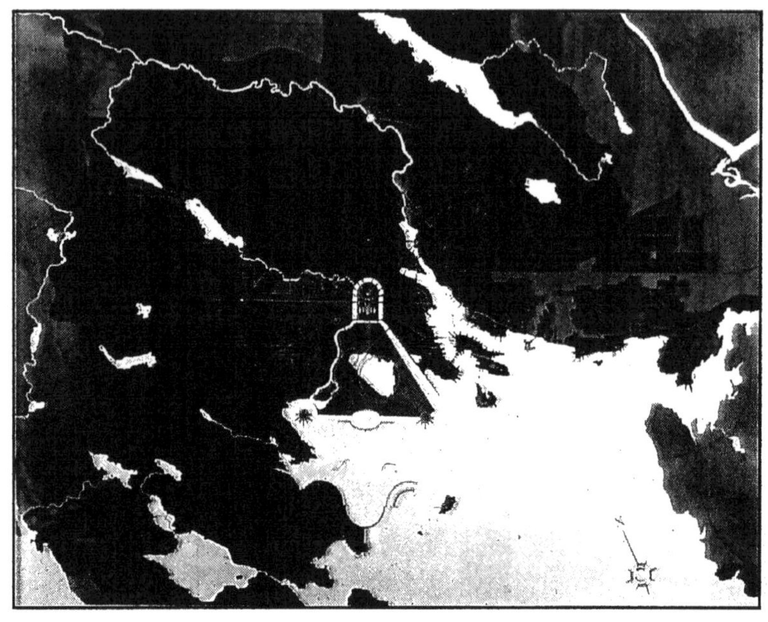

BUBLEX ALAIN, *Glooscap*
Plan Bornham, planche XII, 1908-1991 encre et aquarelle sur papier 127x 183 cm
courtoisie de Georges Phillipe et Nathalie Vallois

Nous sommes arrivés au terme de l'approche historique du collectionnisme. Il existe un certain nombre d'artistes contemporains attachés au principe de la collection, qu'ils soient du côté de l'installation muséale comme Broodthaers ou de celui des manies collectionneuses comme Cueco ou Messager. Un autre versant de ces pratiques semble être l'entrecroisement des pièces et d'une légende. Bublex est un de ces artistes reconstituant des pièces d'archives vraisemblables : est ainsi introduite la cloison tenue séparant la réalité de la fiction. Désignant le territoire artistique au cœur des pratiques les plus constitutives d'une conscience politique, dans le sens d'un intérêt pour la vie de la cité, Alain Bublex, en 1985, invente une ville appelée « Glooscap », nom d'une divinité indienne et en construit les archives, témoignage de cette fiction[337]. La croissance de cette ville imaginaire, sans être utopique, se constitue au fil des événements historiques. Les documents sont fabriqués et l'histoire est instruite selon une méthode policière : la prise de la ville de Québec par les Anglais en 1760, la planification urbaine qui s'ensuit. La fiction joue avec la réalité pour une interchangeabilité de fonctions en une synthèse cohérente. La fiction permet d'unir au sein d'une chose créée par l'homme ce qui est de l'ordre de la structure et ce qui est de l'ordre de l'événement. Le faux restaure le savoir-faire, témoignage de la légende qu'il appuie. Les images produites sont les indices visuels d'une fiction policière. C'est une manière chirurgicale de disséquer la matière de l'œuvre, de pratiquer des entailles dans le rapport du spectateur au producteur, d'y introduire un jeu. Sommes-nous ceux qui rêvons le monde ou le monde est-il en train de nous rêver ? L'art n'a-t-il pas pour but d'approcher notre existence comme fiction, au moment où tant d'"artistes" se servent de l'art pour un usage strictement personnel ?

Le faux devient ainsi le pilier d'un nouvel édifice critique, en mémoire de sa forme honteuse de contrefaçon qui bâtissait à grand coup de copies, un discours de vérité. Depuis que les discours de vérité se sont effrités, les faux s'exhibent eux-mêmes.

> « La similitude structurelle que l'on observe entre ses méthodes et celles de la critique n'est guère surprenante si l'on songe à la ressemblance de leur finalité pratique immédiate » [338] écrit Anthony Grafton.

Ainsi, les faux proposés se définissent comme tels ; ils ne visent pas à tromper, leur seule ambition est de croiser les chemins de la légende. Ces pièces ne sont pas destinées à convaincre, elles flottent sur le crédit que l'on accorde au discours. Idiotes sont ces pièces convoquées dans le statut de la preuve qui servent une fiction comme approche critique de la réalité. Les curieux, eux aussi, utilisaient faux et contrefaçons pour valoriser la vérité d'un discours de complétude. Les faux étaient en effet, d'un usage courant dans les cabinets pour compléter une suite ou pour évaluer les connaissances des amateurs. Ils proliféraient puisque la copie constituait le fondement de l'enseignement académique et qu'elle trouvait un lieu de recyclage dans les cabinets d'amateurs. La contrefaçon servit à compléter les collections. Il y avait deux sortes de faux : ceux que des marchands peu scrupuleux faisaient prendre pour vrais et les copies utilisées par les curieux pour donner à leur collection la complétude qu'ils en attendaient. Ce désir de totalité avait chez les curieux et amateurs, l'intensité de l'idée fixe et le désir d'exhaustivité se manifesta dans diverses anthologies : celle de Montfaucon en quarante volumes en est un exemple.

Selon l'idéal encyclopédique, ces pastiches s'accumulèrent sans qu'offense soit faite à la vérité. Les copies faites des collections de Versailles étaient incluses comme originales dans l'anthologie susdite. Le comte de Caylus faisait faire des croquis de mémoire sur les sites où il était interdit de dessiner et les introduisait dans son catalogue. Il n'y avait aucune idée d'entorse faite à une authentique vérité. Seule l'idée de complétude rassérénait les esprits du temps. Le faux était alors bien souvent la réplique de l'objet vrai. Le cabinet du très sérieux Claude Du Molinet, au XVIIe siècle, montrait des yeux postiches greffés sur certaines pièces pour les rendre vraisemblables. La fétichisation de l'authenticité viendra plus tard, fortement développée par une bourgeoisie qui lui fit porter son désir de légitimité. Le faux sert donc l'idéalité de la collection, sa cohérence et sa complétude. La collection veut montrer, au-delà d'elle-même, l'universel transcendant les objets eux-mêmes. Jordan écrit, *Histoire d'un voyage littéraire fait en 1733 en France en Angleterre et en Hollande.* Il contient une lettre fort curieuse concernant les prétendus miracles de l'abbé de Paris et les convulsions risibles du Chevalier Folard imprimé chez Adrien Moetjens en 1735. Jordan visite le cabinet de curiosités de l'amateur d'histoires naturelles Linsck, apothicaire de son état. Il remarque que certains objets seraient en vérité des fabrications de fourbes qui cherchent à attraper ceux qui cherchent le merveilleux [342]. Le dédain de Diderot et D'Alembert pour cette cuisine, est évident et l'Encyclopédie entreprit dans l'article « faux » de fustiger ces pratiques patissières ; en effet le mot pastiche vient de l'italien *pasticcio* et désigne un gâteau :

> « [...] Jordane le Napolitain appelé dépêche-besogne était d'après Teniers un des grands faiseurs de pastiches qui jamais ait tendu des pièges au curieux. Fier d'avoir contrefait avec succès quelques têtes du Guide, il entreprit de faire de grandes compositions dans le goût de cet aimable artiste et dans le goût des autres élèves de Carrache. Tous les tableaux qui représentaient différents événements de l'histoire de Persée sont peut-être encore à Gênes. Le marquis Grillo pour lequel il travailla le payait mieux que les grands maîtres dont il se faisait le singe. On est surpris en voyant

> ces tableaux qu'un peintre qui ne manquait pas de talents ait si mal employé ses veilles et qu'un Seigneur Génois ait fait si mauvais usage de son argent [...] La copie d'Andréa El Sarto du portrait de Léon X peint par Raphaël trompa Jules Romain quoique ce peintre en eût fait les habits. Nicolas le Loir copiait si bien Poussin qu'il est difficile de distinguer la copie de l'original. Bon Boulogne faisait à merveille la manière du Guide. C'est un excellent tableau dans le goût du maître que le frère du Roi acheta sur la décision de Mignard pour un ouvrage de l'italien »[339].

L'encyclopédie recommande de comparer attentivement :

> « [...] l'expression et l'ordonnance du peintre, d'examiner le goût du dessein, du caractère du pinceau, du coloris ; il est rare qu'un artiste fort de son genre ne laisse échapper quelques traits qui le décèlent »[340].

Les Lumières méprisent l'exécution mécanique du faussaire, privé du dessein du concepteur :

> « [...] on imite la main d'un autre mais on n'imite pas de même son esprit et l'on apprend point à penser comme un autre ainsi qu'on peut apprendre à prononcer comme lui »[341].

Pourtant l'enseignement des arts s'était fait, depuis le XVe siècle en Europe, par la copie. Raphaël copie *Le mariage de la vierge* de son maître Pérugin, Delacroix copie *La fuite de Loth* et *La chasse aux tigres* de Rubens. Ces copies se vendaient pour tromper un ennemi avide ou pour satisfaire des amateurs fortunés. Les répliques faites dans le même temps que l'œuvre originale avec des matériaux identiques sont aujourd'hui difficilement identifiables.

Le classicisme français avait pourfendu les artefacts, particulièrement au théâtre par la voix de Bossuet. *Les Maximes et réflexions sur la comédie* (1694), le peint comme un lieu de concupiscence, et l'auteur invoque les autorités conjointes de Platon et des pères de l'Église. Rousseau poursuivra ces diatribes dans *La lettre à D'Alembert*, dans laquelle les spectacles théâtraux sont considérés comme des entreprises de ruine du contrat social. Répandre le goût du faux-semblant est, pour le bourgeois, le pire des maux antisociaux :

> « Quand un homme est allé admirer de belles actions dans les fables et pleurer des malheurs imaginaires, qu'a-t-on encore à exiger de lui ? N'est-il pas content de lui-même ? Ne s'applaudit-il pas de sa belle âme ? Ne s'est-il pas acquitté de tout ce qu'il doit à la vertu par l'hommage qu'il vient de lui rendre »[343].

L'idée transcendantale d'un monde-vérité va éclater avec Nietzsche qui refuse de réduire le mode sensible à une apparence et quitte le territoire des antagonismes de l'être et du paraître, métaphorisant ceux du mensonge et de la vérité. La fin du XIXe siècle va voir s'effriter la dimension totalitaire de la vérité et l'esthétique du sentiment déplace l'authenticité vers l'émotion en un défi à la rationalité.

LE FAUX ET LA CRITIQUE

La théorie grecque a déqualifié les arts de la mimesis et, si l'esthétique classique s'est organisée autour de l'idée de vérité mimétique, le modernisme a avoué ses contrefaçons. Le faux cannage de toile cirée du tableau de Picasso, *Nature morte à la chaise cannée* de 1913, le faux chèque de Marcel Duchamp à Daniel Tzanck, faisant état de la véritable pénurie de ses finances, sont autant d'actes illégitimes, autant de pied de nez à la mimesis. Ces glissements de légitimité, ces infractions faites à la règle de la loi du marché et à celle du métier de peintre ont utilisé les faux (qui jusque-là étaient des contrefaçons ou des copies) à faux, ils ont été cités pour leur qualité critique. Ce retournement ordonne le procès du savoir-faire pictural et de la mimesis et a besoin de l'instance légitimante qu'est le musée. Les musées auront pour fonction essentielle de garantir l'authenticité des œuvres présentées.

> « Le pedigree des peintures sédentaires – qui n'ont pas quitté les collections nationales – est bien connu, il est possible, en outre, d'en étudier la structure, la technique. Une fois cette étude conduite, une fois réunis les documents effectués dans des conditions identiques, il est possible de se référer à des archives qui permettent d'éclairer le passage parfois subtil entre l'œuvre du maître et la réplique d'atelier »[344].

En séparant le faux de l'original, le musée donne toute sa mesure à la loi qui l'authentifie en retour. Cette fonction se délite au fur et à mesure que l'objet est déjà reproduit mécaniquement. Le ready-made ne vaut que par l'acte de signature. Le musée poursuit son œuvre de légitimation : il a ses enfants légitimes et ses bâtards, il reconnaît les uns et exclut les autres. Le faux entretient avec le vrai un rapport dialectique. Il permet de donner des instruments pour apprécier une œuvre, reconnaître la touche, la composition et la date d'exécution. Il fut un des instruments permettant de bâtir une histoire de l'art scientifique. Les artistes du XXe siècle s'emparèrent de ces pratiques pour démettre la légende de la mimesis. Le faux a commencé à intéresser l'Occident avec l'ouvrage de Paul Eudel, *Le truquage-alterations, fraude et contrefaçons dévoilées*, publié en 1884, au moment même où le genre policier prenait place en littérature [345]. Le roman policier proclame la construction logique du récit. Rien de tel, comme le montre Umberto Eco pour se défaire des oripeaux d'idéalisme, que d'en contrefaire les effets. C'est pourquoi fausses pistes et vrais coupables travaillant le corps des apparences, utilisent en abondance : pastiches, contrefaçons et faux. La contrefaçon exhibée est fondatrice d'une nouvelle loi : celle qui se prive des secrets de fabrication. L'enquêteur du roman policier établit, à partir d'indices, une visibilité au-delà des apparences qui fit dire à Jorge Luís Borges que le genre policier était le genre littéraire de la modernité. Comme le policier retourne le roman pour en montrer la construction, la fiction utilisée par les plasticiens retourne le procès artistique pour en voir les ressorts, établissant les arts plastiques dans la proximité de la littérature pour un nouvel *Ut pictura poesis*. Nous avons cité Bublex travaillant dans cette veine, comme d'autres plasticiens exhibant à force d'indices fabriqués, les ressorts historiques de l'imaginaire d'une Europe conquérante. Les reconstitutions de Glooscap, ou de la Bonk Business Inc., par Alvar Gullichsen, peintre finlandais, qui explore le véritable développement industriel par l'histoire fictive d'une entreprise de commercialisation d'anchois ou d'un cabinet de curiosités d'une anatomiste du XVIIIe siècle par l'auteur de cet ouvrage, démontent toujours les tenants d'un rêve de conquête et cherchent à comprendre notre présent en fréquentant les chemins de traverse de l'histoire. Ces constructions imaginaires opèrent au moment où l'idéal de progrès a échoué, moment où le rêve est brisé. Mon travail plastique se place dans ce fil : je reconstitue le cabinet de curiosités d'une femme-scientifique ayant inventé un procédé de céroplastie au XVIIIe siècle. Un travail d'enquête m'a permis de relever les traces de l'existence de Marie Catherine Biheron, pour suivre cette pionnière jusqu'à Saint Petersbourg où elle avait livré à la grande Catherine des mannequins en cire, destinés à instruire les demoiselles de la cour en obstétrique. Ensuite, le destin de cette collection perdue, cachée retrouvée s'est croisée, en fiction avec la mémoire des lieux d'exposition. Cet imaginaire frotte une histoire vraisemblable à une autre, partant de l'histoire du lieu. La fiction permet de renouer les fils de l'histoire d'en exhumer les hasards magnifiés, les oublis manifestes. C'est une autre façon d'inclure le fait littéraire comme l'affirmait Marcel Duchamp :

> « [...] Personne ne pensait qu'il put y avoir quelque chose au-delà de l'acte physique de la peinture. On n'enseignait aucune notion de liberté, aucune perspective philosophique [...] Brisset et Roussel étaient les deux hommes que j'admirais le plus en ces années pour leur imagination délirante [...] c'est Roussel qui, fondamentalement fut responsable de mon Verre, La mariée mise à nu par ses Célibataires même. Ce furent ses *Impressions d'Afrique* qui m'indiquèrent dans ses grandes lignes la démarche à adopter. Je vis immédiatement que je pouvais subir l'influence de Roussel. Je pensais qu'en tant

que peintre, il valait mieux que je sois influencé par un écrivain que par un peintre. Et Roussel me montra le chemin »[346]

L'énigme approche l'histoire par le menu de ses hasards, de ses légendes et de son insignifiance. La légende a deux occurrences : description des documents visuels et fiction. Les planches aquarellées de Glooscap, les cartels « scientifiques » d'objets inauthentiques ou les descriptions fantaisistes de pièces rares des collections des héritiers de Marie-Catherine légendées, laissent le spectateur en suspens entre visible et lisible. Ce travail nécessitant légendes et références au texte engage l'activité artistique sous les auspices de l'investigation. Duchamp aimait les légendes, les catalogues et les faux chèques émettant des valeurs de banque imaginaire. Un faux chèque, exécuté pour « payer » de vrais soins dentaires à son dentiste Tzanck deviendra tellement vrai qu'il sera racheté par Duchamp une quinzaine d'années plus tard pour sa collection personnelle. Duchamp montre la duplicité du réel, et le chemin emprunté par les artistes de l'enquête historique s'en inspire. Le plasticien, par cette méthode, retourne la mimesis pour en visiter l'intérieur et l'histoire devient nœud de toutes les intrigues. Le faux est un des monuments de la discipline historique écrit Michel Pastoureau, il s'inscrit dans le temps et fait partie de l'histoire comme tout autre document, il a une dignité archéologique :

« Les documents sont copiés, imités, remaniés, trahis, mutilés. C'est là, la preuve qu'ils continuent de vivre. Un objet qui ne suscite aucune copie, qui ne subit aucune transformation, qui n'engendre aucune falsification est un objet mort »[347]

Ainsi le faux est-il promu à une nouvelle dignité grâce aux sciences humaines qui le font sortir de l'opprobre morale. Les arts plastiques s'en servent aujourd'hui pour instruire le procès sans cesse renouvelé de la mimesis, par des enquêtes sur le visible exhibant des pièces aussi tenues que des indices, aussi oubliées que des archives, aussi vraies que des faux et aussi falsifiées que des authentiques. Les interférences du fictif et du théorique présupposent une même constitution ontologique des deux mondes, *factum* et *fictum* fusionnent et montrent que si la fiction peut être théorique, la théorie peut être une fiction.

NOTES

337 Jouannais Jean-Yves, *Une ville et son histoire*, in « Art Press », n° 169, p.34.

338 Grafton Anthony, *Faussaires et critiques*, Traduction Marielle Carlier, Paris, Les Belles Lettres, 1993, p.136.

339 Encyclopédie Diderot D'Alembert, ou Dictionnaire raisonné des sciences, des arts et des métiers, article « faux », Tome VII, édition 1751.

340 Ibidem, Tome XII, p.155.

341 Ibidem, p.155.

342 Jordan, *Histoire d'un voyage littéraire fait en 1733 en France en Angleterre et en Hollande*, Adrien Moetjens, 1735, p.14.

343 Rousseau Jean-Jacques, *Lettre à D'Alembert*, Garnier, 1960, p.141.

344 Hours Madeleine, *Les secrets des chefs-d'œuvre*, Denoel-Gonthier, 1982, p.93.

345 Le Nain Thierry, *Du faux en art et des manières policières adoptées naguère dans la critique*, in « A propos de la critique », dirigé par Dominique Chateau, L'Harmattan, 1995, p.182.

346 Duchamp Marcel, *Duchamp du signe*, Flammarion, 1975, p.174-175.

347 Michel Pastoureau, *Vrai ou Faux ? Catalogue de L'exposition*, Mai-Octobre, 1988, p.17.

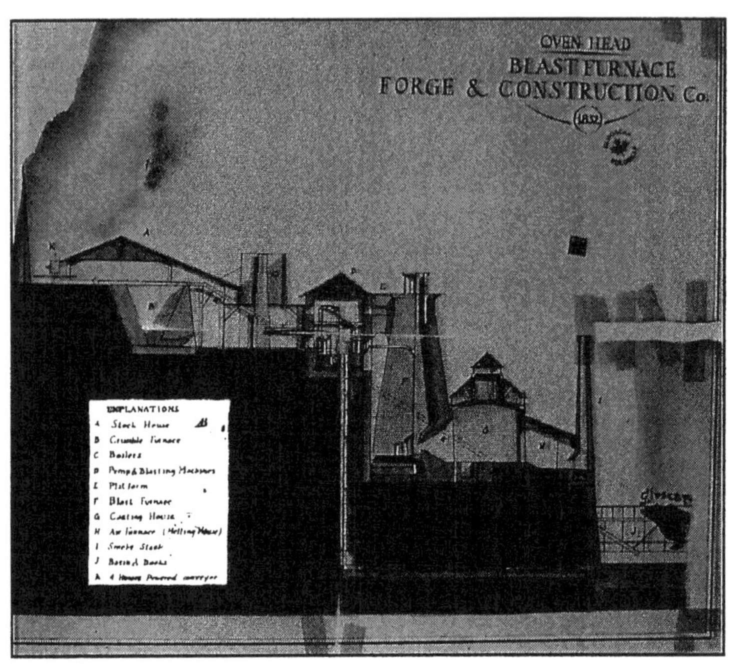

BUBLEX ALAIN *Oven head place furnace Forges & Construction* 1998
AQUARELLE COLL PART *50X65*
Courtoisie de Georges Phillipe et Nathalie Vallois

Conclusion

Où l'inachèvement s'arrête.

L'objet de ce travail fut de tenter de comprendre ce qui, de notre époque appelait le cabinet de curiosités. Partie du constat que ce dernier flottait dans l'air du temps nous avons rebroussé le chemin des collectionnismes selon l'hypothèse que l'on pouvait traiter le cabinet de curiosités comme le symptôme d'ouvertures dynamiques ou régressives. L'histoire des collectionnismes est celle de transferts, qu'ils soient déportation du champ initial des connaissances ou régulations des marchés. Ainsi, on a vu le collectionnisme antique réguler ses excès par la rhétorique et les collectionnismes de la Renaissance favoriser l'émancipation d'un espace déthéologisé dont la portée confinée dans une culture d'élite, en était d'autant réduite. Au XVIIe siècle, les collections représentant des tableaux de tableaux vont s'exposer en un banquet de substances huileuses, rendant la culture brillante et vernissée. Cette opulence onctueuse trouvera son équivalence dans les règles du bon goût et de l'académisme. Puis les collections du XVIIIe et XIXe siècles permettront à la bourgeoisie d'accéder à l'« Histoire », en greffant la nostalgie des excès d'antan à l'idée de patrimoine. Le collectionneur d'alors est bourgeois, il déteste l'inutile et classe son patrimoine composé d'objets. Le cousin Pons offre à son inculte cousine, un éventail signé Watteau. Balzac dessine une bourgeoisie ne goûtant l'art que dans la catégorie de l'utile. À cette époque, l'opulence numérique, dont les collections sont les indices, permet de nouvelles stratégies du marché de l'art et l'élaboration de nouvelles théories. Enfin, le collectionnisme critique du XXe sera le signe avant-coureur d'une mutation fondamentale. Marcel Duchamp, héritier de ces collectionneurs d'idées défit le monument des encyclopédistes pour le contrefaire. Quelle chose étrange de dupliquer ses boîtes et ses valises en mettant en doute le principe même de la collection par la substance corrosive de l'ironie ! L'œuvre selon Duchamp ne fut pas expression du créateur mais jeu d'un corps collectif comprenant le regardeur et le faiseur, le lisible et le visible. C'est qu'il fallait que l'œuvre soit lue et vue en même temps, selon une totalité encyclopédique. Il appliquera à ses boîtes le traitement que l'on inflige au livre et la *Boîte-en-Valise*, puis la *Boîte Verte* seront réduites, éditées et reproduites. La boîte est condensation d'une totalité, elle rassemble et réduit. Duchamp traitait le collectionnisme en encyclopédiste, en conquérant inapaisable, comme l'écrit Jean Suquet, dans *Le Miroir de la mariée* :

> « Il veut étendre son empire, imprimer son passage sur tout. Plus nombreux que ses tableaux sont ses projets d'atlas et de dictionnaires » [348].

La collection engendre un regard interstitiel. Marcel Duchamp, dont l'intelligence éclectique aborda tous les domaines grâce à une démarche artistico-encyclopédique, en fut le grand instigateur :

> « […] d'archivage, l'accumulation des esquisses, notes, gloses et projets tiennent une place importante dans la démarche même de Duchamp. […] Cette volonté de mettre son œuvre et le monde en boîte culmine dans la réalisation de la fameuse *Boîte-en-Valise*, véritable musée portatif que Duchamp avait fait éditer pour ses amis et un certain nombre de collectionneurs » [349].

Les surréalistes utiliseront la substance poétique de ce fonds de réserve inépuisable des collections et des musées, ressort essentiel d'un imaginaire où se mêlent les fables les sciences et les arts. Car les collections, vues de leurs constitutions hasardeuses et éclectiques, permettent des circulations croisées, où se renouvellent les formes de pensée. Le paradoxe d'un Duchamp érodant et reconstituant la citadelle du musée est bien à l'oeuvre dans l'utilisation actuelle du cabinet de curiosités. Nous l'envisagerons, pour finir sur les trois modalités du transfert que constituent les cheminements de la mémoire, les mutations entre amateur, artiste et curateur et l'économie de marché.

La mémoire

Si la modernité voulut "du passé faire table rase", nous célébrons aujourd'hui la religion des nomenclatures sous la forme méthodique et bourgeoise de l'inventaire. Le temps présent semble souverain à produire des arborescences mémoriales. Queneau faisait des encyclopédistes des arches destinées à faire traverser des époques difficiles à un certain nombre de connaissances, et prétendait que Noé avait exclu de la sienne les momies et les cadavres dont la corruption aurait pu infecter la totalité de l'entreprise. Il semble, en effet, que l'énumération des possibles comme description précise du monde soit un préalable à sa transformation et que les encyclopédies ont souvent précédé les révolutions. La période muséographe que nous vivons fétichise cette mémoire. Nous sommes les archéologues fascinés par tout ce qui a été définitivement perdu : les grands mammifères, le goût des fruits, la pureté de l'air et de l'eau, que nous entassons dans des musées au nombre pléthorique :

> « Au cours des vingt-cinq dernières années, le musée, prenant le relais des cathédrales du Moyen Âge, des palais du Grand Siècle et des gares du XIXe siècle est devenu l'œuvre architecturale majeure de notre temps. Le nombre de musées en tout genre ouverts dans le monde augmente de 5 % tous les ans. Aux États-Unis de 1950 à 1980, on a construit de toutes pièces ou agrandi cent vingt-trois musées d'art ou centres visuels » [350]

Le centre d'art, aujourd'hui en s'attachant au lieu, réhabilite la fonction ornementale qui était dévolue au château d'antan. On a assez dit que le musée désaffectait les objets qu'il recevait, les arrachant à leurs territoires légitimes.

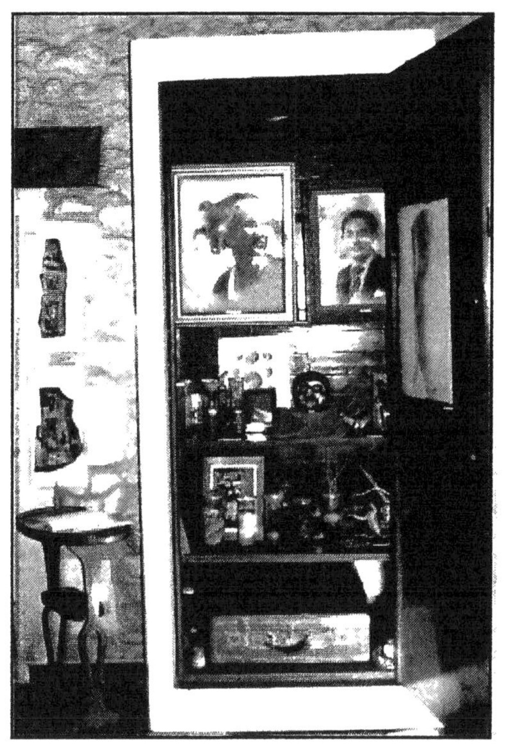

DAVENNE CHRISTINE, *Le cabinet de Marie Catherine Biheron*
Centre Monsejour Bordeaux, 1999

Aujourd'hui, le musée d'art contemporain n'arrache rien, au contraire tout ce qui s'y trouve placé a été pensé pour lui. Il est devenu le lieu légitime des productions artistiques et occupe la place laissée vide par le cabinet de curiosités, tant par la fréquentation restreinte des concitoyens que par les hybrides qui y sont montrés, les cheminements dans l'hétérogène qu'il propose et la mémoire qu'il exalte. Sa fonction s'est transformée depuis qu'il n'est plus cette cage aux œuvres que dénonçait Taraboukine, en 1922 à Moscou, prononçant au nom d'idéaux avant-gardistes, l'abolition des frontières de l'art et de la vie :

> « Il a fallu une époque de profonde décadence de la vie sociale pour que l'art soit enfermé dans les cages des musées. Maintenant il a pour champ d'action la vie entière »[351].

Cette revendication, peu apte à produire des valeurs, s'est enlisée et les pratiques artistiques d'aujourd'hui trouvent leur vitalité dans le centre d'art, seul capable de rentabiliser les tranferts qu'il engendre. Ainsi le musée d'art contemporain est devenu objet et sujet d'art. C'est aujourd'hui un lieu d'énumération des pratiques, destiné à terme à devenir l'instrument d'une possible définition de l'art. Le musée et le centre d'art, placés par la conjoncture historique à la place centrale du dispositif artistique, deviennent l'objet même de pratiques d'art. Capables d'un protéisme absolu, ils peuvent digérer jusqu'à leurs parodies, la bourgeoisie se reconnaissant maintenant dans des valeurs ironiques. L'art est un concept flou que seul le lieu musée peut arrêter. C'est, en effet, la seule instance qui puisse définir l'art, le nommer en l'enfermant dans des limites. Le musée contient et nomme :

> « Entre le tas de moellons laissé par le terrassier sur le trottoir du musée et l'accumulation d'Arman au centre d'une salle, entre la pantomime du bateleur sur la place et l'action du body artist sous l'œil ému des fidèles, peu de différences sinon que la vitrine isole artificieusement les secondes sous l'impératif ironique d'un magrittéen ceci est une œuvre d'art »[352].

La fonction qu'a le musée de nécropoliser, comme le dit Rudi Fuchs, est devenue positive :

> « L'histoire d'un musée est écrite par l'art. Un musée est le lieu où un art, en route, fait une halte et devient une image immobile à l'intérieur du mouvement incessant qu'est la culture. C'est là le paradoxe du musée : il peut montrer ce qui est en mouvement mais seulement lorsqu'il l'immobilise »[353].

L'objet d'art se trouve occuper la même fonction que l'éclat qui figurait un fragment du monde naturalisé dont il est un prélèvement et un aboutissement. Les pratiques artistiques contemporaines se défiant de tout avant-gardisme aiment à citer l'histoire.

L'archéologie de la modernité, formule de Michel Foucault, a permis de penser toute forme sociale comme un héritage et a soumis tout événement à la chaîne historique. Nous abordons aujourd'hui une période en quête de continuité historique. De l'archive naît la condition d'énonciation de l'histoire dont tous les ramasseurs curieux et les amateurs furent les gardiens. Ces missionnaires du bric-à-brac sont à l'origine d'une conservation de la mémoire. Les archives, constituées de mémoires accommodées au gré des modes et des goûts fondent notre idée de la culture. Le musée se dote par la référence au cabinet de curiosités d'une continuité imaginaire à partir de ses morceaux amassés. La cueillette s'impose sur l'idée bourgeoise des petits riens qui peuvent être utiles. Elle met sa mémoire au service du futur.

Le cabinet de curiosités est l'édifice fragile et dérisoire de cette nostalgie et de cette conquête traitées par l'ambivalence d'une fascination répulsive. On se rend compte aujourd'hui notamment avec les travaux de Jean Clair que tous les mouvements artistiques de la modernité se sont régénérés dans les formulations absconses de l'ésotérisme ou d'idéologies plus ou moins louches où ils prenaient leurs racines :

> « À l'horizon d'une fin de siècle conjuguée à une fin de millénaire dans le sillage de l'effondrement des grands systèmes idéologiques, nous multiplions les retours au passé, mêlant souvent indistinctement les niveaux et les sources de l'histoire et de la mémoire individuelle et collective. Procès des heures noires du siècle, exaltation du patrimoine ou des valeurs identitaires, comme autant d'ingrédients propres à tisser notre modernité et d'instruments de réflexion pour composer le futur ; mais aussi comme autant de symptômes de repli à l'heure inquiète de l'avenir »[354].

La mémoire sauve de l'oubli notre être au monde et la collection en est un pilier. Ainsi faut-il tout conserver. François Bluche, dans le *Dictionnaire du grand Siècle*, cite une employée du Ministère de la Justice, qui ramasse sur son chemin les mousses, lichens, byssus et petites herbes, sur les murs ou entre les pavés. Il écrivit *Flore de la place Vendôme*. Les classes sociales se répartirent les collections. Les puissants choisirent les imposantes statuaires de l'Antiquité, les collectionneurs moins fortunés s'arrangèrent avec les médailles et de menus objets antiques : fibules, vases, couteaux, clés qui furent trouvés en quantité importante dans les familles parlementaires et constituèrent le fond des collections de médailles. Les petits riens des curieux font aujourd'hui écho aux hybrides de l'art contemporain qui ont ce statut grâce à la fulgurance de leur passage dans le marché ou le musée. Les arts n'assument plus la fonction idéale que les avant-gardes avaient portée depuis le début du siècle. Ils se tournent vers une fonction véritablement inutile, voire futile, relevée par Marcel Duchamp :

« C'est que notre siècle sera peut-être une sorte de XVIIIe siècle. Non pas au point de vue ressemblance, ils ne se ressemblent pas du tout. Mais il y avait une certaine légèreté, une certaine frivolité [...] Le XXe siècle sera un peu frivole, peut-être pas important, à le comparer à la Renaissance, au Moyen Âge, aux archaïques grecs, à tout ce que vous voulez qui était avant et qui sera après »[355].

Comparer notre siècle au XVIIIe au nom d'une futilité commune nous conduit à penser au destin des scénographies frivoles du siècle des Lumières, mues en sanglantes scènes d'échafauds. Notre futilité aura-t-elle semblable issue ? Selon cette logique paradoxale, la somme des représentations culturelles d'une époque peut imposer une rationalité sur la plus grande irrationalité des hasards, du goût, sur les faux, les modes, les copies. Toutes ces notions sortent aujourd'hui de la mort idéale et dogmatique où l'histoire de l'art les avait couchées, mort relevée par Duchamp :

« Un tableau, au bout de quelques années, meurt comme l'homme qui l'a fait, ensuite il s'appelle histoire de l'art. Pour moi l'histoire de l'art c'est ce qui reste d'une époque dans un musée mais ce n'est pas forcément ce qu'il y avait de mieux à l'époque, et au fond c'est même l'expression de la médiocrité de l'époque car des belles choses ont disparu, le public ne voulant pas les garder, mais cela c'est de la philosophie »[356]

Notre époque veut montrer la pluralité dans un même lieu. Les peintures du mouvement académique du XIXe peuvent cohabiter avec les impressionnistes, dans l'ancienne gare d'Orsay convertie en musée. Les constituants idéologiques ou physiques du musée se montrent. En 1991, dans une exposition nommée « Arguments topiques », Daniel Buren réfléchit la nef du CAPC de Bordeaux en y plaçant 1465,5 m^2 de miroirs. Le mode d'exposition est devenu aujourd'hui un ingrédient essentiel de l'art, un argument de réflexion. Cette mise en abîme du musée pressentie par André Malraux produit des discours sur les processus muséographiques s'exhibant eux-mêmes. La valeur de l'exposition est portée par le lieu ou la vitrine, plus que par l'objet montré. Ce déplacement avait été mis en évidence par l'art conceptuel qui avait subsumé l'objet au lieu qui l'abritait. La "mise en boîte"* du musée, métaphorique ou reliquaire, utilisée par de nombreux artistes du XXe dont Yves Klein et Cornell, démontre la puissance du lieu muséal :

« Vu au terme de deux siècles de son histoire publique, le musée est en train de se révéler comme l'un des phénomènes qui agissent le plus profondément non pas exclusivement sur l'imaginaire figuratif, comme cela est naturel, mais

> encore sur notre rapport à l'espace. [...] Des expositions où la salle, l'ensemble, comptent plus que l'œuvre prise singulièrement. Alors l'ordonnance de l'exposition cesse d'appartenir à la catégorie du musée pour devenir une pratique de langage et du style du nouvel art lié à l'espace » [357].

La mémoire des collectionnismes, dont une des formes est le cabinet de curiosités, engage des mutations de statuts et de fonctions. L'érosion des frontières du beau du laid, du goût et du dégoût, du faire et du non-faire, nous fait entrer dans l'ère de l'équivalence. Les pratiques artistiques semblent acceptantes et ouvertes à toutes les formes, incluant les plus « impures » comme celles du kitsch que Clement Greenberg, chantre du formalisme définissait déjà comme une fausse culture génératrice de stéréotypes et de profits. Mais les déplacements, engendrés par ces nouvelles tendances, tels les kitschs "critiques" pratiqués par Jeff Koons et Damien Hirst, permettent-ils véritablement d'abolir les valeurs à l'intérieur même des pratiques ? L'apparente dilution des formes ne cache pas le classement très hiérarchisé de leurs valeurs économiques. C'est pour la gloire du marché que les officines publiques de l'art contemporain sont devenues par la pensée du lieu qu'ils insufflent, par les curiosités qu'ils abritent, par les décloisonnements qu'ils proposent, de véritables cabinets d'amateurs. Le marché a besoin de l'étal muséal. En effet, le centre d'art d'aujourd'hui, défait de son rôle de censeur, propose plus qu'il ne sélectionne, intégrant ses propres parodies. La liste des artistes contemporains travaillant sur le principe muséal est longue. Que ce soit dans la caricature de l'aspect reliquaire, avec Sophie Calle ou dans la constitution de faux musées avec Broodthaers, Messager, Boltanski, ou sa mise en faillite avec Haacke, nous assistons aujourd'hui à l'exaltation du lieu d'exposition. Les causes en sont multiples. L'histoire esquissée ici des collectionnismes nous montre la récurrence avec laquelle les collections sont utilisées comme instruments de mutations pour passer d'un ordre à un autre. Aujourd'hui le cabinet est convoqué pour rendre opaques les frontières entre amateur, artiste et organisateur d'expositions, et surtout renforcer les limites symboliques du lieu qui les reçoit. L'éclectisme de la curiosité permet d'exalter la citadelle muséale et ses frontières closes.

LES TRANSFERTS ENTRE AMATEUR, ARTISTE ET ORGANISATEUR. REQUALIFICATION DE L'INDIVIDU

En 1969, Szeemann invente le statut de curateur (qui partage avec la curiosité la même racine) pour l'exposition *Quand les attitudes deviennent formes*. La fonction de curateur s'est développée en désignant un organisateur mercenaire, sans attache institutionnelle promouvant le *free lance* pour *booster* l'économie de ses énergies individuelles. Dans un livre, *Ecrire les expositions*, regroupant textes et préfaces de catalogues écrits de 1972 à nos jours, Szeemann explique que depuis Documenta V :

> "Les expositions devaient montrer les comportements et les intentions des artistes plus que les produits finis" [358].

Harald Szeemann s'appuie sur les mythologies individuelles pour chacune des expositions. Il s'agissait, pour lui, de rendre perceptible une attitude exemplaire vécue en tant qu'*individuum* pour présenter une société meilleure, plus créative et plus consciente. Ainsi l'individu-artiste était-il symboliquement chargé de donner à son intimité un caractère universel, ligne que Szeeman développera avec les expositions suivantes : *Mon grand-père*, à Berne en 1974, *Musée des obsessions*, déclinée en trois opérations : *Les machines célibataires*, *Les mamelles de la vérité* en 1978 et *Le désir de l'œuvre d'art totale* en 1983. L'accent était mis sur l'obsession individuelle sur laquelle reposait, selon lui, l'édifice de l'art et de son institution. La fascination de Szeemann pour les obsessions des sujets plaçait la réception au centre du processus artistique, dorénavant élargi à l'anthropologie. Cela autorisait le spectateur à identifier comme artistiques de petites manies, des rites classés auparavant dans les rubriques de l'anthropologie ou de la psychiatrie ; en conséquence, on assista à des redéfinitions de l'objet et du statut artistiques. En effet, si le spectateur devenait artiste et le concepteur d'expositions super-artiste, l'artiste se faisait amateur. Cette définition faisait glisser l'art au domaine anthropologique réduisait son action aux provocations engendrées. On peut considérer que l'exposition *Quand les attitudes deviennent formes,* conçue pour le scandale, le provoqua : le curateur fut interpellé devant le conseil municipal de Berne et Daniel Buren, qui avait affiché sans autorisation ses rayures, fut conduit en prison. Cette affirmation "provocatrice" des obsessions personnelles d'artistes, principe moteur de l'art est aussi son nivellement. Rien de plus ennuyeux, en vérité qu'un étalage de pratiques vaguement mises en forme, qui donne au conservateur le loisir de régner, par le transfert de compétences. Szeemann affirma ce transfert en expliquant le métier d'organisateur d'expositions :

> "Il s'est développé à une allure folle depuis la Seconde Guerre mondiale. Il s'est tout d'abord distingué de celui de conservateur pour avoir pris conséquemment le parti de l'artiste contre la science de l'art puis, dernièrement, il est devenu davantage le mandataire de l'idée de l'œuvre d'art totale, que les artistes ont abandonnée progressivement à la suite de l'imminence de la nécessité sociale de l'individualisation du travail et de la spécialisation. Ce qui distinguait l'artiste [...] est maintenant dévolu à l'organisateur de l'exposition" [359]

Certes, la confusion dans les fonctions entre curateur et artiste s'appuie sur des références légitimantes (Duchamp) mais elle conduit à la toute puissance de l'organisateur collectionneur et déplace l'art vers une esthétique du récepteur devenu centre du système. Promue par Duchamp l'alchimiste, cette esthétique nous transforme en « œil de l'univers ». Au XVIe siècle, on trouve cette formule chez Charles de Bouelles qui explique, dans *Le livre de la sagesse,* que Dieu ayant créé toutes choses s'aperçut qu'il manquait un contemplateur, un œil pour lequel la création pouvait trouver son unité. Il fit donc l'humain, dans la figure du savant ou du compilateur du XVIe siècle, dernier spécimen de l'oisiveté. L'œil de l'univers est moins « nouvelleté » que profondeur de champ et les arts plastiques quittent les savoir-faire pour entrer dans la catégorie philosophique de l'esthétique. Ainsi nous est livrée l'ivresse de l'œuvre à retardement et à distance.

> « Ce sont les regardeurs qui font les tableaux. On découvre aujourd'hui le Greco ; le public peint ses tableaux trois cents ans après l'auteur en titre »[360].

Cette boutade montre combien l'œuvre, jeu de retard, de différ (a) nces, est réduite à une esthétique de la réception, selon un dispositif aléatoire et réflexif faisant mauvaise part à la notion de création. La cheville ouvrière de la transformation des principes régissant le monde de l'art fut le déplacement du statut de créateur à celui d'opérateur, amateur croisant les productions selon un encyclopédisme farfelu lui faisant quitter le statut de démiurge ou d'idiot :

> « [...] Il publiait un recueil d'articles, précédemment parus dans les journaux : inventions nouvelles et dernières nouveautés. Articles pseudo-scientifiques dit Pierre Versins, qui étaient uniquement consacrés à une sorte de concours Lépine fantaisiste et ininterrompu relevant d'un humour à mi-chemin entre Alphonse Allais et Raymond Roussel »[361].

Duchamp glisse du jeu d'échecs à la fiction selon ce vent de transformation permettant d'utiliser comme matériau le corps humain, les représentations, la perspective ou les jeux de mots. Ses références furent aussi éclectiques que pouvaient l'être celles d'un amateur du XVIe siècle : il interrogea le naturalisme avec *Feuille de vigne femelle*, l'alchimie avec le *Grand Verre.* Il donna au regard son principe itinérant en dotant ses œuvres de dispositifs démontables comme le faisaient les curieux avec leurs pochiques. Duchamp, le saltimbanque encyclopédique, fera comme ses ancêtres les amateurs, il opérera dans l'entre-deux du visible et du lisible.

Transfert Transfaire

Aujourd'hui ces transferts de fonctions, ces glissements d'intérêts font écho au grand éclectisme qui règne dans la matière de l'art. La peinture à l'huile et le savoir-faire, tous deux issus de la tradition, ont été relégués au rang de possibles mais ne constituent plus, et depuis longtemps, le territoire privilégié des arts plastiques. Ceux-ci ont pu trouver dans le son, l'immatériel et le multimédia, de nouveaux matériaux défaisant les barrières académiques installées depuis la Renaissance. Ce glissement permet de poser la question d'une définition ontologique de l'art. Thierry de Duve, dans *Au nom de l'art*, écrit :

> « On ne devrait jamais cesser de s'émerveiller ou de s'inquiéter de ce que notre époque trouve parfaitement légitime que quelqu'un soit artiste sans être peintre, ou écrivain, ou musicien, ou sculpteur, ou cinéaste. La modernité aurait-elle inventé l'art en général ? » [362]

L'art « en général », décrit par de Duve, serait sans matériau, ni geste spécifique, mais garderait le musée comme seule instance légitimante. Ainsi est-il l'objet des pratiques artistiques et l'artiste pose-t-il en amateur. Le musée est devenu le seul lieu de légitimité de la production artistique, où se recompose l'instance artistique, par une réinscription de l'histoire de ses collections, symbole de tous les transferts. L'esprit de la curiosité est fait de glissements et de transferts. Un bric-à-brac ni scientifique, ni artistique, ni antique mais tout cela en même temps a permis de représenter les circulations d'objets, a formulé des esquisses de théorie de l'art. Les curiosités purent être considérées comme des objets de l'engouement d'un moment pour devenir bien vite des vagabonds ou des intrus placés là au gré du hasard des jugements et des goûts. La curiosité plaçait les objets du côté de la mode. Les discours réduisant la production artistique au seul goût s'en trouvaient justifiés. La curiosité, indice de mode porte également l'empreinte de l'histoire. Il est logique que notre époque où l'on déplore les pertes, les fins, le règne du n'importe quoi, du presque rien, de l'informe et du monstrueux retrouve ce monument. On se souvient alors de la plasticité maternelle du lieu qui les rassemblait, ce cabinet circulant entre science et magie, entre mythe et art. L'invocation actuelle de la curiosité permet tous les transferts de fonds qu'ils soient économiques ou théoriques.

Tranfert et définition

La collection est un événement ontologique défiant l'histoire, dit Heidegger. Le petit monde des collectionneurs sait bien combien la collection est à la fois jouissance de l'objet et propédeutique à l'élaboration théorique. Cette jouissance en cascade, passant de l'accumulation des objets à l'élaboration théorique est décrite par Walter Benjamin. Il faut cet étal pour que se dessine la théorie et, quand la théorie ne suffit plus, elles se coagulent pour former une nouvelle période de collectionnisme préparant une nouvelle théorie. Ainsi, le collectionneur est-il amené à proposer des définitions s'arrêtant à la circularité de la définition empirique :

> « L'art c'est tout ce qui est nommé art » [363]

Les collections sont ainsi appelées à retourner aux prémisses de leurs classements, à leurs pulsions primitives, dès qu'elles ont atteint une consécration muséale, que Duchamp considère suspecte :

> « Tous ceux qui sont restés – souvent aussi par chance – ceux que Monsieur le roi untel aimait beaucoup et a mis au Louvre et à Versailles [...] » [364].

L'étude des collections a permis l'éclosion de l'École de Vienne, montrant de l'art des formes occultées. Cette nouvelle école a soumis les œuvres plastiques à un examen à la fois historique et philosophique. Historique car il la mettait en relation avec d'autres systèmes de pensées, d'autres productions et qu'il abordait l'œuvre, non par ses qualités formelles mais par les courants qui la traversaient. La curiosité intellectuelle de Panofsky l'amena à considérer combien l'univers du visible interagissait avec les courants de pensée. Cette école marquait l'importance que pouvait revêtir la philosophie pour la compréhension de l'œuvre. Il est certain que Panosky s'intéressait particulièrement à la peinture figurative et un certain nombre de détracteurs lui en firent le reproche, mais l'interprétation de l'œuvre avait glissé de façon caractéristique de son aspect formaliste à son intelligence. Duchamp participa, bien sûr, de ce mouvement pour lequel la matière était associée à grise plutôt qu'à visuelle :

> « Dans mon activité personnelle, ce que j'ai préféré c'était faire une chose qui m'intéressait, surtout basée sur une idée qui était plus « matière grise » que « visuelle » que physiquement visuelle en tout cas » [365].

Certains mouvements artistiques abandonnèrent toute matière pour la conception de textes. On assista en même temps à des regains de peinture néo-impressionniste dont la manifestation soulignait à la fois le désir de ne pas lâcher aux philosophes le terrain de l'art et à la fois celui de satisfaire un marché de l'art dont les destinations muséales réduisaient le nombre d'acheteurs. Ces démarches conceptuelles, au contact différé avec la matière, introduisent une immatérialité de l'art, lié à ses seuls classements :

> « J'imagine une critique antistructurale, elle ne chercherait pas l'ordre mais le désordre de l'œuvre ; il lui suffirait pour cela de considérer toute œuvre comme une encyclopédie. Chaque texte ne peut-il se définir par le nombre des objets disparates (de savoir) de sensualités qu'il met en scène à l'aide de simples figures de continuité (métonymies et asyndètes) ? Comme l'encyclopé-

> die, l'œuvre exténue une liste d'objets hétéroclites et cette liste est l'antistructure de l'œuvre, son obscure et folle polygraphie »[366].

Selon Jean Clair, nous sommes en panne de définition. L'œuvre d'art contemporaine aurait deux statuts :

> « [...] tantôt selon une esthétique loin de la vie elle apparaît comme un spécimen à sauver d'on ne sait quel désastre universel et devrait être cultivée en vase clos, tantôt « près de la vie » on souhaite que disparaisse au contraire sa spécificité et qu'elle vienne s'abolir dans le commun des jours ; soumise à ce primat muséal, puisque ayant décoré les abbayes, les palais, les hôtels de ville et les écoles elle ne peut guère que finir au musée, l'œuvre s'est trouvée depuis vingt ou trente ans, pliée à cette visée double et contradictoire jusqu'à s'y déchirer vive. Ou bien comme ce fut le cas de ces courants abstraits, minimaliste ou conceptualiste, elle s'enferme devenant auto-reférentielle, dans un solipsisme pur. Ou bien, au contraire dans la lignée de dada, anti-art ou arte povera, elle prétend abolir les frontières entre l'art et la vie »[367].

Ainsi l'art semble être une immense blague, comme dit Flaubert, un jeu. Nous sommes aujourd'hui dans une dérision qui nous fait voir, à la fois l'abîme des valeurs de l'humanisme et celle d'un jeu miniaturisé.

Transfert de l'amateur en enfant

Le curieux n'est qu'un enfant, dit-on au XVIIIe siècle, qui préfère la lente maturation que requiert la science à une curiosité tenue pour légère et charnelle, en un mot féminine. En 1931, parut dans, *Die Literrarische Welt*, un article intitulé « Je déballe ma bibliothèque », dans lequel Walter Benjamin explique sa passion d'authentique collectionneur, véritable pratique d'interprétation du réel entre vertige et frisson. Selon lui, la collection a plusieurs traits : elle colorie les souvenirs, elle est tendue dialectiquement entre les pôles du désordre et de l'ordre, elle se défait de l'ordre utilitaire des objets, elle fait naître le frisson de l'acquisition, rendant le collectionneur infantile et/ou sénile. Elle est une procédure utilisée par les enfants pour renouveler l'existence, comme celle de peindre, de découper, de décalquer, toutes procédures artistiques tendues vers le jeu. Le déplacement du point de vue privilégiant la réception de l'œuvre dans une collection à sa production, a entraîné un changement du statut de l'artiste qui organise des montages d'objets déjà faits, devenant par ce fait ou ce non-fait un amateur. Or, l'amateur, enfant de l'amour puisqu'il est celui qui aime, se promène comme Némo sur les merveilles ou les horreurs du monde. Le collectionnisme contemporain n'utilise-t-il pas le cabinet de curiosités pour déplacer le statut de l'artiste, homme d'exception, vers l'amateur, homme commun, que chacun peut devenir ? Le principe d'art s'en remet au principe infra-mince de l'individuel et du hasard et non plus au principe du génie, au sens de *geneia* : production, formation.

> « L'artiste n'existe que si on le connaît. On peut envisager l'existence de 100 000 génies qui se suicident, qui se tuent, qui disparaissent parce qu'ils n'ont pas su se faire connaître pour s'imposer et connaître la gloire » [368].

Ainsi se penche-t-on vers les curieux qui savaient jouir de leurs cueillettes de hasard et les arranger en banquets de savoirs pour gens de goût et qui ont organisé le libéralisme du marché de l'art. Grattez l'amateur, vous trouverez l'individu glorifié par la pulsion qui l'anime, névrosé au point d'être incapable de se séparer des objets aimés et raillés pour l'insignifiance de ses manies. L'individu requalifié donne sens et pulsion pour nous qui sommes hantés par « La montée de l'insignifiance » et la déliquescence du désir. Si elle engage fortement à repenser l'art à partir du plaisir, du jeu, donc de l'individu, elle entraîne des formes névrotiques. Werner Muensterberger a montré, dans *Le collectionneur : anatomie d'une passion*, que la collection, appétit insatiable d'acquisition (maladie d'un siècle obsédé par son Dieu argent) est une :

> « [...] disposition qui provient d'un souvenir sensoriel – qui n'est pas immédiatement identifié – de privation, de perte de vulnérabilité et d'un désir substitutif de substitution, étroitement associé à la morosité et aux tendances dépressives. [...] Dans certains cas cette passion – qui n'est pas sans ressembler à celle du jeu – peut être dévastatrice au point de bouleverser la vie d'un individu et devenir sa principale occupation, au détriment de tout le reste » [369].

Le collectionnisme, pour tirer fortement l'histoire vers l'individu, peut se trouver confronté aux marques névrotiques de l'excès : qu'il soit de turpitudes pour Verrès ou de contemplation solitaire pour Machiavel. On requalifie l'individu sous le terme d'amateur et l'amateur sous celui d'individu. Bien sûr, la langue française accorde à ce terme des occurrences curieusement paradoxales. Une d'entre elle l'installe dans sa dimension amoureuse. Il serait celui qui ne connaît la jouissance qu'en la reconduisant toujours. La quête est son état, la jouissance engendre un impérieux besoin d'avoir toujours plus. L'*amator* veut l'atteindre et n'y arrive pas. Cet amateur-là est impuissant, aveugle, avide. Il touche à tout sans pouvoir atteindre la satisfaction du repu. Il ne sera jamais rassasié. Il aime d'amour comme on a faim. Il emprunte aux pulsions une nature volontiers vorace. Peu importe qu'elle se nomme peinture, musique ou science. Les alibis de sa jouissance ont la dimension des gros appétits de savoir. L'impératif est : jouis ! L'amateur, écrivait Barthes en 1975 :

« [...] n'est nullement un héros de la création de la performance ; il s'installe gracieusement (pour rien dans le signifiant : dans la matière immédiatement définitive de la musique, de la peinture ; sa pratique ordinairement ne comporte aucun *rubato* (ce vol de l'objet au profit de l'attribut) ; il est, il sera peut-être, l'artiste contre-bourgeois » [370].

Il semble que l'amateur de Barthes, soumis aux soubresauts d'envie, soit devenu un bourgeois, un amateur marchand organisant sa production dans le marché de l'art avec sérieux. Il est le noyau de toutes les opérations marchandes de l'art. La miniaturisation permettait de traiter la totalité des savoirs selon une genèse domestique rappelant le jeu et l'univers de l'enfant, les curieux organisaient des jeux afin de vérifier les connaissances de leurs visiteurs. Les musées se fréquentent aujourd'hui sur cd-roms, conférant à toutes les « données » un même support écran. L'introduction massive de la miniaturisation informatique a-t-elle accentué la référence au cabinet des curiosités ? L'amateur posait sa pulsion propriétaire et émancipatrice dans un monde enfantin. Les hommes jouaient ensemble à la guerre des trophées et leur contemplation trempait dans tous les imaginaires, embryons de savoirs et de récits d'aventures enchâssés. Les curiosités avaient un catalogue imprimé, l'appui logistique permettant d'en trouver le principe unificateur. Le visible s'est fait lisible. Une communication souple de données se fait par voie d'Internet. On peut d'ores et déjà intervenir sur des mondes en trois dimensions dans lesquels il est possible de naviguer. Cela évoque les appropriations des terres inconnues, faites par les hommes de la Renaissance qui en rendaient compte par le texte et les images. Ceux-là avaient permis de faire advenir une conscience déthéologisée. La navigation Internet permet sans doute un grand mouvement de curiosité puisqu'elle donne accès rapidement à une quantité de « données » et d'autres classements naîtront peut-être de ces chaos d'images, de l'interactivité qu'elle propose. La chambre, où l'homme a pu penser son universalité en l'encadrant de la ronde des muses, lui a permis d'embrasser ses conquêtes en un spectacle ordonné et totalisant. La même quête, bien que son objet ait changé, est inscrite dans les imaginaires contemporains en écrans informatisés connectés à des connaissances universelles. Les curieux d'aujourd'hui s'amusent à visiter le monde sans bouger de chez eux. La curiosité appelée par nos contemporains correspond-elle à l'encyclopédisme dont Flaubert évoquait la bêtise, à la fabrique d'un territoire d'homme réductible à celui de l'enfant, aux arborescences des savoirs informatisés ? Charles Blanc expliquait au milieu du XIXe siècle que le musée avait dépouillé l'objet d'art du statut ornemental qu'il avait jusque-là, pour lui indexer une idéalité édifiante. Le musée retrouve aujourd'hui la mémoire, nouvelle valeur de l'engendrement du monde, à travers l'encyclopédisme des arborescences virtuelles et l'hybridité de ses intérêts financiers. Nous n'oublions pas que le cabinet, structure d'échange plus que d'usage, a donné à la curiosité, catégorie morale, un substantif le qualifiant en marchandise.

Transfert de fonds - économie de marché

On a vu que le collectionnisme correspondait à certaines périodes de disette artistique. Les collectionneurs prennent le devant de la scène pour affirmer qu'ils sont les acteurs principaux du marché. L'amateur établit une comptabilité des trésors du monde. Ce dernier lui appartient et le calcul est inventé pour tenir à jour cette nomenclature. La dette et le vide se sont côtoyés originellement pour engendrer la numération[371]. On pourrait en dire autant des collections qui, derrière leur satisfaction boutiquière, dévoilent une constellation de points vides. Le cabinet d'amateur est apparu à la Renaissance comme la vitrine du monde. L'homme entrait alors dans le vertige de l'appartenance et dans l'ère de la marchandise, inaugurant celle de la reproduction et du modèle réduit. Le monde substantivé du cabinet est peut-être le premier état de l'insignifiance que définit Cornelius Castoriadis, comme le berceau d'une civilisation structurée par la marchandise.

L'artiste d'aujourd'hui, en mêlant diverses fonctions séparées, est une espèce d'amateur. Il est plus passeur que créateur. On a cité ici Hans Haacke proposant un questionnaire aux visiteurs du musée allemand de Krefeld afin d'en dégager le profil sociologique. L'œuvre n'est plus seulement comptable de création mais des réceptions qu'elle engendre, comme s'il s'agissait de traiter l'intégralité de la chaîne économique dont l'œuvre n'est qu'un phénomène. Déjà Duchamp pouvait dire en 1961 :

> « [...] alors l'art est un produit comme les haricots. On achète de l'art comme on achète des spaghettis »[372].

On assiste de plus en plus à la prolifération des stratégies de marketing, dans le circuit privé de l'art et dans les institutions muséales où les produits dérivés abondent. L'art fait vendre, et fait l'objet de tactiques de vente que ce soient pour les artistes, ou pour les foulards décorés des tournesols de Van Gogh. Les carrières artistiques se gèrent comme celles des entreprises. Les succès économiques de Julian Schnabel en sont un exemple :

> « Le développement à Soho, autour des plus récents produits artistiques, d'un marketing agressif et d'une publicité hyperbolique (hype) introduit dans le marché de l'art, des méthodes familières au marché de variétés. L'analogie entre l'art-biz et le showbiz est soulignée par l'ensemble des commentateurs : succession rapide de

« coups », lancement publicitaire ciblé sur des milieux extérieurs au monde de l'art, starification des artistes [...] Il faut admettre avec Howard Becker, que le développement du hype a été rendu possible par la désagrégation de la communauté artistique compétente, dont les membres ont en commun une même culture professionnelle ou, à tout le moins, une même familiarité d'expérience avec l'univers de l'art et un système de valeurs orienté vers l'art » [373].

Le musée obéit bien sûr à ces impératifs économiques. Ainsi est-il légitime de voir resurgir les cabinets de curiosités qui furent de grands lieux d'échanges. Les amateurs organisaient en effet un vaste trafic pour faire monter les cotations de leurs objets. Le marché de l'art s'est structuré autour de galeries leaders aux stratégies commerciales affinées. Il s'agit de fabriquer une demande correspondant au nouveau produit artistique autour de galeries qui obéissent comme le signale R. Moulin :

« Le principe du « tourbillon innovateur perpétuel favorise les spéculations à court terme. Les foires internationales et les ententes entre galeries ont contribué à l'internationalisation du marché de l'art et ont entraîné l'uniformisation de l'offre » [374].

Ces foires contribuent à forger une standardisation des choix publics :

« Les comités d'organisation des biennales et quadriennales, en faisant le point et en donnant le ton, contribuent à la standardisation des choix des collectionneurs et des musées » [375].

D'une certaine façon le cabinet de curiosités est cité à l'origine de cette internationalisation des goûts puisque les amateurs se copiaient et se répondaient les uns aux autres en une rhétorique comparable à celle que décrit Panofsky à propos des cathédrales gothiques. Depuis la Renaissance, le bric-à-brac des collections, fournissait un agent puissant de modélisation du goût, modélisation qui s'est renforcée depuis la guerre par la commodité des transports et la mondialisation des réseaux. Déjà Duchamp constatait en 1961 :

« Il y a eu une uniformisation extraordinaire des mœurs et des activités – qui est très visible d'ailleurs aujourd'hui. Beaucoup de mots sont passés dans la langue, d'une langue à l'autre et, en même temps, la façon de penser et d'agir s'est très uniformisée. En tous cas, en Europe et en Amérique, il n'y a pas vraiment de différence » [376]

La référence actuelle au cabinet de curiosités est dans la cohérence d'une époque valorisant les transferts, les circulations et les flux, signifiante dans la locution : être branché. La référence au cabinet de curiosités incarne à la fois l'immense variété ouverte aux merveilles, aux mythes comme aux ordonnances de la raison et sans doute est-il l'instrument d'une clarification future. Derrière le cabinet de curiosités s'exalte la préhistoire du musée devenue la seule instance légitimante des arts d'aujourd'hui. Nostalgique, la citation de ce monument dérisoire et constituant redore le blason de la suprématie de l'Europe, berceau des lettres et des arts, disputée depuis la seconde guerre mondiale par les États Unis. De plus, cette citation est conforme au goût de notre époque pour la pensée interstitielle, pour les dispositifs prévalant aux pièces et conforte l'in situ comme la pratique artistique la plus communément admise. Cette citation permet également des glissements de statuts entre le spectateur, l'artiste et le curateur, confondus dans la catégorie générale de l'amateur, celui qui aime plutôt que celui qui fait. L'image de l'amateur conduit à privilégier la jouissance d'un art sans art, ouvert "à tous vents" ou "à tout se vend" selon les lois du marché et privilégie la modalité de la sélection, plutôt que la conception de nouveaux objets. Ainsi l'amateur, ce dandy aux désirs aussi énormes que fugaces, plus aventurier que savant et plus galant que sérieux, peut aujourd'hui incarner ce curieux flottant à la surface des choses, faisant de la collection un art de vivre érodant les frontières entre l'art et la vie et transférant les valeurs du secteur public au secteur privé. Notre époque retient des cabinets leur éclectisme qui épouse parfaitement les formes de l'individualisme, de la prédominance du goût et du libéralisme. Ainsi, par une suite de glissements, les arts plastiques se tournent-ils vers un passé refuge, celui de la revendication des origines, celui des muses, des « collections » qui au sens propre désignent une procédure d'enrichissement des discours aussi accueillante et fluide que le marché de l'art pour qui tout fait ventre. L'idéalité édifiante a disparu et si le musée retrouve aujourd'hui sa mémoire de cabinet c'est bien pour célébrer ses nouvelles tendances : hypermarché, fascination antiquaire et auto-glorification. Gageons que l'hybridité des intérêts financiers, culturels et statutaires qui se trouvent mêlés derrière la dénomination du cabinet de curiosités, accouche de nouvelles définitions de l'art, comme l'histoire en porte le témoignage.

NOTES

348 Suquet Jean, *Miroir de la mariée*, Paris, Flammarion, 1974, p.22.

349 Mérediеu Florence de, *Histoire matérielle et immatérielle de l'Art moderne*, Bordas, 1994, p.164.

350 Moulin Raymonde, *De la valeur de l'art*, Flammarion, 1995, p.218.

351 Cité in « Les Chroniques de l'Art Vivant », n°35, janvier 1973, p.12.

352 Clair Jean, *Considérations sur l'état des beaux-arts, Critique de la modernité*, Gallimard, 1983, p.18-19.

353 Bouisset Maiten, « Le musée peut-il se passer de peinture ? », in « Art Press », Où est passée la peinture ? », n°16, 1995, p.93.

354 Castoriadis Cornelius, Interview, journal « Le Monde Diplomatique », 16-17 août 1998.

355 Charbonnier Georges, *Entretiens avec Marcel Duchamp*, Marseille, André Dimanche, 1994, pp.27-28.

356 Duchamp Marcel, *Entretiens avec Pierre Cabanne*, p.116.

*En 1961 une boîte nommée Ex voto est déposée à Sainte Rita de Cascia. Cette boîte est composée de trois bacs de pigments bleu, rose et or, ses trois lingots d'or sur fond bleu entourant un papier plié où un texte de Klein place l'ensemble de son œuvre sous la protection de Sainte Rita.

357 Lugli Adalgisa, *Naturalia et mirabilia*, Les cabinets de curiosités en Europe, Adam Biro, 1998, p.33-34.

358 Harald Szeemann, *Ecrire les expositions*, Bruxelles, La lettre volée, 1996 p. 25.

359 Ibidem, p. 37.

360 Duchamp Marcel, *Duchamp du signe*, op. cité., p.247.

361 Clair Jean, *Marcel Duchamp et le grand fictif*, Paris, Ed. Galilée, 1975, p.153.

362 Duve Thierry de, *Au Nom de l'art*, Paris, Minuit, 1989, 4e de couverture.

363 Ibidem, p.15-16

364 Duchamp Marcel, *Entretiens avec Georges Charbonnier*, Marseille, André Dimanche, 1994, p.36.

365 Duchamp Marcel, *Entretiens avec Georges Charbonnier*, Marseille, André Dimanche, 1994, p.17.

366 Barthes Roland, par *Roland Barthes*, Écrivains de toujours, Paris, Seuil 1975, p.151.

367 Clair Jean, *Considérations sur l'état des beaux-arts, Critique de la modernité*, Gallimard, 1983, p.18-19.

368 Ibidem, p.122.

369 Muensterberger Werner, *Le Collectionneur : anatomie d'une passion*, traduction de l'anglais Martine Leroy-Bastistelli, Payot, Essais, 1996.

370 Barthes Roland, *Roland Barthes*, Écrivains de toujours, Paris, Seuil 1975, p.56-57.

371 Le terme calcul vient de ces petits objets d'argile représentant les chiffres de la numération sumérienne. La dette est figurée dans une enveloppe creuse de grande taille qui reçoit les *calculi* de différentes tailles, représentant les unités de mesure correspondantes. La boule creuse est scellée et la surface marquée d'encoches. C'est avec le zéro que la numération indienne de position s'impose en occident, après avoir transité par l'Arabie, le Maghreb, puis l'Espagne. Dans cette numération, la longueur du nom correspond à la taille du nombre.

372 Duchamp Marcel, *Entretiens avec Georges Charbonnier*, op. cit., p.15.

373 Moulin Raymonde, *La valeur de l'art*, Flammarion, 1995, p.212-213.

374 Ibidem, p.216-217.

375 Moulin Raymonde, *La valeur de l'art*, Flammarion, 1995, p.224-225.

376 Ibidem, p.212-213.

377 Duchamp Marcel, *Entretiens avec Georges Charbonnier*, op. cit., p.37.

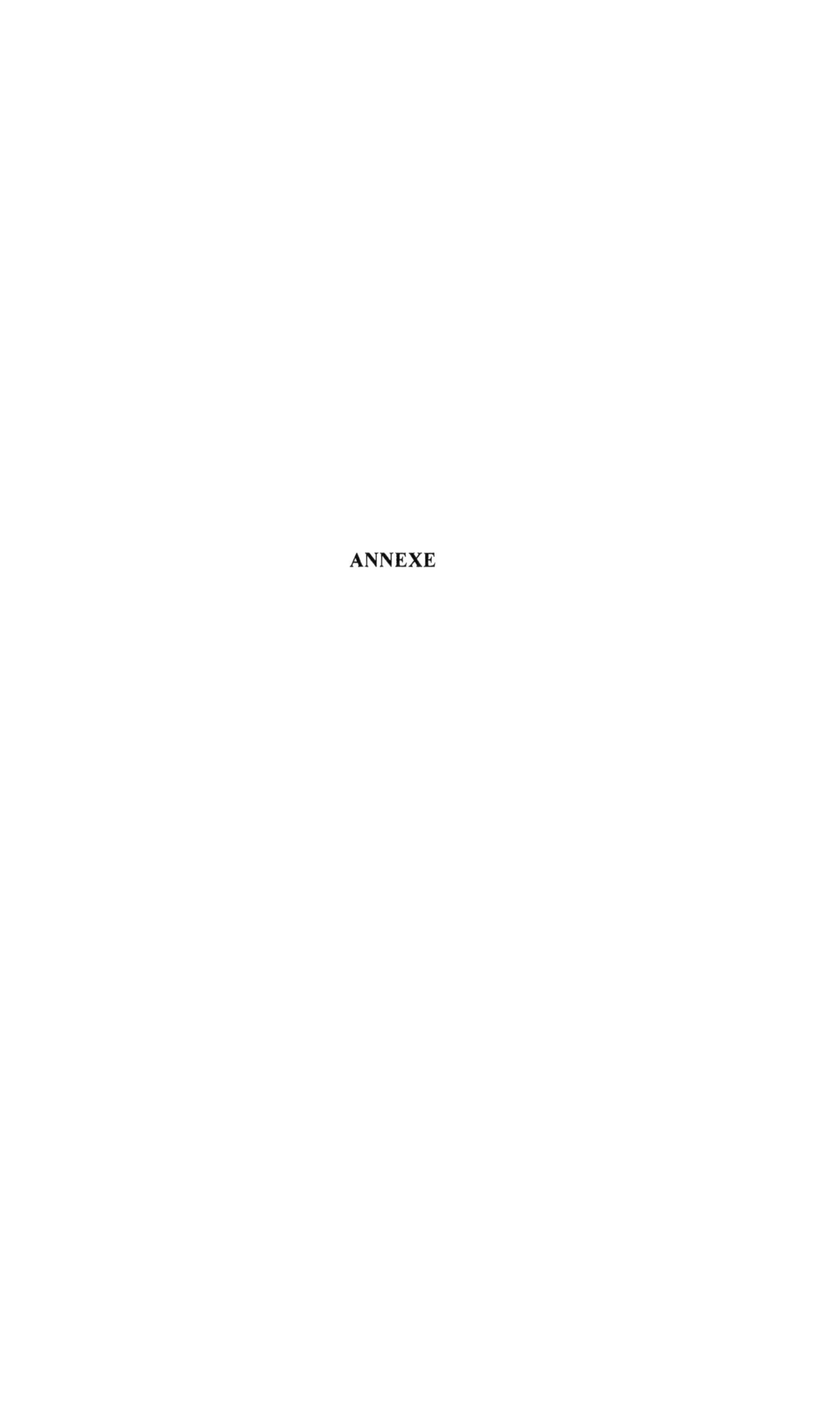

ANNEXE

Mercure de France, juin 1727

A.J. DEZAILLIER D'ARGENVILLE

Lettre sur le choix et l'arrangement d'un cabinet curieux

Écrite par Monsieur DEZAILLIER D'ARGENVILLE

Secrétaire du Roy en la grande chancellerie

À Monsieur de FOUGEROUX, Trésorier payeur des Rentes de l'Hôtel de Ville.

Voici une lettre ou plutôt une dissertation très circonstanciée et très instructive qui nous est tombée entre les mains. Nous la publions avec confiance persuadé du plaisir qu'elle fera aux amateurs de tous les beaux-arts et des belles productions de la Nature, aux antiquaires et autres curieux de belles choses.
Celui qui l'a écrite joint à la pratique des beaux-arts et de la peinture une collection considérable de tableaux d'estampes et de desseins de grands maîtres avec un choix de médailles de coquilles et d'autres curiosités dont il a formé un cabinet qui est en réputation depuis longtemps. Nous l'avons parcoüru pendant plusieurs jours avec grand plaisir et nous pouvons assurer que le maître qui a autant de politesse que de goût, sera toujours charmé de le communiquer aux connaisseurs et en particulier aux étrangers, envers lesquels il se croit engagé à cette reconnaissance pour lui avoir ouvert les plus beaux cabinets d'Europe.

Monsieur,
Il y a longtemps que vous me demandez mon opinion sur le choix et l'arrangement d'un cabinet de tableaux, estampes, desseins, de livres de médailles et autres curiosités. Quoique vous soyez plus capable de décider sur ce sujet que tout autre, je ne puis cependant refuser à votre amitié ce que vous exigez d'elle en cette occasion.
Ce sera à vous, Monsieur, d'en juger. Connaisseur comme vous êtes, homme de bon goût, c'est à vos lumières que je soumets ce projet quoique chacun range son cabinet à sa manière et prétende qu'elle soit toujours la meilleure, il est bien sûr, cependant que c'est le bon goût qui doit en décider.
J'ai lu, Monsieur, le peu que l'on a écrit sur cette matière et j'ai remarqué soigneusement la manière dont jusqu'ici les curieux du meilleur goût en usaient. C'est sur ces remarques que je me suis formé l'idée d'un cabinet curieux rempli de tout ce qui peut amuser un honnête homme, sans le jeter dans une dépense extraordinaire.

Vous savez, Monsieur, la relation que j'ai eue autrefois avec Monsieur de Montarcis, De pilles, De Ganières, Boucot, Loge, Le riche, Lottier, Clément et le commerce que j'entretiens actuellement avec nos plus grands curieux. Je ne vous parle pas des principaux cabinets de l'Europe que mes voyages m'ont mis à portée de visiter. Ce sont des sources où j'ai puisé la matière de cette lettre.

Les tableaux feront d'abord le premier objet de notre cabinet quoique on ne puisse là dessus rien déterminer. C'est aux facultés du curieux et à des hasards très rares que l'on doit la découverte des bons tableaux dont le nombre remonte à de si grands hommes et qu'il n'y a que des princes ou gens de grande fortune qui y puissent aspirer.

En fait de cabinet, il faut opter : ou tableaux, ou estampes, ou desseins, ou médailles, ou livres. Je dis pour en avoir en grand nombre. Cependant on pourrait avoir de tout, en se bornant dans chaque genre, mais il y a l'espèce dominante qui est celle qui suit le plus l'inclinaison du curieux

Un particulier peut fort bien avoir de bons tableaux flamands et françois mêlés de quelques italiens ; je souhaiterais pour cet effet qu'il fût exempt de deux défauts essentiels.

Le premier est d'avoir trop de prévention pour un pays plus que pour un autre : je veux parler d'un certain venin italien, qui a saisi quelques uns de nos curieux et qui leur fait mépriser les bonnes choses qui naissent chez eux et dans les autres pays. Tout ce qui ne vient point d'Italie ne vaut rien selon eux. Tableaux, estampes, desseins, musique, il n'importe. L'autre défaut est de mêler de la partialité dans son goût en n'estimant que d'un seul maître qu'on élève infiniment au dessus des autres, aux dépens de la justice qui est due à d'habiles gens.

On n'a pas jugé à propos de nommer les bons peintres vivants hormis les sculpteurs et graveurs du temps.

On peut dire en général que les vrais peintres sont les Flamands et que s'ils avaient la partie du dessein aussi accomplie que celle du coloris, ils seraient les premiers peintres de l'univers. Les Italiens Giorgione, Titien, Le Palme, P. Véronèse, Tintoret, Corrège, Guerchin, Dominiquin, Parmesan sont ordinairement de faibles coloristes. Michel Ange, Raphaël, J Romain, Polidor et Carraches n'ont eu que la correction, le beau génie, les grandes ordonnances et l'expression en partage, c'est la distinction que tous les bons connaisseurs en font.

TABLEAUX

Voici les maîtres flamands à qui je voudrais donner entrée dans notre cabinet : Albert dure, Holbein, Lucas de Leyde, Le Breugle, Porbuis, El Teymer, Rothermamer, Rubens, Stemut Vandeick, Jordan, Diepenbec, Corneille, Polemberg, Brauer, David Theniers, Fouquières, Bamboche, Both Swandfled, Rembrans, Giradeau, Minis. Van Ostad, Vanderneuler, Vandercabel, Van Deermer, Bergheins, Van Ostade Genoels, Layreffe.

La France fournirait des tableaux de Vouet, Blanchard, Poussin, Valentin, Loir, Stella Le Sueur, Bourdon, Champaigne, Le Brun, Mignard, Le Lorrain, Jouvenet, Boulogne, Cheron, Coypel et Watteau.

L'on pourrait joindre quelques tableaux italiens de maîtres suivants :

André D'el Sarte, Caravage, Michel Ange, Guerchin, Sacchi, Pierre de Cortone, Romanelli.

Je n'y admets point de tableaux des premiers maîtres comme Léonard de Vinci, Michel-Ange, Raphaël, Giorgione, Titien, Parmesan, Véronèse, Dominiquin comme étant hors de portée d'un particulier, s'ils sont originaux. Je ne fais pas grands cas des copies quelques belles qu'elles soient. Voilà, tout ce que nous dirons au sujet des tableaux dont je n'ai pas dessein de donner ici la manière de connaître le beau, l'originalité et le nom des maîtres.

Je suppose dans un amateur cette connaissance toute acquise et de plus, un peu de pratique dans cet art. Quand aux estampes et desseins des grands maîtres qui sont le principal objet de nos cabinets, j'en parlerai plus amplement, m'ayant paru que c'est sur cet article précisément que vous souhaitez que je m'en dise sans cependant entrer dans la manière d'y devenir connaisseur.

ESTAMPES

Les estampes ont un mérite singulier, elles portent partout comme autant de renommée l'idée des bons tableaux et desseins des grands maîtres dont on serait privé sans leur secours. Leur nombre ainsi que des gravures étant immenses, on ne devrait s'attacher qu'à recueillir dix ou douze morceaux de chaque maître, surtout des anciens dont la manière de graver n'est pas celle qui plaît le plus à tout le monde quoique les contours en soient fort corrects. Ces morceaux qu'on suppose choisis entre les meilleurs et les plus estimés de chaque maître suffiraient pour en faire connaître la manière.

A l'égard des maîtres modernes dont la gravure est la plus savante et plus agréable aux yeux, on pourrait recueillir une plus grande quantité de leurs morceaux sans s'entêter à faire des œuvres complètes de chaque maître. Ce qui oblige à rechercher les méchantes pièces comme les bonnes. Ces méchantes pièces sont en général plus chères et celles qui donnent le plus de peine à trouver par leur rareté.

On pourrait faire des recueils particuliers de chaque maître en ne mettant dans un même volume que les plus belles pièces de ce maître, sans y mêler les autres. Par exemple un volume des Carraches, de Titien, Rubens, Vandick, Le Brun, Callot, Bolle, Leclerc et autres.

Ce qui soutiendrait mieux que de voir les bonnes pièces d'un maître effacées par ce qu'il a de médiocre. Mais quoiqu'on put le borner dans cette entreprise à ne faire des recueils que des maîtres les plus connus et par lesquels on a le plus d'inclination, cette idée ne laisserait pas que de mener très loin quelques belles, même, que soient les estampes. Il est ennuyeux dans un volume de n'en voir toujours de la même main au lieu qu'étant rempli de pièces de différents maîtres qu'on suppose choisis, l'œil en est plus satisfait et plus en état de juger de leur mérite par le parallèle qu'il peut faire avec les unes et les autres.

Quoique ce soit la coutume chez les curieux de ranger les estampes par maître ainsi que font tous les marchands et de faire les œuvres séparées de chacun, prétendant par là être plus satisfait en voyant les progrès d'un habile homme par la comparaison de ses premières pièces avec les dernières. Il paraît, cependant, qu'il y a plus de vanité

de leur part que de science et que c'est pour grossir les volumes.
Ils perdent dans cet arrangement l'ordre historique et chronologique et confondent les matières ensemble. Je veux dire le portrait avec l'histoire et le paysage, l'histoire sainte avec la profane, le grotesque avec le sérieux ce qui ne satisfait pas le curieux savant qui veut outre le plaisir de voir de belles estampes, en pouvoir tirer quelque avantage.
Je m'attends bien, Monsieur, à voir beaucoup de gens, qui suivant l'ancien usage de faire des œuvres s'opposeront à mon sentiment. Mais je vous prie de faire attention que vous m'avez fait l'honneur de me le demander et que je ne prétends nullement y contraindre personne.
On ne peut guère décider sur l'arrangement des estampes, car pour concilier tous les projets dont nous venons de parler, il faudrait avoir une pièce jusqu'à trois ou quatre fois et par différentes collections, les ranger dans plusieurs classes, en mettant 1°/ Un portrait dans l'œuvre du peintre, d'après lequel il est gravé, 2°/ dans l'œuvre du graveur, 3°/ suite chronologique des princes, Cardinaux, Évêques dont fait partie la personne qui est gravée, 4°/ dans la suite des Rois, Papes, Cardinaux, personnages remarquables dans un tel pays. Distinctions parmi les estampes qui satisfont beaucoup l'esprit.
Comme cet ordre est infini et surpasse de beaucoup la portée d'un particulier qui veut faire une certaine dépense pour contenter la curiosité, voici le plan qu'on s'est proposé en s'écartant des catalogues immenses que l'abbé de Marolles a donné au public du grand projet de cabinet inséré dans le livre de Sieur Le Comte lesquels sont très capables de dégoûter les curieux.
On mettrait premièrement à part toutes les anciennes estampes dont on ferait des recueils séparés et mêlés de différents sujets. A l'égard des modernes qui sont de plus en plus en grand nombre, on disposerait par matière tout ce qui regarde l'histoire, la sacrée à part, la profane, la grotesque de même. Les portraits seraient rangés par condition et l'on admettrait que ceux qui sont gravés chez les grands peintres ou par les excellents graveurs ou enfin les personnes très illustres les mieux gravées qu'on pourrait trouver.
Sur quoi il est bon de faire remarquer qu'un curieux ne doit pas se piquer d'avoir tous les portraits qui ont été gravés jusqu'à présent mais seulement les meilleurs de chaque pays. Ils différent en cela d'un historien exact à qui il n'est pas permis de négliger le moindre trait d'histoire. On rangerait les paysages par pays. Ce qui met chaque maître dans son rang et vous représente si bien le site naturel d'un pays que vous croyez encore y voyager.
Quand aux morceaux d'architecture, ornements, décoration de théâtre, animaux, chasses, marines, de la géographie topographie des habillements des différentes nations, des pièces noires et des petits maîtres modernes, on en fera de volumes séparés, comme il sera expliqué dans la suite.
Ce sont trois ordres principaux que l'on se propose dans l'arrangement du cabinet l'histoire par matière, le portrait par condition, le paysage par pays
C'est de cette matière qu'en s'amusant à regarder les estampes, on peut en tirer quelque utilité. Rien de plus capable d'imprimer facilement dans l'esprit, l'histoire

la fable, la chronologie, la géographie et une connaissance générale des sciences et des beaux-arts. Cet ordre même suffit pour vous faire trouver sur-le-champ, une pièce que vous voulez voir sans le secours d'aucune table : on pourrait encore y observer en ordre historique et chronologique en mettant par exemple les portraits des empereurs et des papes suivant le temps qu'ils ont vécu et les morceaux d'histoire suivant l'époque de leur avènement, mais à moins que l'on en ait un grand nombre cet ordre devient gênant et impossible dans plusieurs morceaux surtout dans les pièces allégoriques. Il faudrait éviter dans ces recueils de faire ce que faisait Messieurs de Garnières Clément et Lottier qui plutôt en historiens qu'en vrais connaisseurs mettaient parmi de belles estampes les morceaux les plus communs jusqu'aux almanachs. On voyait dans leurs recueils des portraits ceux de Larmeffin et de Montcornet mêlés avec les portraits de Nanteuil et d'Edelink. Ils ne se donnaient pas la peine de s'informer si la personne qu'avait gravé Larmeffin n'était pas gravée par de meilleures mains. Il suffisait qu'ils l'eussent dans leurs recueils sans s'embarrasser du choix. C'est ce que je leur ai souvent reproché. Éloignez de l'idée de tous ces curieux, nous suivons celle de notre cabinet qui,comme vous le voyez, Monsieur, est bien différente. Elle embrasse tout au plus cinquante volumes d'estampes et une quinzaine de volumes de desseins qui étant remplis de morceaux choisis satisferont plus que ces grands recueils ou il faut feuilleter longtemps pour trouver du bon.

J'ai détaillé ici le nom des meilleurs maîtres dans chaque genre sur tous ceux dont les ouvrages méritent le plus d'être recherchés. On ferait trois portefeuilles d'anciennes estampes. Le premier des vieux maîtres, Le second des anciens maîtresLe troisième des petits maîtres, Monteigne, Alberdure de Leide Holbeins. Léonard, Giorgione, Titien, MichelAnge, Polidor de Caravage, J Romain, Perin Devalga, A. Delfarte, Pordenone, Primatice, De voltera, Le Parmesan, Zucchero. Georges Peints, H. Aldegraef, Maître Étienne de Loire, J. de Geyne, Th. de Brie, Thomas de Leu, Le petit Albert.

Six portefeuilles de sujets concernant l'histoire sacrée, mêlée des meilleurs maîtres qui ont suivi les anciens comme Véronèse, Tintoret, Le Corrège,

J. Pin.

Six autres portefeuilles de sujets touchant l'histoire profane composée de tous les maîtres ci dessous nommés, tous les morceaux gravés de leurs mains.

Deux volumes de grotesques, bacchanales, bambochades, pastorales.

Dix volumes de portraits rangés par condition :

Deux par gens d'église

Deux par gens d'épée

Deux par gens de robe

Deux par gens de sciences

Deux par gens d'arts

Deux par femmes illustres.

Deux volumes de pièces noires, gravées d'après Kneller, Murrey.

Quatre portefeuilles remplis de petits morceaux de toutes sortes de matières qu'on collerait en compartiment sur chaque feuille en laissant les marges et espaces agréables aux yeux et le plus que l'on pourrait en forme de cul de lampe c'est à dire les

où on ramasserait ce qu'il y a de meilleur Rembrandt, Hollart Wirix Galle, Callot La belle, Le Clerc.
Six volumes de paysages rangés par pays. Deux volumes d'Italie, deux de France, d'Hollande, d'Allemagne, deux de France d'après le Giorgione, Le Titien.
Un portefeuille de décorations de théâtre perspectives, ballets, carrousels entrée de tournois, triomphes, catafalques et autres fêtes publiques de Torelli Canta Gallina, Jules Parigi, Bibiena.
Un volume de bataille, marches d'armée, chasse d'animaux d'après Stradan, tempête de Rubens, Bamboche, Les Boot, Vanlouche, Vanden Heche,
Rugendas, gravés en partie pas ces peintres et par les Collaert.
Un volume d'architecture, ornements, fleurs, fruits, tapis, parterres, fontaines d'après Jean D'Udine, Perin del Vaga, M. de Fioir, Le Maltois, Le Breugle...
Un volume de vues de mer ou marines de fabriques et de ruines d'après P. Napolitain gravés en partie par ces maîtres
Un volume de géographie composé des meilleures cartes.
Ces cinq volumes rappellent aux voyageurs en un moment tous les pays qu'ils ont parcourus.
Trois volumes contenant les habillements et modes des différentes nations du monde.
Le premier renferme l'Europe.
Le second renferme l'Asie.
Le troisième l'Afrique et l'Amérique.
On y trouverait les modes de Titien, de Callot, de Saint Jean D'Arnoult qui font parcourir toutes les nations du monde sans sortir de son cabinet.

DESSEINS

Les desseins, Monsieur, ont quelque chose de supérieur aux estampes quoique moins terminés. Ce sont les premières idées d'un peintre où l'on découvre tout le feu de l'imagination et l'esprit de la touche. Cette curiosité demande beaucoup plus de savoir que les estampes puisqu'il s'agit de juger ainsi que dans les tableaux de la bonté d'un dessein et de son originalité et de connaître la manière d'un maître d'avec un autre, la touche particulière, singulière à chacun lequel fait reconnaître l'auteur du dessin. Un beau recueil de desseins des meilleurs maîtres est une vraie école de peinture. On n'en possède pas un si grand nombre que d'estampes. On les diviserait seulement par matière et par pays tout ensemble en la manière suivante
Six volumes concernant l'histoire en général et la figure en particulier
Deux des meilleurs maîtres d'Italie
Deux des meilleurs maîtres français et deux volumes sur les mêmes matières des maîtres flamands, hollandais, allemands et Anglais.
Six volumes de paysages, marines, animaux, grotesques et autres partagés par pays
Deux d'Italie, deux de Flandre, Hollande, Allemagne et deux de France.
Un volume de petits dessins à la plume très fins
Un volume de vues, esquisses et croquis faits d'après nature
Un volume d'études de grands maîtres, figures appelées académies
Un volume de desseins, d'architecture, ornement, vases, catafalques, triomphes, fontai-

Un volume de desseins, d'architecture, ornement, vases, catafalques, triomphes, fontaines, parterres, etc.

LIVRES

Je vais vous parler plus légèrement, Monsieur, sur les livres, les médailles, les pierres gravées, les minéraux qui demanderaient seuls un volume. Leur arrangement particulier est de disposer les livres par matière, les médailles et les pierres gravées par suite et les coquilles par famille ou compartiment.
Le cabinet du roi, le Cabinet du grand duc à Florence, le Cabinet de Sacredo à Venise, celui de Magnavaccha à Boulogne, celui de Crozat à Paris.
Les tableaux bronze et autres curiosités se rangent suivant la place que l'on a et suivant le goût qui convient le mieux à la décoration du cabinet.
Les livres composent un genre de curiosité nécessaire mais immense dont on fait des collections suivant le genre de littérature qu'on choisit ou suivant la profession. En général il est bon qu'un homme d'esprit ait un peu de livres sur chaque matière, plusieurs éditions de Bible différentes, quelques pères de l'Église, des théologiens, des commentataires, hérésiarques, casuistes, des livres de morale et de piété, une suite d'historiens et de chronologie de la philosophie, de grammaire, de poètes grecs et latins, italiens et françois. Les auteurs commentés *al ufum delphini* et les *variorum* ou les mêmes en petit avec le texte seul de l'édition des fameux elzévir. Les mêmes auteurs avec leurs meilleurs traducteurs, une collection de livres de droit, médecine, anatomie, chirurgie, pharmacie, chimie, botanique, agriculture, des livres de physique, de mathématiques, de géographie, d'architecture, de médailles, de blasons, des dictionnaires, des voyages, des mémoires et la vie des grands hommes, des savants, leurs œuvres, le recueil de leurs lettres, les livres connus sous le nom de Micellanca. Sur toutes sortes de matières peu d'historiettes et de romans excepté celui de la Rose d'Astrée, Don Quichotte, Télémaque et la Princesse de Cléves, que le fameux Évêque d'Avranches ne dédaignait pas de lire quelquefois. Il faudrait avoir quelques livres gothiques remplis de miniatures pour la singularité seulement.

MÉDAILLES

Quand aux médailles vous savez, Monsieur, que c'est une belle curiosité, la première en un sens comme garante de l'histoire ancienne et qui a beaucoup servi à la transmettre jusqu'à nous. Cette étude mène un peu plus loin et cote infiniment, quand on veut avoir des suites complètes et des médailles antiques bien conservées. Un Othon en grand, selon Monsieur Patin, n'a pas de prix, un pertinax, un percuminis du Niger. On prétend que les médailles étaient les vraies monnaies des anciens, hors les médaillons qui étaient les présents que les Princes faisaient à leurs favoris. Les antiques ont été frappés environ jusqu'au XVIIe siècle. On les distingue en grecques et latines.
Les grecques qui, sans contredit, sont les plus anciennes et les plus parfaites pour le coin vont au plus à 400. Elles commencent tous à Mintas Roy de la Macédoine, les latins se distinguent en consulaires et impériales qui se divisent encore en haut et bas Empire. Le haut Empire commence à César, 44 avant J. Christ et finit vers 260 de J.

Constantinople par Mahomet II en 1453. De belles impériales ne passent pas le règne de Héraclius en 641 où les arts s'avilissent complètement. Il y a encore les médailles hébraïques, gothiques et puniques.
On distingue trois sortes de suite de médailles : Celle en or, la moins nombreuse, la moins rare va à 1000 dans les impériales, celle d'argent, à 3000, celle de bronze à 7000. On peut faire une suite de papes depuis Martin V jusqu'à présent avec les cardinaux, une des médailles qui concerne l'histoire de France et des autres monarchies. Une suite de monnaie moderne de tous les pays ne lasserait pas d'être curieuse ainsi qu'une suite de jetons qui vous met au fait de presque toutes les familles. Il se faut garantir des médailles contrefaites, les padouanes, les parmesanes, les carteronnes ou hollandaises sont de ce nombre. On connaît les antiques au poids, à l'épaisseur, à la couleur du métal, à la dureté du vernis, à la netteté du coin, à la tendresse de l'antique, à la franchise des caractères de la légende et de l'exergue.

PIERRES GRAVÉES

Les pierres gravées ont beaucoup de relation à l'histoire ancienne, jusqu'à la matière près, ce sont de fécondes médailles. Leur forme ordinaire est ovale. Cependant il y en a des rondes, des carrées et à Paris on les distingue en pierres annulaires et en pierres constellées, talismans, les unes sont opaques, les autres transparentes, les plus belles sont orientales et antiques pour la gravure néanmoins, il y a de belles têtes gravées par les modernes. Un peu de pratique vous fait découvrir aisément le caractère de l'antique. On en trouve de gravées en creux et en relief sur des agates calcédoines, lapi, onix, cornalines, jades, sardoises, serpentines, malachitte. On peut aussi graver sur toutes les pierres précieuses même sur le diamant comme je l'ai vu faire à Rome.

PIERRES PRÉCIEUSES

Vous souvenez-vous d'avoir vu, Monsieur, l'ensemble d'un cabinet à Paris, des tiroirs séparés en petites cellules remplies de toutes les pierres précieuses orientales et occidentales distinguées et opposées dans leur espace. Le diamant, le saphir, l'émeraude, le rubis, la turquoise, la topaze, le grenat, l'améthyste, la jacinthe, l'opale, l'aigue-marine, peridot, vermeille et les perles.

MINÉRAUX, MÉTAUX, PÉTRIFICATIONS, CROISSANCES DE MER, BOIS RARE

D'autres tiroirs étaient remplis de minéraux Christal de roche, corail rouge et blanc et noir, ambre de deux couleurs, porphyre, Albâtre, corne d'Ammon, langue de serpent, marcassites, pierre de croix, aigles de touche ou parangon, quinte feuille, pierre de cœur, de verolles, de judée, de Bézoard, l'étoilée, le jay, le bois de corail de couleurs, l'hystericum, le calamboric et l'aloès.

OUVRAGES DE TOURS, ARMURES, HABILLEMENTS ÉTRANGERS ANIMAUX PLANTES ET FRUITS RARES

Nous y vîmes encore quantité de bijoux mis en œuvre, des peintures en émail ainsi que de très beaux ouvrages de Tour et de filigrane. Il ne faut pas oublier les différentes armures, habillements, chaussures anciennes, plusieurs oiseaux poissons et animaux desséchés. Les plantes et les fruits rares, des livres sur des écorces d'arbres, sur des feuilles de palmier, sur des joncs la plupart roulés autour d'un bâton d'écriture et du papier de tous les pays

COQUILLES

Voici, Monsieur, une curiosité toute des plus naturelle, ce sont les coquilles. Je vous avouerai que j'ai les yeux satisfaits quand je les jette sur un tiroir de coquilles bien émaillées. J'y admire plus que toute chose, l'Auteur de la Nature. Quelle variété dans les couleurs ! Il semble que la nature s'y soit jouée de même dans toutes les formes différentes des coquilles, on les distingue en plusieurs classes ou familles celle des huîtres, des limaces, des cornets de porcelaines et des autres.

Voici celles à qui l'on a donné des noms : l'amiral, le vice amiral, l'imperialle, le nautile, la coucha veneris, le bouton ou echinus marinus, l'escalier, la tiare, la plume, le clou, la foudre, le lapas, l'hermitte, la brûlée, la musique, le plein chant, la gémire, la quenotte, le ruban, la veuve, la pie, le tigre, la cassandre, la bouche d'or, d'argent, le drap d'or, celui d'argent, la peleure d'oignons, la moresque, le casque, le turban, le scorpion, la grive, la guinée, la spéculation, le dauphin, le manteau royal, la tome, le cœur, le cadran, l'araignée, l'épineux, le rouleau, le porphyre, le cylindre, le sabot, le léopard, l'écorchée, la mère perle ou nacre, la porcelaine, le marron rôti, l'olive, l'herisson, l'œuf, l'agate, le cornet, la magellane, le téton, l'oreille d'âne, le couteau, le cloporte, l'hébraïque, la tanée, la meure, l'oreille de mer, la chenille, la trompe, le nombril, la colliqüe, l'éperon, la lampe, la vis sans fin, le brocard, le fuseau, l'hirondelle, l'argus, la couronne d'Éthiopie, l'oreille de cochon, le chou, la tour de babel, la figue, le bois veiné.

BRONZES ET PIÈCES ANTIQUES

Les bronzes servent beaucoup à l'embellissement des cabinets, il en vaudrait avoir quelques antiques assez bien conservés et quelques beaux modernes bien réparés. Les antiquaires ont souvent en bronze tout ce qui concerne la belle antiquité, comme Dieux, Pénates, Priapes, Urnes, vases, lampes, fioles, lacrimatoires, vœux, tombeaux, Lares, ossuaires, inscriptions, hiéroglyphe, ce qui serait aux anciens sacrifices des égyptiens, grecs et romains comme autel, trépied, hache, patères, cuillères, couteaux et autres instruments des styles dont ils écrivaient, l'Abacus avec lequel ils comptaient, les strigiles dont ils se servaient pour le bain, leurs clés et cadenas en bronze, les plombeaux dont ils châtiaient leurs esclaves, idoles, sphinx, cachets, bagues magiques, amulettes, talismans. Leurs instruments de musique, leurs mesures, le conge, le septier, le denier, le quinaire, le sesterce, le sicle, le talent, le drachme et autres monnoyes, le triens, quatrans, sextans et autres poids.

DROGUIERS HERBIERS MOMIES EMBRYONS PORCELAINES CABINET DE CHINE FAYANCE ÉMAILLÉE TABLEAUX DE PIÈCES DE RAPPORT

Je ne vous parlerai pas Monsieur d'un droguier, d'un herbier, des momies d'Égypte, des embryons de tous âges, tant d'hommes que d'animaux, de boîtes où sont arrangées par compartiment des mouches rares et des papillons, des pagodes, des ouvrages de terre, des porcelaines de Chine, de Japon de leurs cabinets, paravents, boîtes, cabarets, coffrets et autres pièces de bois verni. Ainsi que des vases et plats de fayance émaillées d'après Raphaël tant en Italie qu'à Limoges, des tableaux, des pièces de rapport en pierres fines ou en bois rares. Un physicien ou géomètre demanderait encore à trouver ici tout ce que l'on peut souhaiter, pour les forces mouvantes et l'hydraulique, des figures de géométrie, de fortifications et d'architecture en relief, des modèles en cuivre, des mortiers de canons, bombes et autres pièces d'artillerie. Les différentes expériences de l'équilibre des corps, de la pesanteur de l'air et des liqueurs, de l'effet de la poudre à canon, des instruments d'astronomie, de mathématique, de navigation comme astrobales, sphères, lobes, lunettes d'approche, télescope, boussoles. On y joindrait tout ce qui est nécessaire pour l'optique et les expériences de physique, le miroir ardent, la pierre d'aimant, les verres à facette de toutes sortes, un microscope universel avec toutes les expériences qu'on peut faire pour la circulation du sang et l'examen des liqueurs. Le cylindre, le cône, le prisme avec toutes leurs figures, plusieurs chambres d'optique, une lanterne magique des baromètres, thermomètres, hygromètres, des alambics, creusets, récipients, scyphons, tubes avec lesquels on pourrait faire quelques expériences de chimie touchant le vif argent, les phosphores, les pierres de composition et autres.

En vérité, Monsieur, le sujet m'emporte trop loin, et au fourneau et à la fumée près d'un souffleur, notre cabinet est devenu universel et remplit une idée générale telle qu'on n'en trouve nulle part. Il faut donc convenir qu'on doit opter en cette matière. La grande dépense y met assez de frein, joint à ce que l'inclination naturelle nous porte plus vers une science que vers une autre. Un savant par exemple ne respire que les livres, un antiquaire ne recherche que les médailles, un physicien que les expériences, un naturaliste que les productions de la nature. Nous autres, Monsieur, qui penchons plus pour la peinture, nous trouverons certainement cette carrière assez grande pour nous arrêter longtemps.
Je suis, Monsieur...

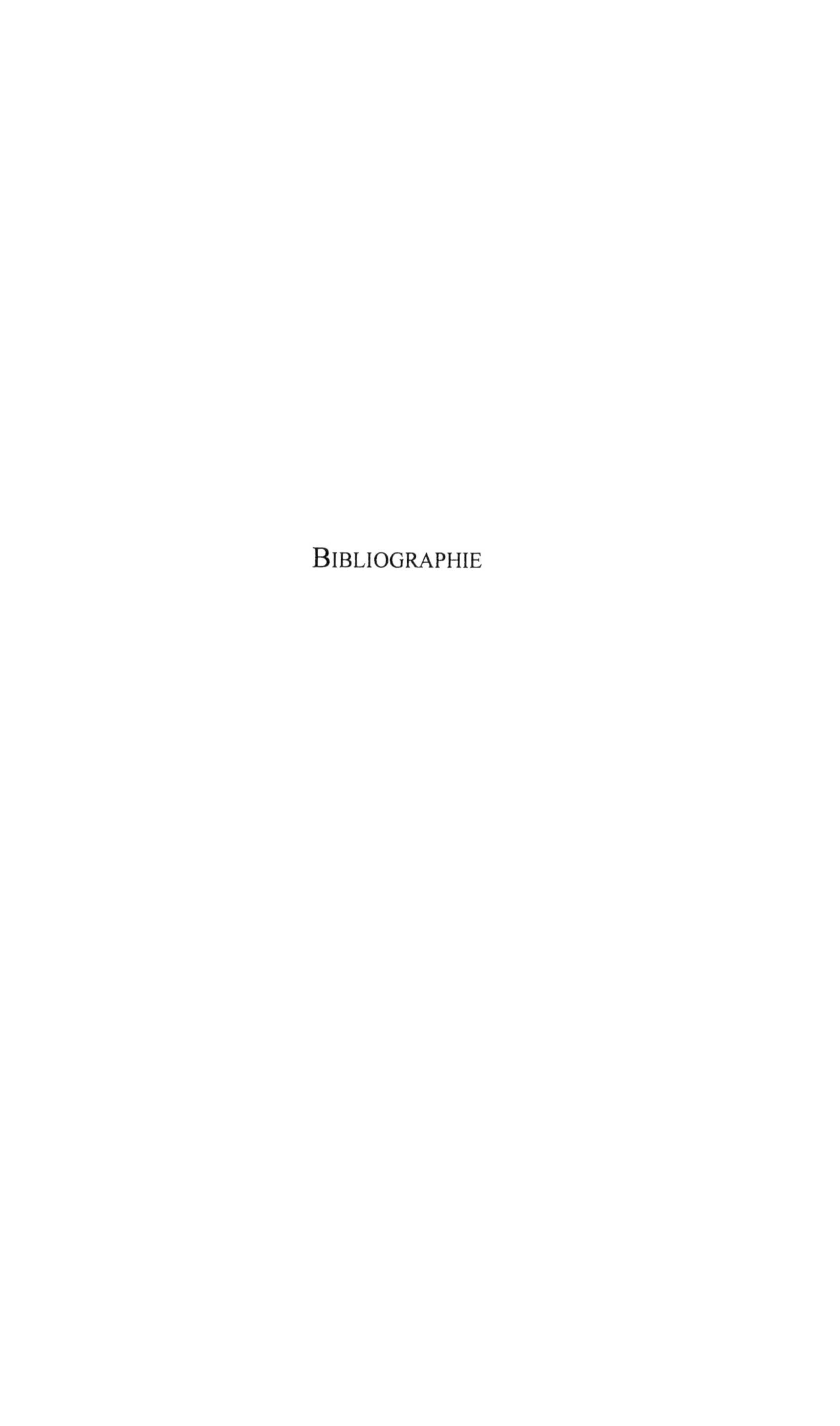

BIBLIOGRAPHIE

ACOSTA Christophe José de, *Histoire naturelle et morale des Indes tant orientales qu'occidentales où il est traité de choses remarquables du ciel, des éléments des métaux plantes et animaux*, Paris, Ory, 1598.

AUFRERE Sydney, *La momie et la tempête*, Nicolas C. Fabri de Pereisc et la curiosité égyptienne en Provence au début du IIe siècle, Avignon, A. Barthélémy, 1990.

ANDRY DE BOISREGARD, *De la génération des vers dans le corps des femmes*, 3e édition, présenté par Nicolas Hartjoeker, Paris, Vve Alix, 1741.

BABELON Jean, *Le cabinet du Roi*, Bruxelles, Vanoest, 1927.

BALTRUSAITIS Jurgis, *Réveils et prodiges*, Paris, Colin, 1960.

BARBIER Edmond Jean-François, *Journal d'un bourgeois de Paris sous le règne de Louis XV*, Paris, Union Générale Édition, 1963.

BARRET KRIEGEL Blandine, *Les Historiens et la monarchie*, IV volumes, Paris, PUF, 1988.

BARRIERE Pierre, *La vie intellectuelle en France du XVIe siècle à l'époque contemporaine*, Paris, Albin-Michel, 1961.

BARTHES Roland, *Le monde objet*, in Essais critiques, Paris, Seuil, 1981.

BARTHES Roland, *Le bruissement de la langue*, Essais critiques IV, Paris, Seuil, 1964.

BARTHES Roland, *L'empire des signes*, Flammarion, Skira, 1970.

BAUDELAIRE Charles, *Curiosités esthétiques*, Paris, Garnier, 1962.

BAUDELOT-DAIRVAL, *De l'utilité des voyages et de l'avantage que la recherche des antiquités procure aux savants*, Rouen, Ferrard, 1727.

BEGUIN Sylvie, *Catalogue de l'exposition du studiolo d'Isabelle d'Este*, in « Gazette des beaux-arts », 1965.

BELL Daniel, *The cultural contradiction of capitalism*, in « Art en théorie », 1900-1990, Hazan, 1997.

BELON Pierre, *Les observations de plusieurs singularités et choses mémorables trouvées en Grèce, Asie, Judée, Égypte, Arabie et autres pays étrangers*, Paris, J. de Marnef, 1588.

BENJAMIN Walter, *Écrits français*, Paris, Gallimard, 1991.

BENJAMIN Walter, *Images de pensée*, Christian Bourgois, 1998.

BLANC Charles, *Le trésor de la curiosité tiré des catalogues de ventes, tableaux, estampes*, Paris, P. Renouard, 1857.

BLANCHOT Maurice, *Le mal du musée*, in L'amitié, Gallimard, 1971.

BOAISTUAU Pierre, *Histoires Prodigieuses*, Paris, Club français du livre, 1961.

BOAISTUAU Pierre, *Bref discours de l'excellence et dignité de l'homme*, 1558, éd. critique Michel Simonin, Genève, Droz, 1982.

BODIN Pierre, *De la démonomanie des sorciers*, Paris, Du Puys, 1580, fac-similé de l'édition de 1587, Gutenberg reprint, 1979.

BONNAFFÉ Edmond, *Dictionnaire des amateurs français au XVIIe siècle*, Quantin, 1884.

BONNAFFÉ Edmond, *Causeries sur l'art et la curiosité*, Paris, Quantin, 1878.

BONNAFFÉ Edmond, *Les collectionneurs de l'Ancienne France*, Paris, Aubry, 1867.

BONNAFÉ Edmond, *Dictionnaire des amateurs français au XVIIIe siècle*, Paris, Quantin, 1878.

BONNAFFÉ Edmond, *Le commerce de la curiosité*, Paris, Honoré Champion, 1895.

BONNEFONS Nicolas, *Le jardinier français*, Amsterdam, R. Smith, 1654.

BOREL Pierre, *Les Antiquités, raretez, plantes, minéraux et autres choses considérables de la ville et comté de Castres et le rôle des principaux cabinets curieux et autre choses remarquables qui se voient en principales villes d'Europe*, Castres, A. Colombiez, 1649, reprint Minkoff, 1973.

BORGES Jorge-Luís, *Fictions*, Traduction Verdevoye et N. Ibara, Paris, Gallimard, 1951.
BORGES Jorge-Luís et GUERRERO Margarita, *Manuel de zoologie fantastique*, Paris, Juillard, 1965.
BOUHOURS Dominique, *Manière de bien penser dans les ouvrages de l'esprit*, Paris, Mabre Cramoisy, 1688.
BOURDIEU Pierre, *La distinction*, Critique sociale du jugement, Édition de Minuit, 1979.
BOURDIEU Pierre, *L'amour de l'art*, Paris, Minuit, 1966.
BRAHIMI Denise, *Voyageurs français du XVIIIe siècle en barbarie*, Paris, Champion, 1976.
BRAUN Lucien, *Polysémie du concept de héros et héroïsme et création littéraire sous les règnes de Henri IV et Louis XIII*, Paris, Kliensieck, 1974.
BREDEKAMP Horst, *La nostalgie de l'Antique*, traduction Nicole Casanova, Paris, Diderot, 1996.
BRICE Germain, *Description nouvelle de tout ce qu'il y a de plus remarquable dans la ville de Paris*, Paris, Legras, 1684.
BROSSES Charles de (Président), *Lettres familières écrites en Italie en 1739 et 1740*, Paris, Poulet Malassis et de Broise, 1858, Mercure de France, 1986.
CAILLOIS Roger, *Au cœur du fantastique, cohérences aventureuses*, Gallimard, 1965.
CAILLOIS Roger, *Les jeux et les hommes - le masque et le vertige*, Gallimard, 1967.
CALLOT Émile, *Renaissance des Sciences de la vie au XVIe siècle*, Paris, P.U.F, 1951.
CALDICOTT, *Gaston d'Orléans mécène et esprit curieux*, l'âge d'or du mécénat, in « colloque du CNRS », Paris, 1983.
CALVIN Jean, *Institution de la religion chrétienne*, Paris, les Belles Lettres, 1937.
CANGUILHEM Georges, *Études d'histoire et philosophie des sciences*, Paris, Vrin, 1989.
CASANOVA Giovanni Giacomo, Mémoires, Arléa, 1993.
CASTORIADIS Cornelius, *La montée de l'insignifiance*, Paris, Seuil, 1996.
CAYLUS Comte de, *Recueil d'antiquités*, en VII volumes, Paris, Desaint-Saillant, 1752-1767.
CAYLUS Comte de, *Vies d'artistes du XVIIIe siècle*, salons de 1751 et de 1753, comprenant le Discours sur la peinture et la sculpture : « de l'amateur », Conférence lue le 7 septembre, introduction et notes d'André Fontaine, Paris, H. Laurent, 1910.
CAYLUS Comte de, *Œuvres badines complètes du Comte de Caylus*, Paris, Visse, 1786.
CÉARD Jean, *Des monstres et prodiges*, Théorie de l'insolite au XVIe siècle, Genève, Droz, 1977.
CÉARD Jean, *La curiosité à la Renaissance*, actes réunis par Jean Céard avec la collaboration de Boccazzi, Paris, Société d'édition d'Enseignement supérieur, 1986.
CHASTEL André, *Marsile Ficin et l'Art*, Genève, Droz, 1954.
CHASTEL André, *Le patrimoine*, Tome II, La nation, « Lieux de mémoire », dirigé par Pierre Nora, Gallimard, 1994.
CHEVALIER Raymond, *L'artiste, le collectionneur et le faussaire. Pour une sociologie de l'Art Romain*, Paris, Armand Colin, 1991.
CLAIR Jean, *Beaubourg*, in « L'ARC », N°63, 1975.
CLAIR Jean, *Méduse*, Gallimard, 1989.
CLAIR Jean, *Élevage de poussière*, L'échoppe, 1992.
CLAIR Jean, *Malinconia, Motifs saturniens dans l'art de l'entre deux guerres*, Collection Arts et Artistes, Gallimard, 1996.
CLAIR Jean, *Éloge du visible*, Gallimard, 1996.
CLAIR Jean, *La responsabilité de l'artiste*, Le débat, Gallimard, 1997.
CLARK Kenneth, *Les grandes collections privées*, Paris, Pont royal, 1963.
CLAY Jean, *L'impressionnisme*, Paris, Chêne, 1984.

COLOMB Christophe, *La découverte de l'Amérique,* 2 volumes, édition La découverte, Maspero, 1991.
COLONNA Fra, *Le songe de Poliphile*, fac-similé de la première édition française de 1546, Paris, Les libraires associés, 1963, Imprimerie Nationale, 1995.
CONTANT Paul, *Jardin et cabinet poétique*, Poitiers, Mesnier, 1609.
CUECO Henri, *Les collectionneurs de collections*, Seuil, Point-virgule, 1995.
DELAUNAY Paul (Docteur), *Paré naturaliste*, Laval, 1928.
DELAUNAY Paul, *La zoologie au XVIe siècle*, Paris, Herman, 1962.
DELUMEAU Jean, *Une Histoire du paradis*, Fayard, 1992.
DELUMEAU Jean, ROCHE Daniel, *Histoire des pères et de la paternité*, Larousse, 1990.
DEOTTE Jean-Louis, *Le musée, l'origine de l'esthétique*, L'Harmattan, 1993.
DEZAILLIER D'ARGENVILLE Antoine Joseph, *Lettres sur le choix et l'arrangement d'un cabinet curieux*, in « Mercure de France », Juin 1727.
DEZAILLIER D'ARGENVILLE Antoine Joseph, *La conchyliologie*, Première édition, Paris, de Bire, 1742.
DEZAILLIER D'ARGENVILLE Antoine Joseph, *Abrégé des plus fameux peintres, 3 volumes*, Paris, de Bire, 1745-1552.
DIDI-HUBERMAN Georges, *Devant l'image - L'histoire de l'art dans les limites de la simple raison*, Minuit, 1990.
DUCHAMP Marcel, *Ingénieur du temps perdu,* Entretiens avec Pierre Cabanne, Paris, Pierre Belfond, 1977.
DUCHAMP Marcel, *Duchamp du signe*, Flammarion, 1975.
DUCHAMP Marcel, *Marchand du sel, Écrits* de Marcel Duchamp, Éditions du terrain vague, 1958.
DUCHAMP Marcel, *Entretiens avec Charbonnier*, Marseille, Paul Dimanche, 1995.
DUPLESSIS Georges, *Un curieux du XVIIe siècle*, Michel Bégon, Paris, Aubry, 1874.
DUPLESSIS Georges, *La collection de pièces sur les beaux-arts imprimés et manuscrits* par Jean Pierre Mariette, Charles Nicolas Cochin et Deloynes, Paris, Picard, 1881.
DUPLESSIS Georges, *Les ventes de tableaux, estampes et objets d'art aux XVIIe et XVIIIe siècle*, (1611-1800), 1874.
DUVE Thierry de, *Au nom de l'art*, Minuit, 1989.
ECO Umberto, *La guerre du faux*, Livre de poche, biblio-essais, 1985.
ELLENBERGER M., *L'autre Fragonard*, Paris, Jupilles, 1981.
ÉRASME Didier, *Colloques*, Laffond, 1992.
FAVREAU Marc, *Curiosité et mécénat au grand siècle*, 1994, Thèse Nouveau Régime, Bordeaux III.
FÉLIBIEN DES AVAUX André, *Entretiens sur les vies et les ouvrages des plus excellents peintres anciens et modernes*, Paris, Le Petit, 1666.
FEUILLET DE CONCHES Félix Sébastien, *Causeries d'un curieux*, en 4 Volumes, Paris, Plon, 1862-1868.
FEUILLET DE CONCHES Félix-Sébastien, *Les salons de la conversation au XVIIIe siècle*, Paris, Chavaray, 1882.
FREUD Sigmund, *Totem et tabou*, Paris, Payot, 1970.
GESSNER Conrad, *Quatre livres de secrets de médecine et de la philosophie chimique*, Paris, Du Puys, 1579.
GERSAINT Edmond-François, *Catalogue raisonné de coquilles et autres curiosités naturelles*, Paris, Flahault, 1736.
GILSON Étienne, *Problématiques de l'immortalité de l'âme en Italie au début du XVe siècle*,

Archives d'histoire doctrinale et littéraire du Moyen Âge, Vrin, Paris, 1962.
GONCOURT Edmond, *Mademoiselle Clairon d'après les correspondances et rapports de police du temps*, Flammarion, 1989.
GRAFTON Anthony, *Faussaires et critiques*, créativité et duplicité chez les érudits occidentaux, Les Belles Lettres, 1993.
GREENBERG Clément, *Avant garde et kitsch,* in « Art et culture », Paris, Macula, 1988.
GRIMOD DE LA REIGNIÈRE, *Manuel des amphytrions*, Paris, Éditions Metaillé, 1983.
GUEDJ Denis, *La révolution des savants*, Découvertes, Gallimard, 1988.
GUIDICELLI-FALGUIÈRES Patricia, *Invention et mémoire, aux origines de l'institution muséographique. Les collections encyclopédiques et les cabinets de merveilles dans l'Italie du XVIe siècle*, Thèse Nouveau régime, Paris, 1988.
HAMY Ernest Théodore, *Les origines du musée d'ethnographie, histoire et documents*, in « revue d'Ethnographie », VIII, Paris, E. Leroux, 1890.
HARRISSON Charles, WOOD Paul, *Art et théorie de l'art*, Hazan, 1997.
HASKELL FRANCIS et PENNY Nicholas, *Pour l'amour de l'antique, la statuaire gréco-romaine et le goût européen (1500-1900)*, Paris, Hachette, 1988.
HASKELL Francis, *Les musées et leurs ennemis,* « Actes de la recherche sociale », n° 49, septembre 1983.
IMPEY Oliver and MAC GREGOR Arthur, *The origins of Museums : the cabinet of curiosités in sixteenth and seventeenth century, Europe*, Oxford, Clarendon press, 1985.
JÜNGER Ernst, *Heliopolis*, traduction H. Plard, Paris, Bourgois, 1975.
KOFMAN Sarah, *L'énigme de la femme*, Paris, Galillée 1980.
KOFMAN Sarah, *Le respect des femmes*, Paris, Galillée, 1982.
KRESTZULESCO QUARANDA Elisabeth, *Les jardins du songe de Poliphile*, Paris, Belles Lettres, 1986.
LACROIX Paul, *Les arts au Moyen Âge*, Paris, Firmin-Didot, 1869.
LACROIX Paul, *Institutions, Usages et costumes 1700-1789*, Paris, Firmin-Didot, 1885.
LACROIX Paul, dit le Bibliophile Jacob, *Lettres Sciences et Arts,* 1700-1789, Paris, Firmin-Didot, 1878.
LA FONT DE SAINT YENNE, *Réflexions sur quelques causes de l'état présent de la peinture en France*, La Haye, J. Neaulne, 1747.
LASCAULT Gilbert, *Le monstre dans l'art occidental,* Paris, Kliensieck, 1973.
LAVATER, Ludwig, *Trois livres des apparitions des esprits*, Zurich, Des Marescz, 1581.
LEDUC-FAYETTE, *Jean-Jacques Rousseau et le mythe de l'Antiquité*, Paris, Vrin, 1974.
LEGENDRE Pierre, *L'inestimable objet de la transmission*, Paris, Fayard, 1985.
LEGOFF Jacques, *Les intellectuels au Moyen Âge*, Tome 1, Seuil, 1985.
LEROI-GOURHAN André, *Le geste et la parole*, Tome I : Techniques du langage et Tome II : la mémoire et les rythmes, Albin Michel, 1964 et 1965.
LEMIRE Michel, *Artistes et mortels*, Paris, Chabaud, 1990.
LERY JEAN de, *Histoire d'un voyage en terre de Brésil, 1578*, Bibliothèque classique, Livre de poche, 1994.
LESTRINGANT Franck, *Le huguenot et le sauvage, l'Amérique et la controverse coloniale en France au temps des guerres de religion,* Paris, Amateurs de livres, 1990.
LETTSOM John Coakley, *Le voyageur naturaliste. Instructions sur les moyens de ramasser les objets d'histoire naturelle et de les bien conserver,* Paris, Lacombe, 1775.
LUTHER Martin, *De deux monstres prodigieux, d'un âne pape et d'un veau moine*, (préface de Jean Calvin), Genève, J. Crespin, 1557.

LYOTARD Jean-François, *Discours-figure*, Paris, Kliencksieck, 1971.
LYOTARD Jean-François, *La condition postmoderne*, Paris, Minuit, 1979.
MACHIAVEL NICOLAS, *Œuvres complètes*, Paris, Gallimard, 1952.
MAHÉ Pascale, *Le cabinet d'art et de curiosités de Rodolphe*, thèse, Tours, 1995.
MALRAUX André, *Les voies du silence*, Paris, Gallimard, 1951.
MANDROU Robert, *Des Humanistes aux hommes de Sciences, XVIe et XVIIe siècles*, Paris, Seuil, 1973.
MANESSE Abbé, *Traité sur la manière d'empailler et de conserver les animaux, les pelleteries et les laines*, Paris, Guillot, 1787.
MARCONVILLE de Jean, *De la bonté et de la mauvaistié des femmes*, Paris, J. Dallier, 1564.
MARIETTE Pierre-Jean, *Lettres sur Léonard de Vinci peintre florentin*, monsieur le C. DE C., PAR M. ***, Paris 1730.
MARIETTE Pierre-Jean, *Description des pierres gravées du cabinet de feu M. Crozat*, 1741.
MARIETTE Pierre-Jean, R*ecueil des pierres gravées du cabinet du Roy, tome I et II*, Paris, Imprimerie P.J. Mariette, 1737.
MARIETTE Pierre-Jean, *Recueil d'estampes d'après les plus beaux tableaux et d'après les plus beaux desseins qui sont en France dans le cabinet du Roy, dans celui de Monseigneur le duc d'Orléans*, Paris, Imprimerie royale, 1729-1742.
MARIETTE Pierre-Jean, *Recueil de desseins et de statues, bas reliefs et autres ornements de sculpture antiques et des portes et autres ouvrages de menuiserie, Histoire des plus celèbres amateurs français et de leurs relations avec les artistes* par J.-M. Dumezil Dentu, 1856.
MARIETTE Pierre-Jean, *Correspondance inédite du Comte de Caylus avec le père Paciaudi* (theatin), 1757-1765, Paris, Firmin-Didot, 1877.
MARIETTE Pierre-Jean, *Catalogue raisonné de l'oeuvre de Claude Mellan, par Anatole de Montaigllon, précédé d'une notice sur la vie et les ouvrages de Mellan*, Abbeville, Briez, 1856.
MARVYE, *Méthode nécessaire pour recueillir avec succès les curiosités de l'histoire naturelle dans les lieux d'origine*, Paris, A. Jombert, 1763.
MARVYE, *Mémoire instructif sur la manière de rassembler, préparer, conserver les diverses curiosités d'Histoire naturelle*, Paris, 1768.
MATTHEWS GRIECO Sarah, *La représentation de la femme au XVIe siècle. Ange ou diablesse*, Paris, Flammarion, 1991.
MÈREDIEU Florence de, *Histoire matérielle et immatérielle de l'art moderne*, Paris, Bordas, 1994.
METZ Guillebert de, *Description de Paris au XVe*, Aubry, 1855.
MOLINET Claude Du, *Le cabinet de la Bibliothèque de Sainte Geneviève divisé en deux parties*, Paris, Dezailllier, 1642.
MOLINET Claude du, *Catalogue du cabinet de la Bibliothèque sainte Geneviève*, Manuscrit des notes de Du Molinet (Bibliothèque Sainte Geneviève), Paris, 1692.
MONDZAIN Marie-José, *L'image peut-elle tuer* ? Bayard, 2002.
MONTAIGNE Michel de, *Les Essais*, édition P. Villey, PUF, Quadrige, 1965.
MONTFAUCON Bernard de, *L'Antiquité expliquée et représentée en figures, ouvrage français et latin*, Paris, Compagnie des libraires, 1716.
MONTFAUCON Bernard de, *La correspondance de Montfaucon et Philippe Tamizey de la Roque*, Paris, Champion, 1879.
MOREL Philippe, *Les grottes maniéristes en Italie au XVIe siècle*, Macula, 1999.

MORNET Daniel, *Les sciences de la nature en France au IIe siècle, un chapitre de l'histoire des idées*, Paris, Hachette, 1911.
MORNET Daniel, *La pensée française au XVIIIe siècle*, Paris, Colin, 1926.
MOULIN Raymonde, *Le marché de la peinture en France*, Paris, Minuit, 1967.
MOULIN Raymonde, *L'artiste, l'institution et le marché*, Paris, Flammarion, 1992.
MOULIN Raymonde, *La valeur de l'art*, Flammarion, 1995.
MUENSTERBERGER Wiener, *Le collectionneur, anatomie d'une passion*, Payot, 1996.
MUNSTER Sébastien, *Cosmographie universelle*, Bâle, Henri Pierre, 1565.
MÜNTZ Eugène, *Lettres inédites de savants français à leurs confrères ou amis d'Italie (XVIIe XIXe siècles, Revue critique*, Le Puy, Imprimerie Marchessou fils, 1882.
MÜNTZ Eugène, *Les collections des Médicis au XVe siècle. Le musée, la bibliothèque, le mobilier*, Paris, J. Rouam, 1888.
NANCY Jean Luc, *Le mythe nazi*, Tour d'aigues, Éditions de l'aube, 1991.
NEVEU Bruno, *Religion, érudition critique à la fin du XVIIe siècle et au début du XVIIIe*, Paris, 1967.
NORA Pierre, *Les lieux de mémoire*, 4 volumes, Gallimard, 1992.
PADER Hilaire, *Songe énigmatique sur la peinture universelle*, Toulouse, A. Colombiez, 1658.
PANOFSKY Erwin, *Essais d'iconologie*, Paris, Gallimard, 1966.
PARÉ Ambroise, *Animaux, monstres et prodiges*, Club français du livre, 1995
PERROT Michelle, DUBY Georges, *Histoire des femmes*, 3 volumes, Plon, 1984.
PHILOSTRATE, *La galerie de tableaux*, Paris, Les Belles Lettres, 1991.
PINAULT Madeleine, *Le peintre et l'histoire naturelle*, Flammarion, 1990.
POMIAN Krzysztof, *Collectionneurs, amateurs et curieux, Paris-Venise, XVIe-XVIIIe siècles*, Paris, Gallimard, 1987.
POMMIER Édouard, *L'art de la liberté*, Gallimard, 1991.
PONTEVIA Jean-Marie, *Écrits sur l'art et pensées détachées*, volume I : La peinture, masque et miroir, 1984 ; volume II : *Tout a peut-être commencé par la beauté*, 1985 ; volume III : « Ogni dipintore dipinge sè », Bordeaux, Éditions William Blake.
POULOT Dominique, Le débat n°49, Paris, Gallimard, 1997.
POULOT Dominique, *Musée, nation, patrimoine 1789-1815*, Gallimard, 1997.
POULET Georges, *La métamorphose du cercle*, Flammarion, 1961.
QUATREMÈRE DE QUINCY, *Considérations morales sur la destination des ouvrages d'art ou de l'influence de leur emploi sur le génie*, Paris, Crapelet, 1815.
QUENEAU Raymond, *Bords*, Paris, Hermann, 1963.
RABELAIS François, *Œuvres complètes*, Paris, Seuil, 1973.
RASKOLNIKOF Mouzia, *Histoire romaine et critique historique des lumières*, École française de Rome, 1992.
RENARD Louis, *Poissons, écrevisses et crabes*, Amsterdam, 1718.
RIS Clément de, *Les amateurs d'autrefois*, Paris, Plon, 1877.
REMY Pierre, *Catalogue raisonné des tableaux, estampes, coquilles et autres curiosités naturelles après le décès de feu Monsieur Dezalier D'Argenville*, Paris, Didot, 1766.
RHEIMS Maurice, *L'enfer de la curiosité*, Paris, Albin Michel, 1979.
RHEIMS Maurice, *Apollon à Wall Street*, Paris, Seuil 1992.
ROCHEBLAVE Samuel, *Essai sur le comte de Caylus, L'homme, l'artiste, l'antiquaire*, Paris, 1889.

ROGER Jacques, *Les sciences de la vie dans la pensée française du XVIIIe siècle*, Armand-Colin, 1963.
SAUNEROR Serge, *Le voyage en Égypte de Pierre Belon du Mans en 1547*, Le Caire, Institut français d'archéologie orientale, 1971.
SCHLOSSER Julius von, *Kunst und wunder kammern der Spätrenaissance*, Leipzig, Klinkhardt und Biermann, 1908.
SCHNAPPER Antoine, Tome I, *Le géant, la licorne et la tulipe*, Paris, Flammarion, 1988, Tome II, Curieux du Grand Siècle, Paris, Flammarion, 1994.
SECRET François, *Les kabbalistes chrétiens de la Renaissance,* Arche Bibliothèque de l'Unicoren/la tradition, textes et études, 1985.
SEZNEC Jean, *La survivance des dieux antiques*, Flammarion, 1993.
SPETH HOLTERHOFF, *Les peintres flamands des cabinets d'amateurs*, Bruxelles, Elsevier, 1957.
SIBONY Daniel, *Entre dire et faire*, Paris, Grasset, 1989.
SPON Jacob, *Recherche des antiquités et curiosités de la ville de Lyon avec un mémoire des principaux antiquaires et curieux de l'Europe,* Lyon, 1672-1673.
SUQUET Jean, *Le Grand Verre rêvé*, Paris, Aubier, 1991.
SUQUET Jean, *Miroir de la mariée*, Paris, Flammarion, 1974.
SWAMMEDAM, *Catalogue de mon cabinet de curiosités* publié dans le catalogue de voyages, Melchisedech Thevenot, 1681.
TATON René, *Histoire de la pensée*, « Enseignement et diffusion des sciences en France au XVIIIe siècle », Paris, Hermann, 1964.
TAMIZEY DE LA ROQUE, Philippe, *Les correspondants de Peiresc*, Articles publiés de 1879 à 1897 recueillis en 2 volumes, Genève, 1972.
TENDRET Lucien, *La table au pays de Brillat-Savarin*, Le Coteau, Horvarth, 1986.
TEYSSEDRE Bernard, *Une collection de Rubens au XVIIe siècle*, le cabinet du duc de Richelieu décrit par Roger de Piles, in « Gazette des Beaux Arts », 1963.
THEVET André, *Cosmographie universelle*, 1re édition, 1575, traduction F. Lestringant, Genève, Droz, 1983.
THEVET André, *Singularitéz de la France Antarctique*, Franck Lestringant, Paris, Maspéro, 1983.
TOSI Alessandro, *Ulisse Aldrovandi et la Toscana*, Florence, Léo Olschki, 1989.
TOURNEFORT Joseph Piton de, *Relation d'un voyage au Levant fait par ordre du Roi*, Paris, 1717.
VALERY PAUL, *Le problème des musées*, Pièces sur l'art, Gallimard, 1938.
VASARI Giorgio, *Les vies des meilleurs peintres, sculpteurs et architectes*, Direction André Chastel, Berger-Levraul, 1981.
VINCI Léonard de, *Léonard de Vinci et l'expérience scientifique au XVIe siècle*, Actes du colloque CNRS, Juillet1952, Paris, PUF, 1953.
VOLTAIRE, *Questions sur l'encyclopédie*, Genève, Cramer, 1770-1772.
WESCHLER Lawrence, *Le cabinet des merveilles de Monsieur Wilson*, Paris, Gallimard, « le promeneur »,1997.

TABLE DES MATIÈRES ANALYTIQUE

d'un regard sale – Augustin sépare la capacité d'émerveillement de la curiosité, suspecte d'entraîner les humains vers le péché et l'inexpliqué – La curiosité saltimbanque et gourmande est encore une catégorie morale, mais elle va bientôt devenir un substantif et s'inscrire dans une économie. Pages 33 à 38

LIVRE II-1

Où l'on voit comment l'homme de la Renaissance accède au visible en empruntant les voies naturelles et en mettant la femme au respect dans la figure de la muse.

La curiosité est un soin et un vol – Eve et Tiresias sont punis de leur curiosité car elle éprouve l'autorité – La pureté est non-voir, non-entendre, accessible aux seuls handicapés – Le cercle en est le symbole de pureté – Cette forme est reprise dans la ronde des muses – Une nouvelle visibilité se conquiert dans le semi-secret des cabinets naturalistes de la Renaissance – La mère-nature est engendrée par ces savants sous l'autorité d'Aristote puis sous celle des observateurs : Palissy, Paré, permettant de pénétrer les voies de la connaissance selon les principes de la nature elle-même – La nature se fait artiste en fabriquant des monstres – Dieu joue et l'homme conserve – Les naturalistes s'intéressent aux hybrides, interstices entre deux mondes – L'homme est, entre mort et immortalité, le concentré de toutes les créatures qu'il a charge de comprendre – La femme partage avec la nature des vertus occultes – Le cabinet est métaphore d'un engendrement de l'homme par l'homme visant à se détacher de la mère nature par le classement. Le cabinet naturaliste, en exposant ses craintes, les soigne et les entretient. Le collectionneur se dote d'un ventre de savoirs : la femme y est magnifiée dans la figure de la ronde des Muses, représentée disséquée et finalement absente – La beauté est une combinaison de détails, une nudité meurtrière bientôt prête à subir la comparaison avec la nudité « sauvage », nouvellement découverte – Disséquée en image par Vésale et par Dürer, la Renaissance signe la ruine des femmes en portant au pinacle leur beauté – Le cabinet, monde d'hommes, est un des espaces de cette ruine. Pages 39 à 60

LIVRE II – 2

Comment l'intendant du monde s'approprie l'engendrement

Le cabinet est le signe de l'appropriation du monde : qui pourra dire cela est à moi, cela est moi, en une Genèse domestiquée où il affirme l'acte de révérence vis-à-vis de l'œuvre du Grand Dieu – C'est une vitrine entre les aspirations de liberté des humanistes et le dogme chrétien – Le cabinet est un lieu où les hommes exposent la fierté et l'angoisse d'avoir porté atteinte à la puissance du Père éternel – Les objets en seront les preuves, les utopies leurs protections – L'amateur veut occuper les places vacantes : il sera Dieu et femme, il pourra tout voir et il pourra engendrer – Justement, la question de la filiation est grandement débattue à la Renaissance à propos de l'origine des « sauvages » : sont-ils fils d'Adam et d'Eve ? Selon Giordano Bruno ces derniers ne sont les ancêtres que de la stricte famille hébraïque, affirmation qui lui vaudra la mort – La supériorité de l'homme de la Renaissance traîne derrière lui une mélancolie – La science se place dans l'ombre d'un engendrement sans génération. Pages 61 à 72

LIVRE II-3

Où l'on voit que le cabinet et le jardin figurent des espaces clos, humides et syncrétiques à l'image de ceux de l'enfantement

Le jardin et le cabinet sont de la même famille – Ils ont une structure close et une ordonnance géométrique – Le musée est, selon la tradition, un lieu philosophique et sylvestre – Le cabinet est l'âme du jardin et le jardin la métaphore du monde – Selon Bernard Palissy, le jardin fait entendre ses voix – La sonorité est vecteur de compréhension pour la Réforme – Le jardin de la Renaissance symbolise le seul âge d'or possible et supplante l'idée de paradis – Le jardin est aussi, grâce au « songe de Poliphile », la métaphore de l'initiation du philosophe vers la connaissance et celle du désespoir amoureux – Le jardin est conçu pour réveiller le génie du lieu – La grotte, lieu de germination, en est l'aboutissement. Pages 73 à 86

LIVRE II-4

Où l'on voit comment le cabinet de la Renaissance consacre les valeurs individuelles de l'homme et sa mémoire.

Toutes les sciences sont l'expression d'une conscience de soi qui élève l'homme à un degré d'excellence – Le cabinet est une sphère privée – Il est contemporain de l'Édit de 1539 obligeant chacun a construire des latrines dans sa maison – La propriété privée s'arroge le sacré – Le curieux fabrique un théâtre du monde intime – Sa belle œuvre est constituée d'emprunts – Les connaissances et les familles utilisent la figure de l'arbre – Elles se gardent mutuellement – L'idée de privé est stimulée par la semi-obscurité, également signe de l'initiation – Seuls les initiés pénètrent dans les cabinets princiers – Les curiosités seront les reliques d'un nouvel État, montrant par la diversité de ses trophées le désir d'unifier l'image du prince – Les jeux de balle (calcio) sont aussi des stratégies belliqueuses. L'iconographie maniériste traduit capacité à endurer les souffrances de la guerre. Tel César, l'amateur est au milieu de ses cadavres parmi ses trophées ou victimes naturalisées. L'image de l'homme victorieux est incarnée par Orphée ou Hercule – La culture de la curiosité est une culture de lansquenets, de pilleurs et de missionnaires – Une culture mâle de sédentaires égarés désigne les aspérités de leur individualité par le pittoresque des objets rapportés – Les objets d'art deviennent des butins de guerre et la statuaire antique, exemple de pérennité, est très prisée – L'humanisme mijote une culture d'élite créant une nouvelle esthétique du moi – Le cabinet est le miroir de l'introspection où l'homme entre dans une contemplation esthétique solitaire, dépouillée des liturgies collectives chrétiennes – Cette société riche éprouve le manque par ses excédents – Elle se définit sur l'idée de ce qu'elle n'a pas. Pages 87 à 108

LIVRE II-5

Où devant la variété des choses, l'intendant du monde opère des classements

La Renaissance naît à l'immense variété du monde et à son désir d'unité – Le dictionnaire comme le cabinet en sont les monuments – Ils s'enrichissent progressivement selon une structure codifiée – Les premiers cabinets obéissent à des classements rhétoriques – Les objets sont les indices d'un discours – Les catalogues font voir les difficultés de choisir un ordre – L'ordre alphabétique, par son système arbitraire, permet de s'affranchir d'une classification dogmatique. De plus, l'ordre alphabétique, choisi pour les premiers catalogues naturalistes, remplit l'exigence d'exhaustivité des collections que compléte l'illustration. La variété doit être unifiée, les techniques projectives remplissent cette mission en reconstituant les unités symboliques du corps disséqué – On assiste à une volonté de rendre praticable les outils d'unification – Si la classification alphabétique est très utilisée, les classifications utilitaires et méthodiques le sont aussi – L'espace physique des objets est un arrangement, celui du catalogue est un commentaire – Le classement d'Aristote et de Pline. Bien souvent le cabinet s'offre en un bric-à-brac de classements – Le XVIe adopte le système du classement méthodique partant de la nature pour aller à l'artifice – Certains cabinets adoptent un classement thématique (Crospi). Pages 109 à 124

LIVRE II-6

Où s'explique la racine du mot curiosité et comment les énigmes du monde sont employées à soigner.

La curiosité a une racine, cura, le soin – Médecine et curiosité étaient les objets de l'opprobre latine ; ils vont devenir les piliers de la pensée renaissante. Les correspondances de Paracèlse – La santé restaurée par l'imagination et l'idée alchimique de l'extraction de l'esprit des matières – Certains objets figurent dans les droguiers et les cabinets : la licorne et la momie – Le cabinet est la version esthétique du droguier – La licorne sert à ôter le poison des aliments et la momie soulage les maux venus des chutes – Ambroise Paré s'élève contre leur utilisation thérapeutique – La momie croise les débats sur l'immortalité de l'âme – On donne, à cette époque, une définition biologique de la mort – La mort réduit à néant cette tant magnifique « plasmature » humaine – La mort en « grand peut-être » – La charge de gardien du cabinet du Roi est donnée à un apothicaire après avoir été confiée à un « viateur » – Les ingrédients du monde se rassemblent pour soigner en une cuisine de sorcières. La « branloire pérenne » est calmée par l'installation d'objets dont l'essence ou le mélange sont destinés à guérir les ardeurs mélancoliques de l'époque. Pages 125 à 138

LIVRE III-1

Où l'on évoque les qualités orales du cabinet de curiosités

Le cabinet de curiosités est affaire de ventre, comme la cuisine – Le goût esthétique et sensoriel n'ont pas de forme arrêtée ; il possède un caractère subtil, gazeux – Lié aux convenances, le goût est exprimé par une métaphore : la brillance. Les cabinets utilisent la brillance comme essence de démonstration – Nacres, huiles, médailles et discours – La connaissance est lumière, représentée par une femme portant flambeau – L'Orient incarne la rutilance : miroirs, porcelaines et laques de Chine – Le Siècle d'or se l'appropriera – Les connaissances apparaissent comme un banquet de matières huileuses et éclatantes – L'anatomie, elle aussi, se présente en brillance avec la cire – Roland Barthes décrit la peinture hollandaise comme un monde virtuellement inépuisable. Les surfaces brillantes des arts de la table – La profusion s'assure la protection divine – Désir de neuf et nouveautés exotiques – L'Occident a vaincu les mœurs animales – Théâtralisation du service de table – Le goût appartient aux gens de goût – Lettre sur le choix et l'arrangement d'un cabinet curieux de Dezaillier d'Argenville (voir annexe) ou le festin du savoir. L'esthétique occidentale s'installe sur cette non- matière – Le goût est sacralisé quand les forces adverses font craindre la menace de l'animalité des mœurs frustres. Pages 139 à 156

LIVRE III-2

Où l'on voit comment se fabrique une conscience historique en invoquant le goût français et ses racines économiques.

Les périodes de productions artistiques variées laissent les collectionneurs dans l'ombre, les périodes de disette les poussent sur le devant de la scène – Les collectionneurs dressent bilan des périodes creuses – Les marchands sont célébrés pendant la restauration – Le XIXe siècle fait passer la curiosité de la passion à l'archive – La curiosité permet une conscience historique – Charles Blanc et Edmond Bonnaffé justifient les agissements de Verrès, sauveteur des traces du passé – La race des collectionneurs a donné le libéralisme au marché – Il faut raconter la vie de ces hommes obscurs et renouveler le regard sur le patrimoine – Fondation d'une critique d'art patriote et place active de la bourgeoisie dans la constitution d'une mémoire qui devient « sa » mémoire – Les valeurs bourgeoises du bien fait et du léché font priser l'école hollandaise – Le musée enlève les objets de leur terre natale – Les apologies des collectionneurs privés redorent le blason d'une bourgeoisie avide d'opérations financières – Ils défendent le marché de l'art contre le musée d'art, pièce montée d'une pensée dépareillée – Le musée suspend et arrache tout objet à sa matière, il permet une théorisation et une histoire de l'art – Cette impossible adhérence est métaphorisée par la motricité du cabinet-cabine du Capitaine Nemo – Le curieux de la modernité promène son désespoir sur les merveilles d'un monde où tout reste en place. Pages 157 à 170

LIVRE IV-1

Cabinet de curiosités, mode d'emploi moderne et contemporain.

Le terme de cabinet de curiosités est utilisé pour secouer une tutelle éprouvante – Julius Von Schlosser et les musées viennois – Volonté d'investir d'autres voies de recherche – Restauration de la jouissance des curieux – Enquête de Schlosser sur le maniérisme – Les monstres d'Ambras et le mauvais goût – Panofsky et la méthode de Schlosser – Aujourd'hui le musée d'art contemporain convoque le cabinet de curiosités – Pour quoi faire ? – L'exemple de l'installation du cabinet de curiosités d'Oiron par Jean-Hubert Martin – Un règlement de compte vis-à-vis des avant-gardes ? – Relier sensibilité et connaissances ; relier le musée à ses origines – Essence mortifère du musée – Au XIXe siècle, le musée est présenté comme un orphelinat d'État juste bon à emprunter ses modalités au sacré – Double face du musée : gloire et barbarie – Ses idéaux universaux et ses paradoxes. Origine du musée et collections éclectiques – Le locus d'antan et l'in-situ d'aujourd'hui – Les pratiques artistiques et la mémoire – Volonté de recalcifier les objets d'art –

Pratiques artistiques et connaissance – Fonction poétique de la science et perte de fonction – Honoré Fragonard et Henrich Sander – Sciences et art, rêve de tronc commun avant la section comptable de deux occurrences : coupure et spécialisation. L'œuvre d'art dans sa dimension cognitive – L'iconologie de lexique régressif devient un instrument d'interprétation – L'euristique et ses préliminaires : novateurs car méprisés. Le formalisme et le kitsch – Hybridation des formes – Civilisation primitive – L'idole et l'innommé – Exposition les « Magiciens de la terre ». Les valeurs individuelles font retour grâce à des historiens d'art ; Francis Haskell : l'histoire du goût apporte des outils d'interprétation ; poser l'individu au centre de la construction des savoirs encyclopédiques – Le cabinet de curiosités : maison de mémoire des pratiques individuelles, contre-pied du progrès – Le cabinet est la matrice de l'âge d'or – Les pratiques artistiques appartiennent à la réception plutôt qu'à la création et deviennent des rhizomes de légendes – Structure ouverte servant une logique de marché. Pages 171 à 202

LIVRE IV-2

Où le cul-rieux Duchamp est tenu par le fil de la filiation.

La production de Marcel Duchamp et le cabinet de curiosités – Appartenir à l'art ou à la famille et traiter ses œuvres comme une famille – Souci de non-démembrement : visée totalisante des boîtes et des valises – Catalogage systématique des intelligences et des bêtises – Détective, apprenant et artiste – Duchamp naturaliste – Amateur - amoureux - aux transports démontables – Duchamp et la filiation difficile, de fils à fille, d'urinoir en ruine, de fils suspenseurs d'énigmes en fils de notaire – Pendre la filiation. Le crocodile suspendu des cabinets – Suspendre, interrompre, arrêter – Les Stoppages-Étalons – Ne pas être conduit par l'héritage – Les seuls ancêtres possibles sont les curieux engendrant un monde sans femme ni enfant – Le curieux dispute à l'hégémonie de la mère, celle qui contient le babélisme des écritures – Arrangement des collections et frayeur – Restauration de l'intégrité du collectionneur. Pages 203 à 216

LIVRE IV-3

Où les objets du cabinet deviennent patrimoine.

Le musée est le premier ready-made « Trans-faire » et transfert Le patrimoine - héritage du père - né de la frustration d'une classe élaborant une culture à partir des reliquats de la classe dépossédée – Quête contemporaine d'une mémoire patrimoniale – Paradoxe : la reproductibilité et l'éphémère sont aujourd'hui les conditions des musées – Le musée ready-made – Faire puis trans-faire – Le musée est une boîte vide – Engendrement de concept par le matériau verre – Déplacement de l'ironie dans le double – Marcel en Rrose – Travestissement - mélancolie - ironie du dandy. Le ready-made, pierre angulaire de la culture occidentale est « réinventé » par Duchamp. Pages 217 à 228

LIVRE IV-4

Où l'on voit combien le cabinet s'amuse.

La culture amusante du XVIIIe siècle – Esprit de jeu du cabinet ; Duchamp guérisseur de gravité ; gai, il guérit – Ironie et sophisme, pratiques de la distance – Duchamp,

607535 - Mai 2015
Achevé d'imprimer par

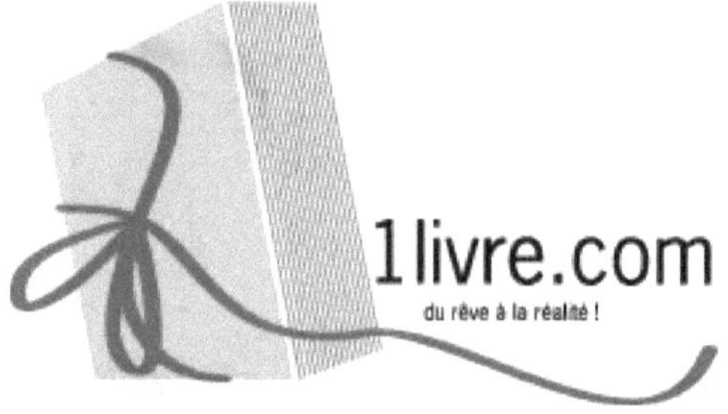